金融消费者如何购买

人类金融消费行为的特点与弱点

[荷] W. 弗莱德·范·拉伊 (W. Fred van Raaij) ◎著 吴明子◎译

Understanding Consumer Financial Behavior

华夏出版社
HUAXIA PUBLISHING HOUSE

图书在版编目（CIP）数据

金融消费者如何购买：人类金融消费行为的特点与弱点 /（荷）W. 弗莱德·范·拉伊 (W. Fred van Raaij) 著；吴明子译 . -- 北京：华夏出版社，2019.6

书名原文：Understanding Consumer Financial Behavior：Money Management in an Age of Financial Illiteracy

ISBN 978-7-5080-9484-7

Ⅰ.①金… Ⅱ.①W…②吴… Ⅲ.①消费者行为论 Ⅳ.① F713.55

中国版本图书馆 CIP 数据核字 (2018) 第 086378 号

Copyright © W. Fred van Raaij 2016
First published in English by Palgrave Macmillan, a division of Macmillan Publishers Limited under the title Understanding Consumer Financial Behavior by W. Fred van Raaij. This edition has been translated and published under licence from Palgrave Macmillan. The author has asserted his right to be identified as the author of this Work.

北京市版权局著作权登记号：图字 01-2016-9879 号

金融消费者如何购买：人类金融消费行为的特点与弱点

著　　者	［荷］W. 弗莱德·范·拉伊
译　　者	吴明子
责任编辑	裘挹红

出版发行	华夏出版社
经　　销	新华书店
印　　刷	三河市少明印务有限公司
装　　订	三河市少明印务有限公司
版　　次	2019 年 6 月北京第 1 版 2019 年 6 月北京第 1 次印刷
开　　本	720mm×1000mm　1/16 开
印　　张	19
字　　数	240 千字
定　　价	68.00 元

华夏出版社　地址：北京市东直门外香河园北里 4 号　邮编：100028　网址：www.hxph.com.cn
若发现本版图书有印装质量问题，请与我社营销中心联系调换。　　　电话：（010）64618981

目 录

前　言 \ I
中文版序 \ V

第 1 章
引言 \ 001

第 2 章
资金管理 \ 015

第 3 章
储蓄行为 \ 037

第 4 章
信用行为和债务问题 \053

第 5 章
保险及预防行为 \075

第 6 章
养老金计划和退休金 \091

第 7 章
投资行为 \105

第 8 章
税收行为：遵从与逃避 \121

第 9 章
金融诈骗的受害者 \133

第 10 章
负责任的金融行为 \151

第 11 章
个人差异与细分 \169

目　录

第 12 章
信心与信任 \187

第 13 章
损失厌恶与参照点 \203

第 14 章
风险偏好 \219

第 15 章
时间偏好 \231

第 16 章
决策制定、决策架构与默认选项 \251

第 17 章
自我管控 \271

致　谢 \291

前　言

金融危机后，认知消费者金融行为对管理和研究而言愈发重要。我们从金融危机中了解到金融产品对大多数人而言是复杂的，消费者在购买这些金融产品的时候会产生许多错误。消费者虽不应区别对待金融产品，但也应该关注这些金融产品间的重叠和相互影响。此外，消费者应当控制其消费，而非冲动消费，并且退休储蓄要趁早。

通过消费者和投资者金融行为的相关数据，消费者金融行为研究可以为政府政策和营销管理提供支持。这些数据有用武之地是有原因的。消费者越来越难以理解和选择日渐复杂的金融产品。同时，消费者也承担着更多的责任：未来的财务状况，购买的金融产品，承担的风险和退休金收入。因此，对于政策制定者和金融机构而言，这些数据就显得极为重要，如消费者和投资者对金融知识的了解程度，他们是如何处理财政金融事务的，都犯了哪些错误，这些错误该如何纠正，怎样帮助消费者和投资者去获得更好的未来财务状况和生活。像退休储蓄这样重要的金融决策经常被拖延得太晚。许多居民金融财务知识贫乏，并且需要尽可能地掌控他们自己的财务。这本书希望帮助读者更好地认知居民金融行为,并且对消费者和投资者的金融行为和决策的优化提供积极的指导策略,帮助他们减少或避免财政问题,实现更高满意度、更多的幸福感和福利。

本书起源于经济心理学、消费者市场营销研究、行为或心理经济学和行为金融学。卡托纳是第一位运用心理与行为经济学的学者。行为经济学和行为金融学已经成为经济学中被认可的领域(见图 F-1)。在过去的 20 年里,我们见证了该领域日益增多的出版著作,以及大量经济学的行为和实证调查研究。目前,有相当数量的经济学、市场营销学和心理学期刊刊登了关于经济心理学和行为金融学的论文。

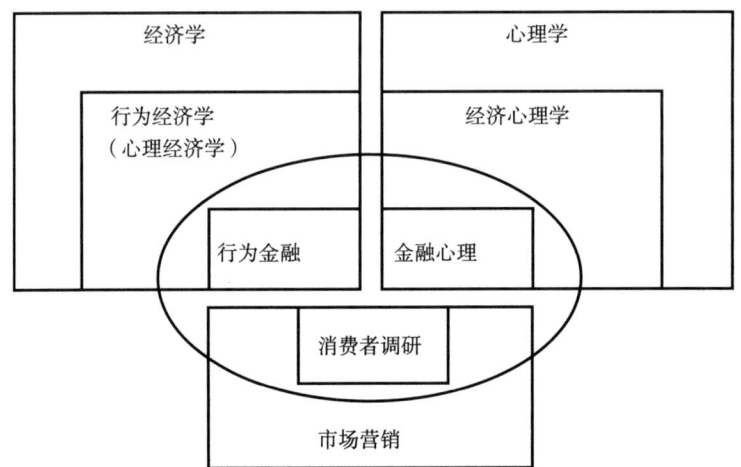

图 F-1　本书中学科与三个基本学科之间的关系

关于行为经济学近期期刊的重要信息来源是《行为经济学导刊》,这是 2014~2015 年出版的由阿兰·萨姆森主编的年度导刊。世界银行发布了一份世界发展报告《思想、社会和行为》,极大地推动了发展中国家的金融行为研究。无独有偶,经济合作与发展组织也发布了该领域关于金融素养和行为金融的报告。

本书的第 2~8 章和第 10 章的早期版本发表于《市场营销的基础和趋势》。感谢现在出版社的扎卡里·罗尔尼克允许我在这本书中采用之前的详尽材料。

四个观点

关于本书有四个观点和用途需要注意：

1. 这是一部关于消费者金融行为的结构性调查研究文献：综述了已发表的研究成果，阐述了一些常见的金融行为，例如资金管理、储蓄、借款、保险、参与养老金计划、投资、缴税和规避欺诈。

2. 本书讨论了金融行为的决定因素和条件，如个体差异和个性、对得失的理解、自信、信任、风险偏好、时间偏好、决策制定和自我调控，这些决定因素和条件与不同类型的金融行为相互关联。

3. 本书包含了市场营销内容：金融机构怎样才能以消费者为导向，重拾信任，为消费者提供合适的产品和消费组合？

4. 消费者金融教育和素养：我们能期待金融教育产生什么样的行为效果？金融教育如何才能更加有效？金融素养决定金融行为的相关因素有哪些？消费者如何才能更好地管理他们个人的金融事务？

本书的目标群体

与这四点相关的是本书适用的目标人群：

1. (大学) 市场营销学、行为金融学、经济心理学和管理学的老师和学生；

2. 金融顾问和规划师；

3. 消费者教育者；

4. 金融机构的传播者和客户顾问；

5. 消费者金融和金融保护的政府消费决策制定者；

6. 消费者自身（为了更好地了解他们自己的金融行为）。

中文版序

随着居民收入的增长和消费观念的变化,中国消费金融市场发展进入快车道。近年来,消费已经代替投资成为我国经济增长的主力军。2018年我国全年社会消费品零售总额为38.1万亿元,从总量看仅次于美国,位居全球第二位。2018年底,住户消费贷款余额为37.8万亿元,其中短期消费贷款余额为8.8万亿元。信用卡发卡量达到6.86亿张,银行卡授信额度总额达到15.4万亿元,授信使用率44.51%。此外,随着"80后""90后"甚至"00后"的年轻人群逐渐成长为消费主力,他们学会并接受了信用消费的生活方式,愿意通过金融工具来平衡自己的收入与支出,从而实现更加美好的生活。

但是,随着我国消费金融的快速发展,一些问题也产生了。对消费者来说,普遍存在金融素养偏低问题,很多人并不了解消费金融背后的逻辑,极易遭受金融欺诈,引发债务风险。对借贷机构来说,征信、风控、贷中和贷后管理体系不能适应快速发展的市场,存在大量潜在的违约和欺诈风险。对监管机构来说,消费金融的监管制度并不完善,各种违规甚至违法行为时有发生，急需建设高效规范的监管体系。

传统经济学假定人是理性的，可以在一定条件下做出最优选择。但是现实中的人的决策是非常复杂的，这个假说并不是完全正确的。罗伯特·希勒和理查德·塞勒在 2013 年和 2017 年获得诺贝尔经济学奖，标志着行为金融学的研究进入主流。运用行为金融学的思想去分析和教育消费者，有助于消费者减少错误行为的发生，提高金融系统的效率与稳定性。

本书是对消费者在金融市场行为研究的一个总结，它运用了大量的丰富有趣的案例，避免了烦琐无趣的数学公式和理论推演，以简明扼要、轻松愉快的文风介绍了消费者在金融市场中的各种行为及其容易出现的错误，以及如何避免出现这些非理性的行为。本书既能作为消费者了解金融市场的指南，又能帮助金融机构更好地设计消费者金融产品，也可以作为金融监管机构制定消费者金融保护政策的依据。

我非常高兴地推荐本书作为消费者金融教育的重要参考书，因为我相信它能够帮助我们消费者少犯很多金融方面的错误。

廖　理

金融学讲席教授　博士生导师

清华大学五道口金融学院

2019 年 3 月 24 日 于北京清华园五道口

第1章
引言

在经济学理论中,"经济人"常被用作经济学中人的模型,他/她进行理性决策,拥有固定偏好,利己并追求效用最大化。

经济人假设，或心理人假设？

在经济学理论中，"经济人"常被用作经济学中人的模型，他/她进行理性决策，拥有固定偏好，利己并追求效用最大化。西蒙提到："经济人具有一个完整一致的偏好系统，使得他/她总能做出选择。他/她总是对这些选择一清二楚，可以进行无限复杂的测算，从而做出最优选择。"贝克尔概述了理性选择理论，并将其运用到传统经济学之外的领域，从犯罪到婚姻，当然也包括金融行为。贝克尔相信心理学家和社会学家可以借鉴新古典经济学家提倡的"理性人"假设。他并没有假定消费者会在实际中使用经济学模型和交易去选择婚姻伴侣或进行经济决策（描述效度），但他认为经济学模型能够预测人们决策过程的结果（预测效度）。

然而，20世纪末出现了与之相反的观点。在行为经济学和行为金融学领域，聚焦经济和金融行为的新的描述性模型越来越多。从心理学视角来看，经济心理学通过研究消费者、投资者和企业家的经济行为，推动了这一领域的发展。新古典经济学家可以从心理学家和社会学家身上有所借鉴。行为经济学构成了经济学范式的转变。在这种范式的转变中，有三个阶段需要加以区分：

1. 新古典经济学理论不能解释的异常现象、悖论和理论偏差；

2. 这些异象可以用偏见和启发式解释，偏见和启发式是一种可以解释一些经济现象的次级理论。前景理论就是次级理论的成功例证；

3. 这些偏见和启发式可以被分类，并有望成为部分新的至关重要的（行为）经济学理论。不过这也不一定，就像在心理学领域，行为经济学／金融学可能依然不是一门具有整体理论框架的学科，而是一些次级理论。

行为经济学和金融学现在正处于第二阶段。一些描述性研究和实验已经开展，研究人们是怎样行事和做决策的，人们如何运用启发式，产生偏见，以及人们为什么是非理性的，但在行为上依旧是可预测的。请注意，在行为经济学和行为金融学中，重点更多地集中在行为（变化）上，而非精神的概念，如知觉、动机、态度（变化）和目的。心理学也有类似的发展：行为主义方法主要聚焦在行为上，对难以察觉的精神概念的关注较少，如态度和目的。

模型

就金融行为而言，自我控制对个人日常资金管理和长期利益比较重要，如退休储蓄。在许多文化中，自律本身就是一种美德，需要有融洽和有效的人际互动。塞勒和谢夫瑞将"自我控制"描述成两个相反力量的冲突和角逐，即"计划者"和"执行者"。我们的大脑中似乎有两个目的相反的"侏儒"（小人）。计划者位于大脑的前额皮层（系统2），有着未来时间偏好，高度延迟满足感和奖励。计划者喜欢深思熟虑的决策并为未来筹谋。相反，执行者位于大脑的底层（爬虫类大脑）（系统1），有着现时的时间偏好，争取即刻的满足感和奖励。执行者是冲动的，对奖励的需求是即时的，而计划者却接受延迟的（现金）回报。在这个双自我模型中，计划者试图去控制执行者。结果取决于谁的力量更胜一筹，计划者还是执行者？请注意这种方法与弗洛伊德的"超我"（意识、价值、规范），"自我"（计划者）和"本我"（执行者）之间的竞争极其相似。

双自我模型是一种辨认两种功能的结构性方法，这两种功能与大脑的结构和位置有关。这些位置可以在大脑中找到，并且与各自的神经系统相对应。部分边缘系统与中脑多巴胺系统相关联，其中包括旁边缘皮质，与即刻回报密切相关，从而与执行者有关。前额叶皮层和后顶叶皮层的区域从事着跨期选择，不考虑延迟，因而是计划者所为。

希夫和费多林欣测试了计划者的控制功能。如果计划者的任务超载，那么用于控制执行者的认知能力和能量就会减少，这被称为资源耗竭。在这种情形下，计划者表现欠佳，执行者可能会胜出。这将导致思虑不周以及更多的冲动消费和购买决策。鲍迈斯特、福斯和泰斯把意志力与力量做了对比。当工作需要自我控制，进行冗长而困难的决策时，这些工作会削弱力量，并导致自我损耗，进而降低自我控制的能力。在长时间费力的工作后，人们会疲惫并自我耗竭，更容易做出令人不满意的行为。而在十分繁重的工作后，人们也会觉得自己已经做到最好，并被"许可"（允许）自我奖励和愉悦。

卡尼曼也区分了两个系统。系统 1 是无意识的、直觉的和自动的系统，而系统 2 是有意识的、深思熟虑的思考系统。系统 1 是潜意识的、冲动的，并伴随着现时时间偏好，而系统 2 是有意识的、深思熟虑的，有着未来时间偏好。系统 1 的决策是直觉的、迅速的和无效的，而系统 2 的决策是困难的、缓慢的和有效的。在许多案例中，系统 2 需要控制系统 1 冲动的决策。请见表 1–1 关于两个系统之间的对比。然而，两个系统完全各自为政是不太可能的。两个系统都有特定的功能，彼此之间也一定有交互。例如，系统 1 会对刺激物提供一个情感预选和第一印象（好感），然后系统 2 进行更加全面的评估。另一种交互就是系统 1 的情感会随着对系统 2 的认知而与之一致，反之亦然。

表 1-1 系统 1 和系统 2 的对比

系统 1（无意识的）	系统 2（有意识的）
位置：旧脑	位置：新大脑皮质
多重系统	单一系统
自动的：快速，无效	控制的：缓慢，有效
无意的，无控制的	有意的，可控的
直觉认为	深思熟虑思考
并行处理	串行处理
同时处理许多进程	一次处理一个进程
没有能力限制	有能力限制

偏见和启发式

正如新古典经济模型所示，人类思考并不是纯理性和零误差效用最大化的，其中充斥着理性的偏见：偏见和启发式。认知偏见是一种存在于思考中的系统性（非随机性）错误，这种错误偏离了形式逻辑和被认同的规范。启发式是一种认知捷径或经验法则，表现为快速而简单的决策，或困难问题简易化处理。启发式的一个例子就是利用价格和品牌作为产品质量的判断标准。可得性启发式和代表性启发式是一般启发式中的两类。

可得性启发式是指一些事件的普遍性和可能性被高估，这类事件具有以下特点：发生在近期，较为显著、生动，可记忆以及容易被大脑抓取。我们会因为纸媒报道了恐怖事件而高估自己被恐怖分子杀死的概率，同样我们也会低估从楼梯上摔死的概率,而这也许会影响到我们购买保险的险种和范围。

代表性启发式是指通过事物或事件 A 和 B 的相似性来判断 A 属于 B 类的可能性。代表性启发式会让我们忽视基本概率,也就是 B 发生的一般概率。如果一个金融产品价格不菲且享有盛誉,我们可能会认为这是一款高质量的产品,然而它可能仅达到平均质量水平。平均质量水平的产品在市场上更常见,且其出现的概率大于高质量产品的概率。

情感性启发式是第三种启发式。情感性启发式依赖于刺激下产生的积极或消极的情绪。基于情感的评判是迅速、自动的,它根植于经验性思考并且在反应判断前就被激活。在人们没有认知资源和时间反应的时候,情感性启发式更容易发生。它是直觉思考"系统 1"的一部分,类似于刺激下的第一印象或者原发情感反应,比如广告。情感从脑干中产生,而认知(思考)来源于大脑新皮质,前者比后者要快捷容易得多。第一印象总是"影响着后续更多深思熟虑的判断"。详见皮埃特斯和范·拉伊的情感与经济行为相关性分析。

在双系统的结构中,系统 1 由直觉的、自动的、基于经验的和非意识的过程组成。系统 1 的反应是认知偏见和启发式的温床。系统 2 是受控制的、经过深思熟虑的、善于分析的和反省的思维。系统 1 的反应比系统 2 的反应更快。

偏见和启发式总是习惯性和自动性产生,而人们却不自知,即便是专家也不例外。偏见和启发式也许是功能障碍并可能导致错误。贺加斯认为这时候就需要将偏见和启发式作为分开项目研究。实践中,人们思考中的偏见和启发式总是不间断进行的,并针对其效果得到持续性反馈,无论这种效果是成功还是失败。随着时间的推移,功能障碍也许会被纠正并消失。教育性节目和警示对"去偏见"效果参半。在"去偏见"节目里,偏见是有待纠正的判断错误，这种纠正有利于避免偏见决策。阿克斯阐述了错误判断的代价和好处。尽管存在显著的缺陷，但其中一些错误仍然存在。人们在经过训练后也许能克服这些偏见，但通常在一段时间后偏见依旧复发。

人们宁愿经常使用"快而省"的启发式（系统1），也不愿通过缓慢、困难和复杂的比较选择，选取"最优"，做出决策（系统2）。吉仁泽认为这些启发式并不一定是信息处理和决策制定中的劣等途径，从进化的意义来看，也许可以帮助我们在复杂世界中进行快速评估和决策，尽管这些决策经常是无意识的。

前述的模型都基于直观自动（系统1）和深思熟虑（系统2）的个人思考。思考的第三方面是"社会思考（和行为）"，例如合作、信任（详见第12章"信任"），竞争、模仿、社会模型、群聚、从众（详见第7章"羊群效应"）。人们具有对公平、互惠和合作的社会性偏好。

主要的理论方法

本书所用到的主要的金融行为理论解释，来源于经济心理学和行为经济/金融学的理论和研究。对以下十一条主要理论概念和解释的简短概览，也许有助于我们对整体背景有一个初步的了解。

1. 判断和评价不是绝对的，在考虑参照点的条件下是相对的。得失也是相对于参照点来说的。参照点通常是过去的情形，但也可以是未来期望的情形。希望成为季军的却斩获银牌，这就是一种收益。期望问鼎冠军的却止步于亚军，这就是一种损失。人们通过调节他们的参照点来适应得失。促进聚焦的人会争取收益，而防御聚焦的人则试图规避损失（第13章）。

2. 相较于同等收益带来的积极价值,损失具有更大的消极价值。与收益相比,损失显得更为突出。规避损失比追求收益的动机更强。与获取收益的风险相比,人们为避免损失承担的风险更多。在一个强调损失的消极框架里,人们会寻求风险以规避损失。而在一个强调收益的积极框架里,人们会规避风险(第 13 章)。

3. 为了控制花销,人们利用心理账户和不同消费类别的消费预算。这是一种预先承诺,通过对消费进行自我控制,在某一特定时期,一旦某类消费预算被花完,人们会减少或者停止消费。很多消费者都不愿意让钱在账户间转换(第 2 章)。

4. 自我控制和自我调节是负责任金融行为的重要决定因素。预先承诺便于自我控制,以防意志力不堪一击。这与未来时间偏好、延迟满足及责任感相互关联(第 17 章)。

5. 时间偏好是指现在还是未来花费或者收取金钱的偏好。未来的收支是被打了折扣的。因此,如果把收入从现在推迟到将来,人们需要得到补偿。而如果可以比预期更早取得金钱,他们愿意付费。对现在的偏好会给(退休)储蓄带来消极的影响(第 15 章)。

6. 人们高估小概率事件,因而会买彩票和保险。人们更容易被奖金的丰厚程度或者潜在的危险/损失影响,而无视其概率。

7. 风险偏好是对风险或某些选择的偏好。风险偏好取决于最佳刺激水平、外向性和冲动性,同时也依赖于一些情境因素,如情景、潜在损失,以及其他人的行为(第 14 章)。

8. 人们倾向于比较、模仿和跟随相关人员的行为,这是一个有意识或无意识的过程。"随波逐流总没错。"人们易于高估与自己有同样观点的人的数量(社会共识)。由于缺少可信的和有效的信息,投资者容易随波逐流,制造购买和抛售的疯狂和泡沫(第 17 章)。

9. 精神资源并非没有限制的，尽管系统 1 表明精神的功能是与生俱来且不受限制的，但系统 2 肯定有一些能力限制。（精神）资源耗竭的理论认为已使用的资源无法立即补充。资源耗竭和疲乏对决策和自我控制具有消极影响（第 16、17 章）。

10. 自信和信任是基础的背景因素。自信是指关于个人和国家经济预期的乐观/悲观情绪。这影响到消费、储蓄和借贷的水平。如果消费者不能在购买时评估产品和服务的质量，那么就需要对个人和机构的信任。信任决定了交易的类型和数量以及忠诚度（第 12 章）。

11. 知觉偏差是多方面的，例如货币幻觉、中间选择和吸引力影响。这些偏见很大程度上依赖于信息的数量、顺序和演示。启动效应是指通过暗示的突显，有意识或无意识地对行为产生影响（第 16 章）。福斯和鲍迈斯特发现，激活金钱概念的启动效应，能够导致更多自我满足的行为。金钱启动是一项数钱的任务，而非金钱启动的任务则是数糖。钱能帮助人们解决问题，变得自我满足，较少求助他人。因此，钱有助于增加快乐。福斯、米德和古德总结道，金钱启动激发了自我依赖和自我满足，钝化了对他人的社会关心，而这是一个消极的影响，并且停止了向他人求助。

消费者金融行为相关性

消费者金融行为是或者说应该是金融产品和服务营销管理以及消费者金融教育和保护政策的基石和起点。本书基于特定领域和通用层面（非品牌层面），描述了关于消费、储蓄、借贷、保险、投资、纳税和退休计划的消费者行为，并且讨论了这类金融行为的决定因素和结果。可靠负责的金融行为存在于金融系统之中，并与多样化的产品和服务、大众媒体、信息（超载）成功融入现今社会，成为实现个人生活目标、追求个人满足和

第1章 引言

幸福康乐的必然要求。消费者金融行为是一项介于微观经济学、行为金融学、市场营销学和消费者行为学的研究和应用领域。它基于认知、经济和社会心理（认知偏见、启发式、社会影响）的深刻观点和行为理论，与（理性）微观经济学中的消费者、投资者、企业和市场的理论相互呼应，有时又相互冲突。

消费者金融行为与政府需求政策、家庭购买力和企业在消费市场上的营销管理息息相关，与消费者自身及消费者保护政策也存在千丝万缕的关系。金融行为由不同类型的行为组成，例如（1）日常现金管理：消费、储蓄和付款；（2）未来的金融计划，如退休储蓄和养老金计划；（3）购买（复杂）金融产品，如保险、房贷和退休金计划。

坎贝尔对家庭金融经济研究作了较好的概述。他认为，一些家庭在家庭财政方面存在显著的决策错误。某些金融产品导致了交叉补贴，使得这种补贴由普通家庭流向富裕家庭，从而抑制了金融创新带来的社会福利，因为普通家庭的收入和教育水平往往较低。换句话说，复杂的金融产品和与日俱增的个人财政管理责任，将会导致家庭间的社会福利差增大而非缩小。这种让家庭承担更多金融责任的效果肯定是不理想的。

很多消费者缺少足够的关于预算、金融产品和理财规划的知识和技能（金融素养）。由于这些知识和技能的匮乏，人们也许会做次优决策，比如借款太多、利息太高、没有存够退休金、保额过高或者不足，并且在投资上犯下代价巨大的错误。金融教育或许能够帮助人们制定更好的理财决策，但是有些学者（如威利斯）认为，金融教育把人们的自信过渡到自负，却不能提升他们的理财行为。如果金融教育对某些人没有太大效果，他们应该求助于专家或专业的数字系统，寻求他们的帮助和建议。

消费者消费、储蓄、借贷、投资和纳税的行为影响着国家的宏观经济政策。卡托纳①第一个意识到,消费者对其可自由支配的支出和储蓄拥有自由,因而也享有权力。一旦消费者们对经济信心不足,并且延迟或缩减消费,一个国家的经济可能陷入停滞。反之,如果消费者对经济充满信心,并且花费他们的收入,那么国家经济就会繁荣昌盛。这也同样适用于全球经济。根据2015年世界银行发布的一份世界发展报告《思想、社会和行为》的陈述,了解人们如何做决定后,可以对他们进行有益的干预,如帮助家庭存更多的钱、帮助公司提高生产力、帮助社区减少疾病、帮助父母提高孩子的认知发展和帮助消费者节约能源。

消费者协会和市场当局需要了解原因,例如消费者为什么消费、储蓄、借贷、保险、投资和储蓄退休金,或者为什么不这么做。从消费者保护的角度来看,这些行为提供了保护消费者的方法,以免他们受到黑心卖方的伤害,以及作为无知和瑕疵决策者的自我伤害。消费者保护的问题来了:消费者怎样才能用最优的方式去管理他们的金融事务?他们应该怎样避免错误风险和不能承受的损失?什么是负责任和可持续的金融行为(第10章)?家庭怎样才能管控它们的金融行为,以实现生活目标(第17章)?

金融产品可以在市场上买到。金融机构研发并销售新的产品和服务,推广这些产品和服务,并建议消费者该购买哪些。银行、保险公司和信用卡公司怎样才能变得更以消费者为中心,而不是唯利是图?它们提供的产品应该符合人们短期和长期的需求,并且在不同的经济环境下依旧安全,比如经济萧条。卖方的注意义务包括保护消费者免犯严重错误或免遭不可

---

① 乔治·卡托纳(1901~1981),心理学家,生于匈牙利,恶性通货膨胀(1927年)期间,以记者的身份在德国柏林学习和工作。他是最早将心理学应用于宏观经济学的学者之一。1933年移居美国,并在密歇根大学(安阿伯市)提出了消费者情绪指数,用以预测消费者消费和储蓄(第12章)。他是经济心理学之父,也是最早使用心理经济学和行为经济学概念的学者之一。

承受的损失。含有投资成分的金融产品和服务看起来也许有利可图，在短期内很有吸引力，但是长期看来，在不同的经济条件下，这些产品可能是"危险"的（没有利润，甚至造成损失）。例如，高房贷也许对购置房产很有吸引力，但是，如果房价或收入下降，也会导致过度负债。

金融事务有着一个悖论。人们知道好的资金管理和财务计划对他们的未来和幸福十分重要，但是，大多数人却很少花时间来增加金融产品知识和有目的地管理财务。

本书结构

本书内容主要是关于消费者金融行为以及一般和特定领域的金融产品和服务：对某一金融产品种类或不同金融产品的选择和消费。本书内容并非关于特定层面的品牌选择，这意味着特定金融机构及产品和服务的品牌将不会被提及。

本书的第2~10章会讨论不同类型的金融行为：资金管理（第2章）、储蓄行为（第3章）、信用行为和债务问题（第4章）、保险及预防行为（第5章）、养老金计划和退休金（第6章）、投资行为（第7章）、税收行为（第8章）、金融诈骗的受害者（第9章）。每一章均可独立阅读，没有必要一定按照本书的顺序阅读。第10章是关于负责任的金融行为。

本书的后七章是与心理学概念和消费者金融行为相关的话题：个人差异与细分（第11章）、信心与信任（第12章）、损失厌恶与参照点（第13章）、风险偏好（第14章）、时间偏好（第15章）、决策制定、决策架构与默认选项（第16章），以及自我管控（第17章）。这些心理学和社会学的概念与一些不同类型的金融行为有关联。每一章均可独立阅读，并不一定要按照本书的顺序阅读。

第 2 章
资金管理

金融行为的基础在于人们怎样管理日常交易和收支,怎样通过心理账户和预算达到收支平衡。关于(复杂)金融产品的理财规划和决策也是资金管理的一部分。金钱可以"买"到快乐和幸福吗?或者有什么其他更为重要的因素吗?

资金管理

　　金钱让人浮想联翩，意义甚多。金钱被认为是愉悦生活之本，亦是万恶之源。有人认为金钱能够带来幸福和快乐，然而，也有人认为金钱只是欲望的始作俑者，而非满足者。在心理学上，金钱是被忽略的话题，尽管弗恩海姆和阿盖尔写了一本关于金钱心理学的书。他们的书更关注"金钱的意义"和人们对于金钱的态度，而本书则侧重于行为导向：资金管理、储蓄和借款，以及金钱作为工具以实现人生目标。

　　资金管理是个人或家庭的重要任务。金钱是一种稀有资源，这种资源以一种合理的方式被消费或存储，进而维持家庭消费水平和实现期望目标，例如，建立财务缓冲、购置房产、筹划孩子教育基金、保证退休后收入。资金管理有助于消费和享受当下生活："生命只有一次。"同样，这对实现生活目标，避免问题与挫折，以及最终创造幸福快乐也是有帮助的。

　　如图2-1所示，金融行为的三个主要领域是：

　　1. 日常资金管理，如商品和服务的购买，账单支付，储蓄和贷款；

　　2. 财务计划和用于未来消费的储蓄；

3. 合适（复杂）的金融产品决策。

日常资金管理包括：通过银行账户获取薪水收入，往储蓄账户中存钱，从 ATM（自动取款机）上支取现金，在商店和餐厅付款，以及账单支付。另外还包括对价格和折扣的了解，对产品和品牌的比较，对产品和服务价格及质量的权衡，以及对诱惑的抵御。关于价格和质量的权衡是比较常见的：什么样的质量和价格水平是可以接受的？ 通常，人们会做中间选择，因为成本或价格（下限）和质量（上限）的中间选择似乎是一个可以接受的平衡。免费的产品没有成本，自然也就没有成本下限，消费者很容易接受免费产品，因为无须权衡（零价格效应）。如果需要花 7 欧元去获得一张价值 20 欧元的优惠券，或者免费获得价值 10 欧元的优惠券，消费者倾向于选择后者。相较于获得 13 欧元，免费获得 10 欧元的偏好更大。

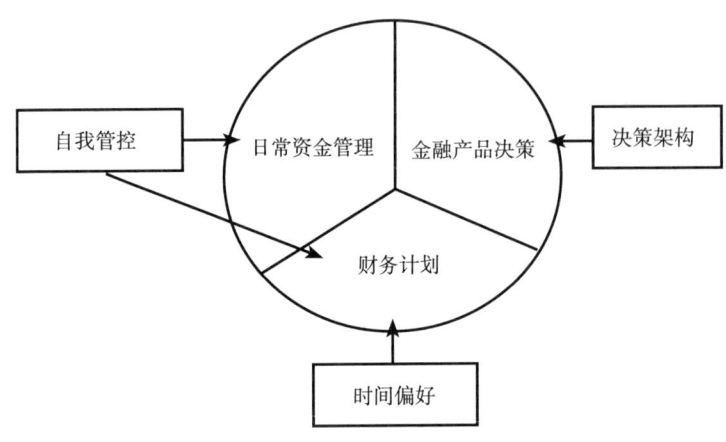

图 2-1　金融行为领域

资金管理是金融行为的基础领域。通常，资金管理并不是目标，而是帮助个人或家庭实现目标的工具。基础财务目标是收支平衡并且避免有问题的债务（预防性目标）。更进一步的目标是购买耐用消费品，或者准备一个完美的假期（提升性目标）。有些家庭资金管理能力较低，他们也许不能实现这些目标，而这有可能给家庭成员增加压力并导致冲突。因此，一个与资金管理相关的重要的心理因素就是自我控制（第17章"自我控制"一节），自我控制通过财务管理实现个人目标。对于穷人来说，日常资金管理需要耗费很多时间和精力。他们将大量的时间用于解决紧急财务问题、平衡收支和现金流。正如一位消费者所言："经常一个月还没过完，月薪已经花光了。"

许多人对财务问题并不是真的感兴趣。消费者们知道财务管理是多么重要，但又不愿花过多的时间和精力来研究它，这看上去很矛盾。人们不愿意阅读或者思考关于金融产品"钱进钱出"的复杂细节，例如房贷、保险和养老金计划。大多数人对金融产品、服务和交易的认知需求不高。认知需求是个人了解和思考某一具体话题的动机，这与话题本身的有趣性相关。很多人喜欢思考一些关于汽车、运动、烹饪、假期和家庭装修的话题。这些话题激发了创造性思考和白日梦。喜欢想着变富有和花钱的人不在少数，但是想着如何变富有的人却屈指可数。或许，只有会计、企业家和经济学家对金融问题的认知有强烈的需求。

在大多数情形下，金融产品对很多人来说是一种"低涉入度"的产品。人们基本上不会想到金融产品，除非遇到了财政困难。天灾人祸后，保险成为高涉入度的索赔产品。但是，在保险公司赔付之后，保险可能又变成了低涉入度的产品。涉入度可以从四个方面下定义：（1）了解产品的重要性，以及不购买产品所产生的消极后果；（2）了解非购买的可能性；（3）象征价值；（4）产品愉悦度。请注意在涉入度的定义中，非购买行为扮演了很重要的角色。消费者也许会担心非购买行为和由此带来的潜在损失。损失厌恶是金融行为中的重要驱动因素（第13章"损失与收益"一节）。

从劳伦特和卡普费雷尔关于涉入度的定义来看，金融产品有着较低的象征价值和愉悦度，因为金融产品并不引人注目，很大程度上，对人们来说是"不可见"的。金融产品（保险策略、养老金计划）带来的确定性、舒适及安心，也许会为个人提供愉悦度。大多数金融产品对消费者很重要，并且消费者通常了解负面结果的风险，这种负面结果来自错误决定或可能发生的错误。消费者可能在购买数年后才被这种负面结果波及，例如保险公司拒绝理赔，投资基金不能获取预期收益，养老金计划不能提供充足的退休金。请注意目前我们关注的只是产品而非品牌层面。品牌对于信任、愉悦度和象征价值也同样重要。

支付手段和消费

支付手段包括现金、支票、储蓄卡、信用卡，甚至智能手机。得益于数字技术的发展，信用卡和智能手机使支付变得几近自动化，支付的钱也越来越透明化。相较于现金支付（纸币和硬币），消费者越来越青睐信用卡支付。许多消费者会利用预先承诺来控制自己的现金支付。预先承诺是一种自我强制的消费限制，用以避免过度消费。预先承诺的例子有：购物时不带银行卡或信用卡，只揣着50欧元或100美元的钞票，以免自己超额购物。另一个预先承诺的例子是不到万不得已，尽量不破开50欧元或100美元的整钞。因为可用的现金预算是由一些钞票组成，这些钞票有点类似分隔装置。消费者在破开一张钞票之前总是犹豫、思考、内疚和等待。消费者就是通过这种方式来控制消费。当薯条被小包分装，钱被分散到几个信封的时候，消费的概率会上升。对于试图控制消费的消费者，分隔是有效的策略。信用卡就没有分隔消费的功能。

钞票的物理形态也在发挥作用。在掏钱时，人们会先把破旧的钞票用完，再使用崭新和干净的钞票。许多小面额的钞票会被经常使用，在两年后变得破旧不堪。与这些旧钞相比，人们总是更不情愿花新钞。因此，新钞票提供了一种临时预先承诺的手段，不被人们花掉。

索曼发现人们用信用卡支付消费比现金支付消费要更多。普雷莱茨和西蒙斯特发现，购买篮球赛门票的时候，即使价格翻倍，人们也愿意刷卡而非付现。对于许多消费者而言，拿着钞票和硬币比拿着一张塑料卡去柜台更加有真实感，更加痛苦，更加厌恶"损失"。信用卡支付真实感不强，并且"损失"被延迟，因为付款被推迟到了月末。通过单独支付和延迟付款，信用卡分离了购买行为。用未来的收入进行当下的消费，使得信用卡取消了限制消费的防线。信用卡的另一个功能就是分期付款，比如这个月信用卡消费 975 欧元，而当月只需支付 45 欧元，相比 975 欧元的花销，45 欧元就显得九牛一毛。

金融产品决策

原则上，银行会在网上给消费者提供准确的日常资金概览。但是，这个概览是隐藏在消费者银行账户的用户名和密码之后的。那些不使用网上支付和不经常检查财务状况的消费者，也许不能准确掌握自己的财务状况。平衡自己的收入和支出，使银行账户保有盈余并且在月末仍有余额是一项财务技能。消费者的财务技能参差不齐，上网、及时付款和检查财务问题的频率也大不相同。有些人即使收入很低也能做到收支平衡，而有些人似乎有双"漏财手"，财务问题层出不穷。

消费者也许会为不可预见的事项保留财务缓冲，比如修理洗衣机或者汽车。储蓄缓冲可由 2~6 个月的月薪组成。信贷缓冲是一种安排，例如周转信贷，当有意外的花销需要用钱的时候，银行在特定的时期予以贷款。消费者如果要购买价值不菲的耐用品（房屋、汽车、船）或享受假期旅行，可以利用储蓄或向银行贷款，事后还本付息。目标储蓄可能包括孩子的教育经费、养老和退休准备（第3章和第6章）。

总的来说，人们购买和使用金融产品存在着一个获取维度或"梯度"，按照如下的等级步骤：（1）活期存款账户；（2）储蓄账户；（3）人寿保险和养老金；（4）投资基金；（5）股票和债券。希尔格特、霍加斯和贝弗利发现美国消费者首先采用的是现金管理，其次是信贷行为，再次是储蓄和投资行为。资源占用越多的产品和服务，其复杂度和风险越高，流动性越低，处于该等级维度的后端。这些复杂和高风险的产品需要更高的金融素养和"成熟度"。只有一小部分消费者关心第五步，即私人银行和财富管理。这是一种对股票、债券和不动产的金融投资，用来维持或增加家庭财富。通常人们会聘请顾问去帮助他们适时买进卖出，利用财务安排甚至"避税天堂"来规避或减少税收。

决策涉及信息收集、可得产品和服务的比较，以及在这些产品中进行选择。消费者会在做出是否购买的决定前，收集信息并比较这些可得产品的成本和收益。决策可以用预期效用模型以"完全理性"的方式做出，也可以通过直观推断，即相对轻松简易的比较并做出选择。

信息呈现的方式严重影响消费者决策制定的过程和结果。如果市场上有许多各具特色的金融产品可供选择，并且信息难以理解，人们可能面临着信息超载。信息超载的结果有：（1）很难处理所有的信息；（2）很难比较选择；（3）很难评估哪一个是最"优"的选择。决策这项任务变得十分复杂，导致的后果就是人们可能推迟或者放弃决定。从经济学角度来看，选择越丰富，做出匹配选择的机会越大。然而，从心理学的角度来说，决策任务可能变得太复杂，以至于人们不能做出决策或者做出次优决策。因此，过多选择并不总是一件好事。

预算和心理账户

对于日常资金管理、消费、储蓄和贷款，预算变得越来越有效。预算是一项资金管理的认知性操作，这种操作是技巧性的且使用目的性很强，用来平衡收入和花销（"收支平衡"），进而在没有结构性财政赤字的情况下实现人生目标。预算有助于了解在不同消费类别上的支出。预算可以通过以下方式来了解：记录所有的花费，把这些花费分类（住房、订阅费、保险费、食物、衣物、教育、医疗服务等），对每一类的花费设置上限来保证财政上的"存活"。预算的目的就是控制和收紧花销（第17章"自我控制"一节），不在必需消费类过度消费，并为日常开销留存可自由支配的收入预算。对低收入或中等收入的家庭而言，预算对避免财务问题有重大意义。

预算也可能由一些简单的行为组成，例如使用家庭记账簿，不在饥饿的时候购物，避免在诱人的产品面前出现并购买，购物时只用现金支付并且只携带有限的现金。这些都是自我控制和限制消费的方法。

如果预算资金紧张，比如，刚生完孩子或者失业，家庭就需要应对高花销或低预算的状况，这就需要自我控制和财务技能。应对这种情况需要具备"前瞻性"，并对债务持有否定的态度。应对的目的是寻找一个新的收支平衡，使家庭成员的生活维持可接受的水平。

塞勒提出了心理账户的概念。心理账户是个人和家庭用来组织、评估和记录他们的金融活动的一系列认知行为。按照这种方法，人们为具体花费"开立"账户，比如食品和衣物。这些账户都有在一定期间内可消费的预算，比如一个月。如果预算被花光了，账户将被关闭，也许在下个月会重新开启。这样，人们就能控制他们的花费。假设你设定一个月"外出就餐"的账户（预算）是300欧元，在餐厅吃了四次饭之后，这笔预算可能会被花光，那么你只能等到下个月才能再"出去撮一顿"。购买时尚衣物和其他物品也是一样。并不一定要设置严格的预算金额，关键是观念，即这段时间在餐厅消费四次，"外出就餐"的预算已被花光，强制人们必须等到下一个周期才能去餐厅消费。索曼和拉姆发现账户上先前的消费对后来的消费有消极的影响。关于这一点，问题在于购买或者支付行为是不是必要的。信用卡支付使得购买和支付之间存在间隔，因此信用卡支付消耗的不是当期的心理账户，而是下一期的。

因此，心理账户是记录和控制不同账户（类别）支出的一种方法。期间按一个月计算，因为工资是按月发放的。家庭购物按周计算，尤其是在周末。一个月可能有四个或者五个周末用来购物和娱乐。有五个周末的月份比其他月份的花销更大。

小岛在日本发布了关于心理钱包的研究报告，心理钱包与心理账户的概念类似。在一项对日本家庭主妇的研究中，有九个"钱包"被提及：零钱、日常必需品花销、个人财富、教育和文化、外出就餐、提高生活水平、安全、少量奢侈品和女性用品。因此，存在基于不同收入类型（丈夫收入、妻子收入、日常收入与额外收入）、不同消费类型和时间周期（本月和下个月）的心理账户。

无论是否明显，钱具有专款专用的特征。已婚男性对赌博赢的钱和挣的交给妻子的钱的感觉是不一样的，妻子对丈夫给的钱和自己挣的钱也有不一样的感觉。男性养家糊口的思想仍然根深蒂固。丈夫的收入通常被视为家庭收入的主要来源，而妻子的收入则被认为是用于"额外"消费的额外收入。显然，对于贫穷家庭而言，妻子的收入急需用来补贴家用。

报告显示，肯尼亚的家庭缺少预防性医疗保健和其他投资的钱。当给当地人提供一个可以锁上的金属盒子的时候，他们的储蓄会增加，因为人们可以从可支配收入中分离一部分资金放到盒子中。在这种情况下，这个金属盒子相当于一个储蓄心理账户，为特殊目的存钱。

卡尼曼和特沃斯基用戏票的例子展现了心理账户在金融决策中的作用。假设苏珊丢失了价值 50 欧元的戏票，与丢失了 50 欧元的现金相比，在丢失戏票后苏珊更不愿意重新买张票。戏票属于"剧院账户"，买一张新的戏票给该账户带来了损失。而丢失的 50 欧元现金属于"现金账户"，并且该账户的钱还没被用完。心理账户假设钱是不可完全替代的，也就是说，被指定用于某账户的钱是不能轻松转换到其他账户的。可替代性是指钱完全可以被替代：金钱 = 货币。这意味着钱并非专款专用，可以轻松转换到其他类别或账户里。

阿克斯和布鲁默讲述了这样一个故事。乔治赢得了一张足球赛的免费门票，他不想独自一人去看球赛，便邀请保罗和他一起去。于是保罗花 40 美元买了一张门票。球赛那天，一场强暴风雪不期而至。乔治因为害怕暴风雪决定不去了。保罗却想去，因为他不想"浪费"40 美元。这就是沉没成本效应。一旦在一项投资中投入金钱、时间和精力，哪怕这项投资没有收益，甚至很危险，人们都倾向于继续这项行为。人们认为终止投资项目是对已投入资金的"浪费"，而不考虑继续投资也是一种资金浪费。在足球比赛的案例里，继续投资意味着在暴风雪里开车的不便和危险。如果乔治支付了保罗的 40 美元，保罗很有可能不会想在暴风雪中去看比赛。如果乔治和保罗各自花 20 美元买了门票，两个人很可能都会去。一个经验性问题是：买 20 美元的票或者 40 美元的票会影响看比赛的意愿吗？预付电话卡和商店预付卡会受沉没成本影响吗？或者说，这些预付卡是被视为购买具体产品和服务的"货币"吗？

还有一个关于足球赛和暴风雪的故事。艾伦在一年前买了门票，而伯纳德在一周前才买了门票。两人都想去看足球赛，但是他们的意愿强度是不一样的。古维尔和索曼发现，看比赛的意愿强度与门票是多久前买的有关。伯纳德的票是最近买的，他比艾伦更想去看比赛。沉没成本似乎会被时间侵蚀。古维尔和索曼称之为支付贬值。与最近的支付相比，很久之前的支付（损失）对消费的沉没成本效应较弱。消费者经常购买大批量的产品，例如几箱酒、零食和冷冻食品。家中堆存的食品会加速消费。这些产品似乎是"免费的"，因为支付已经贬值。

一个关于沉没成本效应的解释是，人们不愿意接受已支付的钱的损失（"浪费"）。这种支付或损失厌恶可以用预期理论解释。许多大型的政府或商业 IT 项目结果是无效的，除非有更多的资金投入，直到项目完成。正如一位美国参议员所说："终止一项已投资 11 亿美元的项目，这是对纳税人的钱不合理的错误处置。"

理财建议

欧洲消费者习惯了政府对他们"从摇篮到坟墓"的关怀照顾。受到金融危机和放松管制的影响，政府在承担这项责任和相应费用上愈发无能为力。更多的个人责任被转移到消费者和家庭身上。当陷入财政问题的时候，他们不能再期望社会福利系统、免费或者低成本的医疗，以及政府养老金编织的"安全网"。消费者不得不花费更多的精力，组织并支付这些原本由政府提供的资金，对他们的财务精打细算，以规避财务问题。

银行、保险公司、咨询师、中间商、投资经纪人和理财规划师在建议消费者并推销他们的金融产品和服务上扮演着重要角色。对银行和其他金融机构的信任是金融行为重要的决定因素。独立的金融顾问也可以信任，前提是他们能提供符合消费者利益的建议，并且不在交易中利欲熏心。金融危机导致许多人不再相信银行和其他金融机构。与此同时，他们又需要这些金融机构来储蓄他们的薪水，支付他们的花销和购买金融产品。对这些机构和个人的信任决定了消费者怎样评估其服务、产品和金融顾问。大多数消费者更偏爱"独立"来源的金融信息，例如政府机构、消费者协会和对比网站。

金融建议可由多种多样的人给出，这些人出售金融产品的动机并不一致，有的客户利益至上，有的自己挣得盆满钵满。利益之间总有冲突。传统意义上，金融顾问代表其所在公司销售金融产品。与只为一家公司服务的金融顾问相比，独立金融顾问提供更多种类的金融产品。信息披露的要求就是，顾客必须被告知中间机构的（非）独立性和代理商所售金融产品的佣金（利润）。如果代理商依靠佣金获得收入，他们可能倾向于销售他们最赢利的金融产品。如果代理商是根据服务客户的时间多少获得收入，他们的建议将会更加客观。在市场上，理财建议对于消费者是必要的，所以卖方（中间商）必须保证独立性和公正性。研究表明，客户经常不经大脑，盲目跟风。因此，有必要对理财建议进行小心谨慎的监管。

在很多国家，另一个要求就是金融顾问必须提供基于客户金融知识水平的信息。与金融素养较高的客户相比，金融素养较低的客户应该接收更多简单易懂的信息。此外，金融顾问还需考虑客户的风险偏好和时间偏好。

金融产品的销售者身负销售任务，同时，也应承担注意义务，帮助和建议消费者用最好的方式组织管理他们的财务问题。注意义务是道德上的，更是法律上的义务，要求卖方必须告知并帮助消费者了解金融产品的收益、成本和风险，并给出符合消费者利益的建议，而不是将自己的商业利益摆在首位。注意义务并不只是在消费者购买金融产品的时候重要，在客户持有保单、房贷，或者其他金融产品时也是如此（永久注意义务）。一般注意义务与家庭金融产品投资组合有关。这意味着，金融机构需要保护消费者利益，以防止消费者没有理解或考虑到他们决策的长期负面后果。在这些情况下，如果消费者想购买这类金融产品，金融顾问需要提醒消费者不要购买，或者不向消费者出售这些金融产品。为客户的利益经营，也许会耗费金融顾问和客户额外的精力和时间，因为客户需要提供他/她财务状况的全部信息，但是，如果这项工作能做好，这将使客户忠诚度更高，并且会对其他消费者进行有利的推荐。

金融角色和生命周期阶段

社会人口因素，例如年龄、性别、教育水平和类型、家庭收入和工资收入者的数量以及家庭结构，决定着金融行为。费伯和李定义了家庭财政官（FFO），即家庭中处理金融事务最多的人，如付账单、储蓄、借贷和准备纳税申报。夫妻双方都可以成为家庭财政官。费伯和李发现，如果丈夫是家庭财政官，那么他将降低买车的频率，并随着时间的推移增加储蓄。请注意，这发生在40年前的美国，可能对现代的家庭来说不太现实。一些家庭将收入者的工资作为家庭共同资金，而有些家庭的工资收入者存有"私房钱"，协调着家庭的各项事务和支出。帕尔对三种家庭进行了区分：（1）男性管理家庭，男性主宰决策和消费，这与高收入有关；（2）女性管理家庭，与低收入和妻子面临更严重的经济贫困相关；（3）夫妻之间更平等地共同管理家庭共同资金。

性别比例影响着消费和储蓄。性别比例是指种群中雄性与雌性的比率，这对动物和人类行为有着强烈的影响。如果性别比例高，雌性稀缺，那么雄性不得不面临更多的竞争。因此，男性会在约会和求婚的时候花更多的钱。格利斯科维西斯等发现高性别比例（男性比女性多）会导致男性对未来进行折现，并且更偏好即时回报。这样的结果就是，消费和负债越来越多，储蓄越来越少。在中国，由于1.2的高性别比例，这些影响可能已经出现或者即将出现。阿拉伯国家如巴林、阿曼、卡塔尔和阿联酋，其性别比例高达 1.2~1.6。

在提高财务积极性和参与度方面，生活事件和其他的情景性因素经常发挥作用。通常，生命周期阶段的依次演进是积极投身财务状况的一个因素。根据不同的生命阶段，人们被迫思考自己的财务状况，并对自己决策的财务结果更为敏感。生活事件是这些生命周期的组成部分。生活事件经常标志着一个生命阶段向另一个生命阶段转变，或者对特定的生命阶段具有代表性。换工作在生命阶段的"满巢期"比"空巢期"更为典型。

威尔斯和古芭发现了家庭生命周期的 9 个阶段。雅瓦尔吉和戴恩将与金融行为有关的生命阶段减到了 7 个：

1. 单身阶段：年轻、单身、不在家住。相关的金融产品有：活期存款、学生贷款、基础保险、定期储蓄和借贷等。

2. 新婚夫妇：年轻，没有孩子。相关的金融产品有：共同的或者独立的银行账户、房屋贷款、学生贷款的偿还以及额外的保险。

3. 满巢期Ⅰ：最小的孩子在 6 岁以下。相关的金融产品有：共同的或独立的银行账户、房屋贷款、家庭保险等。

4. 满巢期Ⅱ：最小的孩子在 6 岁及以上。相关的金融产品有：银行账户、储蓄账户、房屋贷款、孩子教育基金等。

5. 空巢期Ⅰ：已婚夫妇，孩子已离开家，依然在工作。相关的金融产品有：投资、养老金计划等。

6. 空巢期Ⅱ：年纪较长的已婚夫妇，孩子已离家，已退休。相关的金融产品有：储蓄、投资、养老金计划、退休及养老金等。

7. 鳏寡期。相关的金融产品有：储蓄等。

这些生命周期阶段看起来相当传统。有些家庭也可能因为离婚和再婚有着不一样的生命周期。离异或再婚之后，家里的孩子也可能有不同的父母，或者与双亲中的一位生活。墨菲和斯特普尔斯及瓦格纳和汉娜强调了这些与传统家庭生命周期的"现代"偏差。

心理因素

对于资金管理而言，一些心理因素是较为重要的：自我控制和行为的自我管控，及货币幻觉和计数效应。

消费者的自我控制和自我管控的水平是不同的。金融知识和技能水平较高的消费者更愿意坚持自我，独立处理金融事务并做出金融决策（"亲力亲为"）。他们不怎么光顾银行办公室。对于他们来说，网络是主要的信息来源和他们金融行为的工具。这种"亲力亲为"的办法适合比较简单的金融产品和交易，对于更为复杂的金融产品和交易，"假手于人"更为普遍。对于大多数的金融产品和交易，金融知识水平较低的消费者更偏爱"假手于人"的方式，并且他们需要关于如何处理财务问题的个人建议。

货币幻觉是指注意力集中在收入或者商品价格的名义价值（数量），而非其实际价值上。工人们也许对 2% 的涨薪感到高兴，然而通货膨胀率却是 3%。他们以为 2% 的涨薪是赚了，却忘了 3% 货币价值的损失。同样的道理，储蓄者也许会得到 2% 的利息，而通货膨胀率是 3%。实际上，储蓄的价值正随着通货膨胀率的提高而流失。虽然如此，储蓄者也许会存更多的钱以期"打败通胀"。相较于无指数化（无通货膨胀修正），享受养老金的人更不满意每个月对工资（名义价值）的扣减。无指数化条件下，收入的名义价值是一样的，但是实际价值减少了。

随着欧洲货币在 2001 年转向了共同的货币欧元，货币幻觉产生了作用。德国马克的价格看上去比欧元的价格更高。一个解释就是欧元的面额比德国马克小。面额小通常与低价和"便宜"相关联。相反的例子发生在爱尔兰。爱尔兰镑的名义价值大于欧元，因此欧元的价格看上去比爱尔兰镑的价格"更昂贵"。

货币幻觉是单位效应的一个例子，并且与计数或计数启发式有关。一件保修期 60 个月的产品，其保修期会被认为比 5 年的保修期更长。以月份为单位比年份为单位显示的数字更大。形容某一范围的单位量越多，数字就越大。人们在做比较时，倾向于将注意力聚焦在最大差异上，而忽视在其范围内这些差异是如何测量的。于是，这些差异便在比较中十分突出。这被称为计数启发式。当人们在做快速和直觉的比较和决策时，在参与度较低的条件下，计数启发式和单位效应尤其显著。但当人们想起范围内不同数量单位的时候，计数启发式和单位效应的影响将会降低。经过更多精细的比较和决策，人们会更加了解这种效应，并且对这些差异思考得更为周全仔细。

神经学方法是行为金融学新的发展，包括解释行为的大脑研究。这种方法通过研究大脑的区域发现其特定的功能，例如自我控制、享乐、疼痛和后悔。

金钱、社会因素和幸福

支出和储蓄不仅被收入牵着鼻子走，同样也受社会因素的影响。许多人被别人买什么、用什么和有什么影响着。杜森贝利描述了相对收入模型：家庭消费水平和支出也被别人的做法引导着，应了那句"看看人家老王"。如果邻里乡亲谁买了某种型号的车或者在聚会上挥霍了一把，人们也许会觉得自己也应当做同样的事情。年轻人也许会购买苹果手机这样的产品，因为其他年轻人也拥有这些品牌的产品。与收入较高且生活在同等社会环境的人相比，收入较低的人的消费占其收入的比例更高。尤其是在可见产品方面，如汽车、时装和智能手机，社会模仿效应严重。

弗兰克、莱文和戴克把相对收入模型发展为支出瀑布的概念。他们认为，人们倾向于追随比自己稍微富裕的人的消费水平。随着收入差距变大，人们可能会追随收入更高的人的消费水平。这意味着，这些追随者很少有剩余收入用以储蓄，更有甚者，利用借款来维持他们的消费水平。弗兰克等人发现，比邻居平均收入低的家庭更容易出现破产和离婚。破产和离婚被视为过高消费、过低储蓄和家庭内部冲突的指示器。

消费者通过参考他人（参考效应）或者自己过去的状况（偏好效应）来比较自己的财务状况和福利。范·普拉克测算了收入的福利功能。回答者可以表明哪一种收入水平对他们来说是足够的或者不错的（收入评估问题）。大部分回答者指出，一个比自己的收入稍高的水平是不错的。参照点是他们当前的收入。如果他们有了更高的收入，参照点就会变成新的收入。他们认为自己的新收入仅是足够而已，并且渴望得到更高的收入。这被称作偏好转移。这是一种愉悦适应：对已适应的现有收入和消费水平，逐渐滋生不满足感，并且主观幸福感趋于平缓。同样，这会萌生拥有更高收入和消费水平的渴望。类似的，参照转移就是拥有同参照人一样的收入和消费水平的渴望，通常参照人的收入水平稍微高一些。人们愿意与比自己稍微富裕的人做比较。如果与相关人的收入相比，个人收入较低，那么人们通常会觉得自己经济贫困。

根据这些模型，更高的收入只能提供短期的快乐增加感。人们适应更高收入的同时，同样会适应与之对应的更高的消费水平。参照点（基准）变化到了新的水平，而快乐感持平。人们又会去寻找其他的收入增长，从而让他们感到快乐。愉悦适应到了更高的收入和消费水平，便开始原地踏步，持续地适应新收入和消费水平下的幸福与快乐，却没有改变主观幸福感。

迪纳和比斯瓦斯-迪纳总结认为，金钱并不是主观幸福感的主要贡献者，好的身体、有意义的工作和其他活动，以及社会融合是更为重要的贡献因素。然而，在这两件事中，金钱作为主观幸福感的主要决定因素是当之无愧的。第一，金钱对于摆脱贫困和保证基本需求（充足消费）是重要的。发达国家的主观幸福感要比发展中国家高，因为发达国家达到了充足的消费水平。第二，物质主义者和贪婪的人是不快乐的，除非他们足够富裕，可以填满他们的物质欲望。贪婪的人是贪得无厌的，似乎永远没法被满足。对于其他人来说，更多的钱不能或者只能较少地增加主观幸福感。金钱对于移除一些不满意因素来说是重要的，如贫穷、不充足的消费水平，及（对物质主义的人）缺乏物质商品。但是，金钱并不能成为创造更高的主观幸福感的满意因素。因此，两个不满意因素（收入和健康）和两个满意因素（有意义的工作和其他活动，如社会融合）影响着主观幸福感。如果收入和健康低于某个水平，它们会对主观幸福感产生消极影响。而有意义的工作/活动和社会融合会对主观幸福感产生积极影响。

夏尔马和奥尔特发现，自我感觉经济上困难的消费者，常常试图获取稀缺商品或他人无法企及的昂贵品牌。通过这样的行为，他们觉得自己不会比经济条件更好的人差到哪里去。他们也向他人炫耀自己是可以为昂贵的品牌买单的。富裕家庭也会消费稀缺商品。对稀缺、昂贵和地位象征性商品的获取，如富丽堂皇的宅邸、劳斯莱斯和游艇，是为了吸引人们的眼球并成为被他人模仿的对象。这被称为炫耀性或示范性消费。维布伦描述了富可敌国的美国家族的这一现象，如19世纪的范德比尔特家族和洛克菲勒家族。

文化因素在金融行为中也起了作用。在个人主义和集体主义的维度上就有文化差异。西方文化是高度个人主义的：人们自我决策，或与他们的伴侣（和小孩）一同做决定。在集体主义的文化中，集体（亲戚、同事）中的成员起了更重要的作用，并且人们可能向亲戚借款，甚至房屋贷款，银行只是亲人无能为力或者无意借款时的选择。在这样的文化中，相较于个人主义文化，亲人的思想观念和行为规范对金融行为和主观幸福感的影响更大。

贫穷的心理

尽管本章聚焦在发达国家的消费者和家庭身上，但是我们不应忘记非洲、亚洲、东欧、拉丁美洲和加勒比地区的贫穷国家中那些挣扎在金字塔底端的家庭，总共有 40 亿至 50 亿人之多。近半数的世界人口生活在绝对贫困中。收入分配严重不均，世界上最贫困的 40% 的人只占世界总收入的 5%，世界上最富有的 20% 的人占有了几乎 75% 的总收入。超过 10 亿人没有足够的饮用水，近 20 亿人缺乏基本的环境卫生条件和有效的医疗。马丁和希尔将充足消费定义为满足生存需求的产品和服务的底线。人们用充足消费来管理和决定自己的生活（自我决定理论），而不充足消费导致了对他人的依赖（例如依赖发展援助），缺乏自主性和社会融合。这是在极端贫困下的情况。生活在极端贫困下的人们对自身的境况充满绝望。请注意充足消费是和充足的收入相关的。然而，人们在低收入的情况下却能够自给自足，这样的案例和情形也是有的。居住在新几内亚高地上的巴布亚岛的部族就是这样的例子。部族成员之间的亲缘关系，以及自给自足的食物，抵消了低收入带来的不利影响。

持续增长的消费水平会提高生活满足感和主观幸福感至某个临界点，随后，满足感和幸福感会持平，甚至会下降，低于临界点。这个临界点对于贫穷的人来说，似乎遥不可及，但对于西方社会的消费者而言，这个临界点还是切合实际的。在拥有了太多的商品、过量的信息、过多的选择及随之而来的选择问题之后，这些消费者可能会被消极的心理作用笼罩。

需要有更多的研究关注贫困和收入金字塔的底端。哈赫纳尔斯和范·普拉克研究并定义了欧洲家庭的贫困线。绝对贫困线是指个人或家庭购买生活必需品并在社会上生存所需要的最低收入。经济增长可以减少贫困。相对贫困线是指在收入分配中处于较低层次的部分。更平等的收入分配会减少贫困。哈赫纳尔斯和范·普拉克综合了绝对贫困线和相对贫困线。就此而言，哪些商品和服务是必需的？贫穷的家庭如何生存？在这些家庭中丈夫和妻子扮演着怎样的角色？世界（联合国、世界银行）怎样帮助这些家庭和社会保障充足消费及减少贫困呢？请注意贫困线和充足消费也同样与发达国家的穷人相关。此外，贫困线与其他领域也是有关联的：国家间贫困线的比较、国家内部的收入分配以及政府的收入政策。

穷人无法掌控自己的状况和未来，缺乏对意外事件的金融缓冲，对生活的不可预见无能为力。因此，他们必须把注意力集中在对消极事件的预防上，而非对积极事件的实现。防御聚焦、现时偏向型偏好、缺少对未来的规划、不确定性、贫困、绝望及宿命论都是消极的结果。

穆来纳森和沙菲尔推断，在经济困难的情况下，精力会被占用，因为穷人大部分时间都在担心钱、食物以及为必要的开支和花销筹钱。在发展中国家，人们将大量的精力用来确保获得食物和干净的水源，剩下较少的精力用于审慎的思考和决策。玛尼等人分别在收获前（高财政压力）和收获后（低财政压力）测量了印度种植甘蔗的农民的认知功能，发现后一阶段的得分要更高。这些农民在收获的时候，迎来一年一度的收入期。收获前与认知功能缺失相关，就像每天的沉睡一样。"贫穷捕获了人们的注意力，导致人们胡思乱想，进而减少了人们的认知资源。"政策制定者不应只关注财政税收，还应该减少穷人的"认知税"。政策制定应该便利化，或者外包给那些没有经历贫困认知税的人。

小结

资金管理对实现家庭生活目标是有帮助的,资金管理包括日常消费、支付和预算、选择复杂的金融产品及理财规划。消费者想拥有充足的可支配收入,然而他们参与资金管理的情况却略显矛盾。毋庸置疑,资金管理和理财规划是重要的,但是消费者的参与度及金融产品和预算的知识(素养)通常略显不足,而且消费者增加金融知识的积极性也不高。这意味着众多消费者需要帮助,来管理他们的资金。对支出的分类及心理账户有助于预算和"收支平衡"。生活事件和生命周期的阶段影响着金融行为。在这些事件和人生阶段中,许多消费者必须重新思考并安排他们的消费。心理因素包括自我控制和货币幻觉。人们需要自我控制以规避冲动购物,并控制在预算限制和可自由支配收入的范围之内。社会因素包括与其他家庭消费水平的比较和调适。货币幻觉是指只关注收入或预付价格的名义价值(数量)而非其实际价值。

对于低收入和贫穷的家庭,资金管理是为了生存的日常挣扎。穷人对资金管理总是有较高的参与度。对于一国之内的家庭而言,贫困线决定了什么样的收入能满足其生存和充足消费水平。在第10章,我们将讨论负责任的金融行为、金融教育、完整的理财计划和解决问题的建议。这些建议将帮助金融素养较低的消费者,并避免由此导致的金融错误。

第 3 章
储蓄行为

本章关注的是储蓄行为及其决定因素和结果。消费者储蓄的目的是为了金融缓冲、某些特定的交易、未雨绸缪、孩子和退休。消费者需要通过未来时间偏好和自我控制,避免即时消费,并为"将来"存钱。

储蓄的历史

对于中世纪的普通人来说,储蓄被认为是道德高尚的行为,而消费却相反。中世纪颁布了"禁止奢华的法令",用来禁止第三社会阶层(农民和市民)过高消费。显然,这些法律并没有对神职人员和贵族,即第一和第二社会阶层,一视同仁。加尔文主义提倡节俭,认为这是一项为未来和孩子及其他继承人提供保障的理想行为。杰文斯辩称,对痛苦和快乐的预期是寻求安稳未来的强大驱动力。未来在很大程度上是不确定的,而储蓄为消极事件(例如失业、家里或其他耐用消费品遭到损害)提供了缓冲。

奥地利经济学派的冯·庞巴维克提出了储蓄焦躁理论。人们迫不及待地消费,如果被抑制消费,则必须得到补偿(利息)。马歇尔指出,储蓄的决定和实际行动涉及现在和未来满足之间的权衡。人们不得不决定是现在消费,还是为了将来存钱。费雪赞同冯·庞巴维克的观点,认为储蓄是由缺乏耐心决定的,这是一种个人特征,从某种意义上说,缺乏耐心的人比耐心的人储蓄得更少。费雪认为这种缺乏耐心不仅是由收入水平和时间偏好导致的，同时还受到以下六种个人特征的影响：

1. 目光短浅（现时偏向型偏好）；
2. 缺乏意志力和自我控制；
3. 随意消费的习惯；
4. 强调人生苦短，世事无常；
5. 自私或者缺乏奉献他人的意愿（遗产动机）；
6. 对于时尚消费心血来潮，盲目跟风（羊群效应）。

也有人是为了储蓄而储蓄，储蓄成了他们的一种习惯，有时这甚至是一种贪婪或节俭。老年人的储蓄可能依然如故，尽管到了该花养老钱的时候，然而，他们仍然在为他们的孩子（孙辈）存钱。这就是储蓄的遗产动机。

收入与储蓄

凯恩斯在其著作《就业、利息和货币通论》中引入了"心理法则"：人们倾向于储蓄实际收入和习惯性标准支出之间的差额。这类似于剩余储蓄。储蓄随着收入的变化而改变，但是它们并非完全同步变动。收入的增加常伴随着更多的储蓄，因为消费支出并不会马上增多。而收入的下降常伴随着储蓄的减少，因为消费支出也不会立刻降低。由于契约、义务和习惯的存在，消费支出不会随着收入的增减而灵敏地发生变化。因此，在收入和储蓄的变化中存在着一个短期的滞后。凯恩斯的储蓄理论建立在绝对收入模型上。这个模型假设收入和储蓄成比例关系，尽管存在短期滞后。

杜森贝利创建了相对收入模型。家庭通过其他家庭的收入状况来看待自己的收入状况，而非他们的绝对收入情况。他们通过对比自己的家庭收入和给定的（参考）家庭收入来决定消费和储蓄。请注意杜森贝利用家庭收入这样的词替代了个人收入，原因是一个家庭里可能有不止一位收入者（丈夫、妻子、年长的孩子）。通常情况下，其他家庭的收入是未知的。然而，消费水平却更显而易见（相较于收入水平），能够很容易被比较。进而，一个家庭的支出由参照家庭的消费水平决定。人们根据他们对参照群体的"正常"理解来消费商品和服务。因此，储蓄主要是一种剩余储蓄。依照相对收入模型的预测，与收入低于参照群体的家庭相比，收入高于参照群体的家庭储蓄更多。人们倾向于拿自己与条件稍好的人相比。同样可见支出瀑布。

　　弗里德曼详尽阐述了永久收入模型。消费，进而是储蓄，不取决于现有收入，而是中期收入（3~5年）。人们通过估算他们3~5年的平均收入来决定他们的消费水平，进而决定他们的储蓄水平。莫迪利亚尼在他的生命周期模型中更进了一步，他认为个人倾向于将其一生的资源平均分配到生命周期中，以逐步提高消费水平。当人们现有的收入低于其一生收入的适当份额时，人们会借钱。这种行为在人生的第一个阶段十分典型，例如利用房贷买房。当人们现有的收入超过了一生收入的适当份额时，人们会储蓄。这在人生的第二个阶段具有代表性，例如偿还房贷。生命周期模型可以用图3-1"原型图"来阐述说明。在家庭生命周期中，收入和支出的发展并不是一致的。收入被认为会随着生命周期而增长，尤其是对于工薪族和成功的企业家而言。在前半生，30~45岁的时候，消费支出比实际收入高，而在后半生，45~65岁的时候，消费支出低于实际收入。30~45岁是入不敷出（负储蓄）的，主要是因为房屋贷款，而在45~65岁时，家庭会还房贷并存退休金。在生命周期的后期，消费也许会减少，因为孩子们已经离开家，并且耐用消费品更换得也不是那么频繁。这表现在图3-1中，50~60岁的消费支出减少。退休后，负储蓄也有可能发生，从某种意

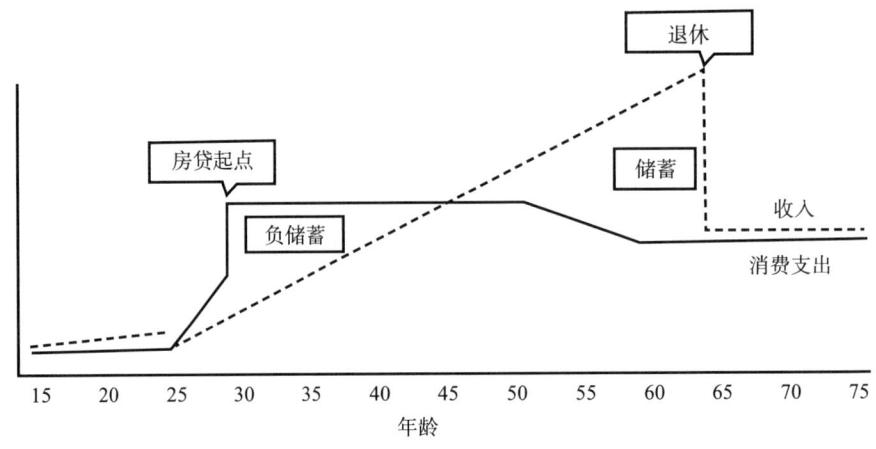

图 3-1 家庭理财生命周期

义上看,人们利用其储蓄满足消费性支出。图 3-1 的意义不只在于储蓄,对于整个生命周期中的借贷、房屋贷款、退休及财富管理同样具有一定意义。生命周期理论的一个启示就是,人们在生命周期中平缓地消费,并试图维持一个稳定的消费水平。

崛冈和渡边在日本找到了对储蓄的生命周期模型的支持。在生命周期的阶段中,人们为不同的目标储蓄,而这些目标与各个生命周期相关联。在第一个阶段(20~44 岁),人们为教育、房屋和娱乐储蓄。在第二个阶段(45~59 岁),人们为孩子的婚姻和退休储蓄。在第三个阶段(59 岁及以上),人们主要为退休储蓄。

谢夫瑞和塞勒阐述了行为生命周期模型。行为生命周期模型的基本假设是,家庭会区分三种心理账户:当前收入账户、当前储蓄(资产)账户和未来收入账户。对当前收入账户的消费意愿被认为是最强的,而对未来收入账户的消费意愿是最低的。这是一种自我控制和预先承诺,从而不对当前储蓄和未来收入进行消费。温尼特和刘易斯总结认为,家庭利用消费分类和储蓄的心理账户,而非收入的心理账户,正如谢夫瑞和塞勒的行为生命周期模型。行为生命周期模型的预测，已由消费者支出的数据和金融资产数据给予了支持。

储蓄的定义

不同国家的储蓄率有着天壤之别。家庭储蓄的定义是家庭可自由支配收入与消费支出的差额，其中家庭可自由支配收入主要是指工资和自营收入。家庭储蓄率是用家庭储蓄除以家庭可支配收入，并由抽样的所有家庭合计计算得出。有些国家的储蓄率保持稳定，而有些国家的储蓄率却已下降，如澳大利亚、加拿大、日本、匈牙利、韩国、英国和美国。低利率、宽松的信贷标准、贷款和房贷的利息税减免、易得的贷款和房贷，都刺激着借贷，进而削减着储蓄。投资带来的可观收入也挤压着储蓄。在许多国家，房价已达到了史无前例的高位。例如在美国，以负债和可自由支配收入比率计算的家庭负债率在 2007 年超过了 130%。其他国家，如英国、波兰、匈牙利和韩国，也一同经历着房屋泡沫和储蓄下降。

2007~2008 年的金融危机逆转了这一趋势，2009 年许多国家的家庭储蓄率上升了。然而，在 2010 年的时候，一些国家的家庭储蓄率又开始下降，并且下降的趋势有望持续到 2015 年。高储蓄率的国家有：比利时、中国、法国、德国、日本、朝鲜、葡萄牙、西班牙和瑞士。

负储蓄率意味着家庭消费超出正常收入。自 2005 年起，丹麦和美国就出现了负储蓄率。有着负储蓄率的家庭会利用一些方法为他们的支出筹措资金，例如通过信用增加债务，或者变卖资产以及减少现金或存款。然而，这仅是权宜之计，短期内或者为了某项特定的支出加以运用，并非长久之计。家庭储蓄率可按照税前或税后两种基准计算。在西班牙和英国，家庭储蓄率是按照税前储蓄率计算的，自然不可简单地与采取税后储蓄率的国家（如比利时、德国和瑞士）相比。

不同的社会保险、养老金计划和税收系统也影响着家庭储蓄率，这些都对可自由支配收入和储蓄有一定的影响。进一步而言，人口的年龄、贷款的可得性和易得性、总体财富和社会文化因素都影响着储蓄率。其中，文化和社会因素有：引人注目的炫耀性消费，消费主义，物质主义，宗教和融入现代社会的物质需求，如汽车、手机、平板电脑、时装等其他消费品。这些因素有可能促使人们在其能力范围外消费。

长期经济增长需要资本投资，而资本投资主要的国内资金来源是家庭储蓄。持续的高家庭储蓄能够为投资和增长提供可得的资金。另一方面，国内的消费（和较少的储蓄）促进了 GDP 的增长，这是经济复苏的重要因素。如果多数消费者用更多的储蓄来还（房屋）贷款，这也许会抑制消费者需求，进而抑制经济复苏。

通常，高收入家庭倾向于更多的储蓄。同时，有着更高"感知财富"的家庭倾向于花得多、存得少。这被称为财富效应。由于不动产价值膨胀，人们认为自己"富有"，结果导致他们降低储蓄需求。在经济萧条削减了人们的房屋和养老金价值之后，家庭意识到自己不再富有，于是开始增加储蓄。同样，失业率的上升和消费者信心的低迷，也可能导致储蓄增加，因为家庭在可自由支配消费品和服务中消费得更少。

储蓄的种类

储蓄并不是利用现有的收入、财富或预算进行现时消费，而是限制消费，从而能在未来的某一情形下消费。储蓄也许只是在某个特定的时间段里没有花费部分可用收入而已，因为消费者的收入超出了他们的购买力，或是想要的产品现在尚不可得，但在未来可以购买。不花光个人所有的收

第 3 章 储蓄行为

入被称为剩余储蓄。剩余储蓄通常没有什么特别的动机或动因。大多数人喜欢现在花钱（即刻满足需求），而不是以后。这意味着，剩余储蓄对于大多数人来说是比较困难的，需要较强的意志力来限制消费，以未来储蓄取而代之。许多经济学家认为储蓄是一种剩余储蓄（资金剩余）行为，卡托纳则认为储蓄是消费者的目的性行为，用来帮助自己应对紧急事件，并保护自己的未来消费。因此，储蓄可能是用来应对未来财务不确定性的一种策略。

储蓄的种类可以进行以下的区分：

1. 把钱放入存钱罐或储蓄罐（没有利息），就像孩子们被告知的那样；
2. 剩余储蓄：不消费可用预算或收入的剩余部分；
3. 可自由支配储蓄：有目的性地将钱存入储蓄账户；
4. 契约储蓄：例如，为预先决定的某一时期自动储蓄；
5. 贷款和房贷的还款：通过减少负债将"储蓄后置"；
6. 购买促销商品，通过临时低价达到省钱的目的；
7. 购买更加经济型的商品，这些商品在使用和保养时更加便宜。

本章我们将不会讨论第 5~7 类型的储蓄，这些储蓄类型是关于偿还贷款和更低的消费水平的，本章我们把焦点放在其他类型的储蓄上。储蓄一词同样也有"囤积"和"为将来保存"的意思，例如囤粮食或保存文件，我们同样也不会讨论这种意义上的储蓄。

小额储蓄是旨在帮助贫穷家庭储蓄小额资金的计划。这个计划主要由女性参加，并且小额储蓄者通常会组成一个互助团体（社会控制），以支持成员储蓄，并在需要的时候，偶尔向团体基金申请借款。匈牙利的吉卜赛家庭，以及欧洲和发展中国家的其他贫困团体都有小额储蓄计划。通常，小额储蓄与小额信贷相关联。在公共政策领域，储蓄通常成为迈向独立、普惠金融和发展的重要一步。提醒可以使储蓄目标更加显著。在玻利维亚、秘鲁和菲律宾的一系列调查研究显示，简单适时的提醒人们储蓄的短信会提高储蓄率。预先承诺的方法同样有效：消费者也许会放弃储蓄的机会，直到达到一个特定的储蓄目标水平。与控制组相比，那些获得并使用这些储蓄账户的人多储蓄了82%。在肯尼亚，给人们提供一个可封闭的储蓄盒子，也能帮助他们储蓄。

储蓄动机

卡托纳认为储蓄是两组因素的作用结果：（1）经济因素，即储蓄的能力和机会，高（充足）收入的人比低（非充足）收入的人更有能力储蓄；（2）心理因素，即储蓄的意愿和动机，有着未来时间偏好和愿意放弃即刻需求满足的人，储蓄的意愿更高。

基于凯恩斯和卡托纳的研究，可以把储蓄动机划分为以下六种：

1. 交易性动机：为未来大项支出储蓄，比如房屋、汽车和假期。

2. 预防性动机1：储蓄缓冲，用来对冲非预期的收入损失或大项支出。

3. 预防性动机2：为了保证一个均衡的消费水平，用储蓄来平衡收入，特别是对于非稳定收入的人，比如企业家。

4. 未来性动机：作为养老金计划的一部分，为年老和退休储蓄。

5. 遗产性动机：为孩子或者孙辈储蓄。

6. 投机性动机：为了增加财富储蓄，例如，投资房产、股票和债券。投资与未来相关，但并不一定是储蓄。

第 3 章 储蓄行为

为购买一辆价值 3 000 欧元的二手车存钱,似乎是一个难以完成的任务。但是如果将其细分(拆分)成一年之内每周存 60 欧元,就变得可控了。这样的周目标可以通过不外出就餐实现。甚至少喝一杯 5 欧元的拿铁咖啡,也能促进周目标的实现,尽管这种贡献对于 3 000 欧元的总目标来说显得微不足道。科尔比和查普曼发现,对储蓄子目标的说明会提升储蓄的自我效能感,增强储蓄的动机。

两种预防性动机分别是储蓄缓冲和长期平衡收入。在储蓄缓冲中,某笔资金的存储是为了弥补非预期的损失。购买保险也是出于这种预防的考虑,尽管不是所有的潜在损失都能得到保障。大萧条时期,消费者信心较低,预防性储蓄将会增加,因为人们对未来感到悲观,认为失业、收入损失和高赋税会接踵而至。

长期的收入平衡并不是一种缓冲,而是尽可能地保持一个稳定的消费水平。人们在"丰年"储存部分收入,以备"荒年"的到来。正如约瑟夫对埃及法老的建议。

> 请注意,埃及遍地将迎来七个丰年,随之而来的是七个荒年;埃及将会遗忘所有的富饶丰盛,大地会被灾荒吞噬。让法老这样做,指派官员管理这片土地,在第七个丰饶之年接管埃及五分之一的土地,并让他们将这个好年景所有的粮食聚集,收归于法老手下,贮存于城市之中。所有的粮食必须贮存在埃及以备七年之荒,以免这片土地在灾荒中陨灭。

卡罗尔详尽阐述了"缓冲储备储蓄"模型。在此模型中,缓冲储备储蓄者设有一个目标比例,即财富与永久收入比。如果财富(缓冲)低于目标值,人们会储蓄。如果财富高于目标值,负储蓄(消费)则占主导地位。该模型包含了以预防动机为目的的储蓄,旨在预防突发状况。

投机性动机不只依赖储蓄，同样也需要通过对股票和不动产的投资来增加财富。通常情况下，投资收益率比储蓄账户的利率高，尤其是长期投资（15~20年）。

卡诺瓦、拉塔齐和韦伯利阐述了一种储蓄的等级目标结构，作为一种意义结构分析和递进的应用。在这个等级结构的底部是具体的交易目标，如为了更好的房子、新车或者假期储蓄。货币的可得性（金融缓冲）是另一种具体目标。中间的目标更为抽象，如独立、自主及优良的生活标准。高级的目标和价值是安全、自尊和自我满足。

政府期望鼓励家庭存足够多的钱，用于孩子教育、医疗保健和退休。这些储蓄目标会引发人们储蓄。有这三个目标总比没有要好。但是，有三个目标比有一个目标好吗？索曼和赵发现，在增加储蓄方面，单一储蓄目标比多储蓄目标效果更好。在多目标的情况下，人们不得不权衡这些储蓄目标，进而导致储蓄延迟。单一目标更容易将储蓄付诸现实。如果多目标之间没有竞争，且相互融合，那么多目标储蓄也会变得更加容易。

对于大多数人来说，储蓄可能会成为一种低参与度的习惯，比如剩余储蓄和自动储蓄。但是，储蓄绝不只是消极地抑制消费。通常意义上，储蓄是一种更加积极主动的行为，并且展现了自尊和自我满足愉悦的一面，甚至尽情享受着未来的快乐。也许对于某些人而言，储蓄是强制性的，不为交易，也不为未来的快乐，仅仅是为了储蓄而储蓄，他们贪婪或吝啬，一如查尔斯·狄更斯在他的《圣诞颂歌》中描述的吝啬鬼埃比尼泽·斯克鲁奇。一个现代版的虚构例子就是迪士尼角色唐老鸭。

丹尼尔发现储蓄具有年龄差别：年老的人比年轻人更愿意和更习惯存钱。人老了便会储蓄得更多吗？也许是因为退休而使储蓄变得更加紧迫，抑或是存在同辈效应，年长的一辈就是比年轻的一辈储蓄得多？长辈们经历过经济萧条，或已被培养了储蓄行为，并将其变成了生活习惯。

自我控制和自我管控是储蓄重要的决定因素。布朗恩、克德戴克和波纳尔发现，对家庭保持严格的管理，进而控制消费，是有利于储蓄的。高金融素养、左翼政治偏好、积极的经济预期和内部控制也有利于储蓄。这里存在一个矛盾。储蓄需要积极的经济预期，然而卡托纳却认为消极的预期和不确定性才会引发储蓄。为了实现更加独立、自主和安全的生活，储蓄在当下会显得更加有吸引力。

定期储蓄和总储蓄

伦特和利文斯通发现，必须将周期性储蓄从总储蓄中区分出来。一些消费者对他们的总储蓄漠不关心，也不会定期储蓄，这与非储蓄者类似。主动定期储蓄的消费者和消极被动的储蓄者或非储蓄者不一样。可自由支配收入和社会人口变量，如年龄（年长的人储蓄得更多）、性别（男人比女人储蓄得多）和孩子的数量（有孩子的家庭储蓄更少），都会影响人们储蓄的总量。保险较多的消费者，储蓄也会较多。预防性动机或谨小慎微可能都是金融行为的基础。消费行为同样也是储蓄的预测器：买衣服花的钱越多的人储蓄得越多，而在食品上花钱越多的人储蓄越少。买衣服也许可以被视为长期使用商品的投资，而非（即刻）消费。一系列心理因素影响着人们定期储蓄的数量，这些心理因素包括自我控制（自我控制越多，储蓄越多）、重视享乐（重视享乐的程度越高，储蓄越少）、对负债的态度（对负债的态度越消极，储蓄越多）、购物行为（衣服、食物），以及社交网络（朋友间谈论金钱越多，储蓄越多）。储蓄者的金融行为获得了社会支持，而非储蓄者不喜欢和朋友谈论他们的金融行为，他们更倾向于将自己的财务状况保密。

储蓄者和非储蓄者之间的差别很有意思。储蓄者倾向于投资家庭耐用消费品，包括他们的衣柜（服装），而非储蓄者则乐于享受，购买廉价品，以及即时食品消费。储蓄者更偏重实用性、节俭化和未来导向，而非储蓄者则是享乐主义的，享受当下的生活。

储蓄与通货膨胀

只有在利率高于通货膨胀率的时候，储蓄才是一项吸引人的经济选择。许多消费者在考虑储蓄和利率时，容易"忘掉"通货膨胀率。他们对所得的利息喜闻乐见，却没有意识到通胀带走了这些收益。这被称作货币幻觉：一种考虑货币（储蓄、财富）名义价值（数额）胜过实际价值的倾向。在高通货膨胀率的情况下，人们减少储蓄是理智的，而储蓄会以其他形式出现，比如购买黄金。然而，有研究认为，面临高通胀时人们甚至会存更多的钱，以期"打败通胀"并保证他们的储蓄完好无损，这是一种预防性动机。有一种高通胀的情况，即利率也很高，看上去更诱人。这可能也会刺激储蓄。但通胀率高于利率的时候，如果储蓄增多，人们便是货币幻觉的牺牲者。他们太在意货币的名义价值，而不是实际价值。

小结

储蓄是收入与消费之差，但是定期储蓄部分收入也可以是自由和有意识的决定。重要的储蓄目标有：建立并维持金融缓冲、未来交易、"未雨绸缪"，以及年老和退休。储蓄需要长远的目光和自律，定期将钱存入个人的储蓄账户（可自由支配储蓄）。像自动储蓄和持续计划这样的预先承诺，也许能够帮助消费者进行自我控制，达到他们的储蓄目标。

储蓄也会出现一些怪现象，消费者可能会为了某些特定的交易（以较高的利率）借钱，同时（以较低的利率）存钱。有自知之明、知道缺乏自我控制的消费者，通过借贷来保持他们储蓄的完整。这可以用心理账户来解释，在心理账户中，储蓄和借贷账户是分开的。当意识到自己缺乏意志力重拾储蓄的时候，这就是一种自我保护。

另一种异象（货币幻觉）是指储蓄的利率可能低于通货膨胀率。从经济学的视角来看，这时储蓄是不理性的，但是消费者甚至可能增加他们的储蓄，以期"打败"通胀，维系其金融缓冲的安全。

第4章
信用行为和债务问题

信用是一种吸引人的手段，因为它可以使人们享受即刻购买，而不是先储蓄后购买。信用的缺点是消费者的信用卡和个人贷款可能变得负债累累。一些心理因素，如冲动的行为、现时偏向型偏好、全局性和自我控制的缺乏，解释了为什么某些人会滥用信用并陷入财务问题。

消费者信用

在大多数富裕国家，消费者信用通常被当作消费融资的一种方式。新一代的人更容易接触到信贷，并且人们对债务也变得越来越宽容。钱和德瓦尼将当代社会描述为一种"负债文明"。许多人觉得，如果大家都在使用信用，那一定是没有大碍的。这是一种共识提示和羊群效应。信用的可得性、使用和管理已经成为美国和其他发达国家消费者的"常态"。在稳定的收入及丰富的产品和服务的前提下，信用才能在社会中发挥其作用，变得有意义。在美国，一位大学毕业生的学生贷款是 29 000 美元，平均一张信用卡的债务是 2 327 美元。在新西兰，所有的学生贷款总额高达 70 亿美元，并且有评估称，其中 10% 的借款者到 65 岁才有能力偿还他们的贷款。学生贷款通常会被接受，其原因在于这是一项对未来挣钱能力的投资。学生很有可能在毕业后获得高薪，但即便如此，也很难及时还款。

为学习、买房借钱，并在以后的人生阶段还款，这与生命周期模型相一致。不仅学生使用贷款，普通的消费者也想"与他人攀比"，购买他们"所需"的耐用品，以便适应其社交圈，融入现今社会。对特定产品的个人和社会需求，如房子、汽车和智能手机，似乎是购买行为更重要的驱动器，而不是支付能力和对可自由支配收入的考量。

消费者信用是指从银行或其他金融机构（贷款人）借钱，并以合同的形式规定还款日期及某一特定时期的利息，例如几个月的月度还款。人们也可能向亲戚借钱，在许多文化中，这是优先选择，但是这种行为不会被官方注册登记，并不计入消费者信用。消费者信用的一个具体类型就是分期付款，银行为某一特定商品（如汽车或轮船）的购买提供资金，并且该物品成为银行的抵押品，如果借款人不能偿还贷款（"信贷违约"），贷款人将获得抵押品并有权将其售卖以清偿债务。分期付款使得银行的风险更低，进而利率也更低。消费者信用的类型有：

1. 学生贷款，为学生提供学费、书本、衣物和生活所需资金。

2. 房屋抵押贷款。

3. 房屋二次抵押贷款，为其他的交易融资。

4. 有固定还款的个人借贷。

5. 基于银行账户的循环贷款（"财务危机"）。

6. 发薪日贷款，即发工资之前的个人贷款。发薪日贷款的期限只有几周，用工资还款，通常利率极高。

7. 使用信用卡并陷入"卡债危机"：不在信用卡还款期内偿还到期金额，而是之后还本付息。信用卡的利率维持在每年15%~20%之间。就信用卡而言，还款期是指没有利息费用的全额还款期限。还款期通常始于账单日，直到21~25天之后。更长的还款期给消费者还款提供了更多的时间，以免产生利息费用。

8. 邮购公司或其他零售商的信用，可以在一段时间内延迟并分期付款。这类信用的利率高达20%。

9. 为购买耐用消费品的分期付款，如汽车、船。贷款以每个月还本付息的方式偿付，分期付款的利率高达15%。

10. 去当铺或典当行典当商品：商品以抵押物的形式寄存从而借得一笔资金，比如，6个月的合约，6个月内的任何时候都可以全额还本付息，赎回抵押物。

11. 用信用卡租车，不仅可以付租金和保险费，也可以作为防盗防损坏的担保。在这种情形下，潜在信用成了租车公司的担保品。

消费者信用主要用于消费，与之相对的是商业信用，主要用于投资。消费包括耐用消费品，比如汽车和轮船；以及服务，如医疗和假期旅行。大多数耐用消费品会随着时间贬值，用房贷买房是个例外，因为房屋可能会升值。当房价上升的时候，房屋贷款就可以被称为一种消费者投资信用。

信用甚至可以用来投资，比如人们用借来的钱买股票。如果商业周期上行，也许是有利可图的，投资回报率高于还款利率。但如果商业周期下行，那么这就是灾难性的金融行为，股票的回报率会低于还款利率。

信用对于经济增长来说是不可或缺的。信用使人们可以持续购买所需要的商品和服务，即使在经济遭受小挫折的时候。信用为个体家庭提供了个人灵活性，一旦出现紧急状况，如汽车坏了、物品损坏或被偷，信用使得物品维修或置换变成可能。请注意，持有缓冲储蓄同样是为了应对这些紧急状况。但储蓄不足或消费者不想用储蓄来应对紧急状况的时候，信用便行之有效。信用的缺点就是某些家庭贷款太多，信用卡债台高筑，使自己负担过重。他们的可自由支配收入可能不足以偿付这些贷款。

房屋抵押贷款

房子是家庭最重要的财富来源，大多数房主需要通过房贷买房。房屋抵押贷款通常是家庭最大的负债，与之相对应，房屋也是家庭持有的最大的资产。房屋抵押贷款合约的类型对家庭管理其终生的财务资源有着极其重要的影响。迦泽古德和韦伯在英国研究了不同类型的房屋贷款。标准性房屋抵押贷款是一种按揭贷款，家庭在房屋贷款期间（分期）偿还到期的利息和本金（借款）。替代性房屋抵押贷款有着更高的贷款收入比，并且家庭通常只需按期偿还利息。本金（借款）并不会减少（非分期偿还），甚至可能从期初一直增至到期日。替代性房屋抵押贷款的预付成本比标准性房屋贷款少。有收入增长预期的消费者也许更偏爱替代性房屋抵押贷款，因为替代性房屋抵押贷款的初始成本更低。值得注意的是，替代性房屋抵押贷款的本金在贷款期后依旧存在，要么继续抵押贷款或用一个新的抵押贷款代替，要么卖房还款。固定利率和可调节利率也有很大差别。风险厌恶的消费者可能会选择固定利率以避免受"惊吓"，尽管通常他们比可调节利率付得更多（期限溢价）。迦泽古德和韦伯发现，低金融素养和现时偏向型偏好的人更容易选择替代性房屋抵押贷款和可调节利率。他们认为，这是一种次优的选择，因为这种选择没有充分考虑到未来。与标准性房屋抵押贷款相比，替代性房屋抵押贷款的违约率要高得多。这意味着替代性房屋抵押贷款对于不成熟的借款者而言是不太合适的。

在荷兰，科克斯、布朗恩和内特博姆的发现恰恰相反。高金融素养和风险寻求的消费者更有可能选择替代性房屋抵押贷款。更富裕、年长和成熟的家庭对替代性房屋抵押贷款的风险和利益有着更好的理解，会选择替代性房屋抵押贷款。如果所付利息能够从收入所得税中扣除，那么尤其对于富人来说，替代性房屋抵押贷款是比标准性房屋抵押贷款更好的选择。

第4章 信用行为和债务问题

范·奥延和范·罗伊发现，成熟的家庭更可能使用替代性房屋抵押贷款，那些向中介机构咨询建议的家庭亦是如此。当房价下降或收入缩水的时候，这些替代性房屋抵押贷款的风险就会更大。金融中介机构承担的角色很重要，中介机构应该告知消费者利息，并且认真地核查潜在借款人是否有能力承受替代性房屋抵押贷款的风险。

抵押贷款的另一种类型就是人寿保险抵押贷款。在人寿保险抵押贷款中，家庭通过投资基金对利息和"人寿保险"进行偿付。作为投资的收益，本金将在到期日得到偿付，并且作为高回报，可以得到一笔额外的资金。由于人寿保险抵押贷款的预期收益比股票市场的低，人寿保险抵押贷款并不能在到期日提供全额的本金，给家庭的房产遗留了剩余的债务问题。房价下跌也导致了剩余债务。用通俗的话说，这些房子是"亏了"。现在，人寿保险抵押贷款的提供者被要求向人寿保险抵押贷款的持有者提供补偿，以弥补人寿保险增值的差额。人寿保险抵押贷款风险太大，已不再向家庭提供。

需要注意的是，2008年的金融危机就是始于美国的次级房贷。次级房贷是用来提供给信用等级较低、无法得到传统抵押贷款的人。次级房贷的利率比标准房贷的利率高，因为次级房贷面临着借款人更高的违约风险。低信用等级可由不稳定的收入（企业家）或不良借贷史导致。通常，次级房贷的起始利率相对较低，但是数年之后，其利率将"与市场相适应"，因此变得更高。随后，一些家庭将转换至标准房贷，因为他们的信用等级得到了提高。然而，另一些家庭的月供变得太高，导致这些家庭还款违约，不得不把家门钥匙还给银行（在美国）。尽管替代性房屋抵押贷款和次级房贷被视为金融危机（有毒抵押贷款）的罪魁祸首，但这些贷款对于需要更低的首付和期望更高收入的家庭来说，是有价值的工具。通过这些房屋贷款，他们能够使其可自由支配收入在整个生命周期中平缓稳定。

信用的可得性

以学生为例，人们期望未来获得较高的收入，借贷并且希望当他们收入更高的时候能够还清贷款。韦伯利和尼许斯发现，债务人通常预期他们的收入在中期，而不是短期内增长。某种意义上，信心对于消费者承担更多的贷款起着一定作用，影响着对借贷的乐观信心或积极展望。经济萧条的时候，因为股票和不动产价值的下跌，负债可能会增加。这样，家庭可能陷入负债状态。随着经济萧条和消极预期，只要有可用的资金，人们就会通过偿清贷款的方式减少借贷。

银行因素，例如轻松易得的低息贷款，也发挥着作用。如果很容易就可以获得贷款，那么使用贷款（未来收入）进行消费和购买耐用品就轻而易举。轻松易得的信用也造成了这样一个印象，那就是举债贷款是广为接受的，并且是融资购买的惯用方式。信用卡公司提供"免费贷款"通常是有严格的还款条款的，一旦违反了这些条款，信用便十分昂贵。消费者可能自以为比现实中的自己更自律，正是这些"免费贷款"引诱消费者陷入负债。

信用卡公司提供了一个简单的还款机制和信用。2004年，在美国，1.64亿美国人使用了14亿张信用卡，平均每个信用卡使用者拥有8.5张信用卡。美国家庭平均承担着12 000美元的卡债。信用卡付款的简易性（无须现钞和找零）容易导致消费的增加。在交易的时候，消费者通常不会完全意识到自己用卡消费了多少钱，他们把更多的注意力放在了在机器上输入正确的密码。信用卡似乎解除了用未来收入满足现在消费的限制，使得许多消费者在消费中进行自我控制变得难上加难，尤其是当他们没有在还款期内还款的时候。他们将自己信用卡的信用额度等同于他们被允许消费的金额，然后就去消费了。

生命周期与信贷

穷人可能会被迫借贷,因为他们缺乏金融缓冲,以应对始料未及的开支。低收入的家庭更容易欠债,而高收入的家庭也有可能因为过高的消费和信贷而欠债。男性比女性更有可能负债,因为相较于女性,男性通常承担着更多的金融风险,对未来收入也更为乐观。年轻人也容易欠债,因为他们正处于有房贷未还清的生命周期阶段。人生的逆境,例如失业、离异、事故和疾病(高医疗费和低收入)可能会迫使人们借贷,并且也提供了如何使用信贷和避免债台高筑的经验。

杜森贝利的相对收入模型表明,当个人和家庭将自己的消费状况与其他个人和家庭相比时,他们会感受到相对性匮乏。这可能会诱使他们不惜用借贷来消费得更多,从而与参照家庭"不相上下"。相对收入模型解释了为什么有些人消费得太多、储蓄得太少或者根本就不储蓄,并且贷款消费。

永久收入模型和生命周期模型阐释了消费者和家庭试图随着时间的推移,维持一个均衡和平稳的消费水平。这意味着当收入无法满足消费支出的时候,消费者会借钱,而当收入高于消费支出的时候,消费者将会储蓄或清偿负债。学生会在他们有工作和较高薪水的时候偿还学生贷款。消费者通过借钱为他们生命中早期的消费筹集资金,尤其是购买房产和入学,而在以后高收入的人生阶段将负债还清。因此,生命周期模型解释了整个生命周期的储蓄和借贷。

信贷决策

信贷决策关系到可供选择贷款的信息获取和比较。在做决策之前,消费者也许会收集可选信贷的信息,并比较其成本和收益。决策可以用"完整"和"理性"的方式做出,也可以用直观推断,通过简单和相对容易的过程完成比较、选择。

总利息变化通常以年利率来计算。如果每年贷款统一收取的年利率是12.5%,且未偿还贷款的余额因还款而减少,那么实际的年利率是26%。因此,年利率可能存在一定的误导。金融机构收取的总利息费应该展现并告知消费者信贷的真实成本。2010年美国颁布的《信用卡业务相关责任和信息披露法案》(*Credit Card Accountability Responsibility and Disclosure*,CARD),要求金融机构公布信用卡还款的时间期限,以及当消费者仅还最低还款额时所实际产生的利息。

大多数消费者会注意每月的还款额,并且在考虑可自由支配收入的前提下,检查他们是否能还清这些贷款。贷款期限可以折中选择。短期贷款的总利息较低,但是每月还款额较高。长期贷款的总利息较高,但通常伴随着较低的月度还款。尽管短期贷款比长期贷款便宜,但消费者可能会选择长期贷款,因为其月度还款更少。斯坦戈和辛曼提供了证据证明,许多美国消费者有还款/利息偏见。他们系统地低估了利率和贷款的还款期限,他们专注于每月的还款。非银行放债人,例如零售商,通常会强调月付的数量:"你可以以每个月195美元的价格驾驶着一辆尼桑奥提马。"消费者可能会判断这样的金额是支付得起的,他们考虑了可自由支配收入,而忽视了利率和贷款期限。《诚实借贷法》基于利率(年利率),帮助消费者比较这些贷款。

心理因素与信贷

在许多方面,借钱是储蓄的对立面。储蓄会让付款发生在购买时,而信贷会让付款跟随在购买之后。预付比后付产生更多的积极情感,这些积

第4章 信用行为和债务问题

极的情感与消费相关。相较于事后付款（后付费），消费者对预付的产品和服务更满意。

影响储蓄和借贷的心理因素是相似的，比如金融素养、自我控制、时间偏好和满足感延迟。使用消费信贷的人更乐于现在消费而非未来消费，不接受满足感的延迟。滥用信贷并且陷入财务问题的人通常缺乏资金管理技巧和自我控制，而低金融素养的人更容易使用高成本的信贷，例如家庭还款贷款、邮购债务和发薪日贷款。其他与负债相关的心理因素有：时间偏好、自我管控和对资金紧张的一筹莫展。某些心理因素可能是问题性负债的起因，而另一些因素可能是后果。

豪尔顿、肯普和切尔努申科在新西兰学生中的一项研究发现，对负债的态度不是简单的非黑即白，而是由两个独立的态度维度组成：负债效用和负债恐惧。负债效用（赞成负债，负债的正面）包括以下方面：不改变生活方式，享受生活，延期付款，无息贷款和随心所欲的贷款。负债恐惧（反对负债，负债的反面）包括以下方面：身负债务或缺钱是大学教育消极的一面，担心负债和学生贷款会推迟人们的大学教育。债务效用听上去极具认知性，但却包含了情感表述，如享受。负债恐惧听上去极为感情用事，却包含了认知的表现，如推迟大学教育。当使用信贷并享受其带来的好处的时候，负债效用会占主导地位。而当还款困难的时候，负债恐惧维度是主要的。负债恐惧是提前发生的，对负债恐惧的预期也许会阻止人们借贷。对负债的态度不仅决定着借贷行为，也可能与实际的债务水平相符，进而避免或"减少"认知失调，这种失调体现在身陷债务的同时却又憎恶着债务。因此，有着较高债务水平的人对债务表现出更积极的态度，并且"减少"了认知失调。这两种态度维度也同样适用于信用卡使用的正反两面：信用卡效用（简易付款）和使用信用卡的恐惧（负债预期）。

在上学的时候，学生对信贷持肯定的态度，因为他们通过贷款来为其学业筹钱。毕业后，他们对负债的态度恰好相反，因为他们不得不偿还这些贷款。博丁顿和肯普发现了学生贷款和冲动购买之间的关系，认为财务鲁莽并不是学生贷款的主要动因。

债务问题通常对未来具有学习效应。能够成功应对资金紧张的人，例如，孩子的出生，将来能处理得更好。身陷债务且能在收入和消费中找到一种新的可接受的平衡，成功地解决财务问题，这样的生活事件对提高财务管理有一定的作用。安东尼德斯、德·格罗特和范·拉伊发现，并不一定要亲身经历资金紧张，仅仅了解一两个亲戚或朋友经历（解决）财务问题，也可以帮助一个人避免债务和财务问题。

时间偏好是人们对现在和未来的时间取向。一笔贷款的当期收益是被高估的，而债务的预期成本却被低估了。前景理论和双曲时间贴现模型都可以解释非稳定贴现率和未来成本的贴现。迈耶和施普伦格发现，现时偏向型偏好与信用卡借款相关。现时偏向型偏好的人更可能拥有信用卡债务，并且信用卡的卡债更高。

有些人虽然在储蓄账户存有 25 000 欧元，但还是会利用个人贷款为购买新车筹得 25 000 欧元。这是非理性的，因为储蓄的利息比贷款的利息低得多。然而，人们觉得将储蓄与借贷分开，有助于他们控制并确信对储蓄的维持，而且人们可能觉得自己缺乏重新储蓄 25 000 欧元的意志力和自我管控。用储蓄买车比心理账户更经济实惠，尽管如此，心理账户却可以对消费施加控制，并保持储蓄的完整。借贷就是这样一种预先承诺：银行强制借款者还款，同时维持其储蓄的完整。

人们需要自我控制来克服远超其预算限制的过度消费和过多债务。尽管许多人是债务厌恶者，但是无处不在的消费者借贷和随手可得的个人贷款，为当下消费未来的钱提供了便利。在许多国家，储蓄率很低，甚至为负。低储蓄率和高贷款率是导致信贷紧缩的原因之一，并且对经济环境也是雪上加霜。许多消费者不得不（重新）认识储蓄，并且考虑未来可能的经济和财务状况。自我控制是可以学习的吗？自我控制只能通过意志力、金融技能及避免诱惑的训练才能实现。不受诱惑包括不去购物狂欢，避免出现在吸引人的产品和服务面前。在购买的时候，限制信用的可得性和延迟对资金的获取，是控制冲动消费和缓解消费者自我控制问题的其他方式。

过度负债

贷款和债务是同一件事物的两面。贷款是借款人可以花的钱，而债务是欠贷款人的钱。债务包含借款人必须付给贷款人的利息、费用和管理成本。大部分消费者对信贷的使用是负责任的，通过信贷，现在购买商品，而不是存钱或等到以后再购买。他们遵守合约并按时还款。然而，有些人却滥用消费者信用，陷入财务问题并且不能偿还他们的贷款。

请注意，这里提到的某些因素也是家庭过度负债，进而陷入债务危机的决定因素，比如因为失业/收入损失或离婚导致的收入意外下降，以及对个人收入发展和未来收入的预期过于乐观。过度负债是家庭信贷（贷款、房贷、循环贷款和延迟还款合同）和可自由支配收入不足以支付利息和清偿贷款累积的结果。这打乱了正常的家庭财务管理。一旦家庭不能偿还贷款，信贷机构可能会采取法律措施，家庭可能会流离失所或者破产。

财务问题对家庭健康、快乐和幸福有着消极的影响，并且可能给正常的家庭生活和互动交流带来冲突和阻碍。迦泽古德指出，有债务问题的英国人表现出不良的心理健康状态，如焦虑、悲痛和抑郁。伯杰、柯林斯和奎斯塔发现，在美国，短期债务问题可能导致抑郁症，但是有长期和中期债务的家庭并不会。这一点对 51~64 岁、教育水平较低的老年人而言尤为明显。短期债务给现在带来了问题，而中期和长期的债务会给未来带来麻烦。如果家庭不能独立解决信贷问题，也许可以通过债务咨询专家来获得专业帮助。

在放贷给消费者之前，银行和其他的贷款人会使用可接受的标准和平衡计分卡。他们也可能通过数据库查询消费者信用记录和还款信息。可接受的标准包括：信用记录、房屋所有权、稳固的婚姻、稳定的工作和收入。按时还款、有房子、有稳固的婚姻、有稳定的工作和收入的消费者更有可能偿付新的贷款，因此更有可能从银行或其他贷款人手中获得新的贷款。通过与其他金融机构之间的房屋贷款和贷款合同交易而产生的货币证券化，削弱了银行对潜在借款者的核查，这对2008~2009年的金融危机起到了推波助澜的作用。

债务清偿

在新西兰的一项定性研究中，沃森和巴尔内斯研究了学生是如何清偿债务的。他们将还款的行为分成四种类型，其中两种类型十分相似，所以这里只介绍主要的三种类型。

1. 应急收款人和传统主义者试图尽快还清他们的学生贷款，以避免未来的麻烦。这些人宁愿省吃俭用也要尽早还债。他们不喜欢贷款赊购，也不太可能承担任何更长远的债务。他们利用信用卡来规避银行交易费用，并在信用卡还款期内还清卡债，以免产生利息费用。这些消费者有着高水平的自我管控，他们在金融、财务行为中，是深思熟虑和认真负责的，并且使用合理可靠的方法减少其债务。

2. 企业家仍然保留着他们的学生贷款，并需要用钱偿清现有的负债。他们选择不偿还学生贷款，是因为这笔钱的回报要比他们还的利息高得多。他们对债务的态度是积极肯定的，并且把债务作为其商业活动的一项投资。

3. 终生负债者按照其学生贷款的最低还款额（强制金额）进行清偿。通过这种方式，他们清偿债务的时间相当长（20~40 年），并且他们将这些还款视为其工作生涯中额外的税金。在某些情况下，他们的最低还款额比所产生的利率低。这意味着他们的债务增加了（债务陷阱），尽管他们还在强制性还款。企业家把贷款作为其投融资的一种方式，而终生负债者却给自己制造了财务问题。

分期还款贷款也许可以从心理账户理论来考虑。分期还款贷款必须在连续的几个月内进行偿付，因此，相关的核心账户是一个周期性预算期账户。每个月的预算期都有还款额和利息费，或者在某些情形下两者兼有。预算期的数量，即贷款期，也同样重要。兰亚德和克雷格调查了人们对分期贷款的看法。他们建议消费者基于总账户和周期性预算期账户，对分期贷款使用双重的描述。人们也许过于在意当下，而忽视了未来的问题，进而延迟了还款。然而，另一些人更愿意立刻支付保证金或尽早还款，尽早了事。沃森和巴尔璐的研究比较了应急收款人。平托和曼斯菲尔德总结道，学生贷款较高的美国大学生，无论已经毕业还是将要毕业，通常也拥有较高的信用卡卡债。他们是有财务风险的人群，这也许会对他们的学业产生消极的影响，导致抑郁症或辍学。如果强制优先还债，与没有财务危险的学生相比，这些有财务风险的学生表示，在还学生贷款之前先偿还信用卡账单是更为常见的。

如果消费者有很多信用卡卡债，并且想偿还全部债务的一部分，通常他们会先还金额最小的债务。这样，他们减少了债务的数量。然而，偿还债务中利率最高的部分才是更加明智的选择。表面看来，优先偿还金额最小的债务比偿还部分大额债务似乎进展更大。如果这些债务是分开的，与偿还部分大额债务相比，全额偿还小额债务移除了更多的消极价值（情绪，担忧）。艾玛尔等人还发现，限制消费者对小额债务完全清偿的能力，把注意力集中在每笔债务累计的利息上，可以帮助消费者更快地减少总体债务。

消费者保护

消费者应该从掠夺性贷款中得到保护，掠夺性贷款是由某些贷款人实施的不公平、欺骗性或欺诈性的行为。掠夺性贷款可以被定义为施加给借款人的不公平和欺辱性贷款。例如，发薪日贷款，是在消费者收到薪水支票之前提供给消费者的贷款。这些短期的贷款有着较高的利率，并且必须用薪水支票清偿。伯特兰和摩尔斯花了 300 美元，进行了一项对使用者透明的发薪日贷款，并且将其与信用卡 300 美元借款做比较。结果发现，发薪日贷款比信用卡借款贵了 18 倍。在获得这个对比信息之后，人们向发薪日贷款人借款的可能性小于 11%。

信用卡卡债同样也可能有较高的利率。使用这类消费者信用的通常是教育水平低、贫穷和年长的人群，尽管掠夺性贷款遍布整个社会人口群，比如大学生。贫穷的消费者对于贷款人来说有着较高的风险，因此会被收取较高的利息。

掠夺性贷款典型地发生在有担保品、产品或期权的贷款上，借款人将这些抵押品、产品或期权用作抵押品。如果借款人还款违约，贷款人将取回抵押品或取消抵押品赎回权，通过出售抵押品或取消抵押品赎回权的（担保品）财产赢利。

以下是在文献中提到的掠夺性贷款的类型：

1. 不公平的风险定价（不公平是指没有比贷款人更高的风险标准）；

2. 不告知借款人贷款的价格是可以协商的；

3. 贷款的条款和条件缺乏透明度；

4. 费用高得不合理的短期贷款，例如发薪日贷款、信用卡滞纳金和活期存款账户透支费。

这些贷款的行为是否总是掠夺性的，这个问题是值得商榷的。举个例子，次级房贷。家庭不能获得房屋贷款是因为未来收入不确定，例如创业者，所以他们被迫使用比普通房贷利率更高的次级房贷。

向更可能违约的借款人收取高价，是贷款人承担更高风险的补偿，这被称作风险定价。如果贷款人对借款人（无论其是否可能违约）都收取同样的费率，那么他们将吸引过多的"风险"借款人，同时他们将对"风险"较低的借款人收取过多的费用。这是一个不公平的行为，尽管在保险业里屡见不鲜：损伤较多的消费者和损伤较少的消费者所付的保险费是一样的。另一方面，付着高价（利息和费用）的"风险"借款人通常是贫困和弱势的。这样看来，信用系统更青睐富人，向富人提供的价格比向穷人提供的更低。

债务免除

近年来，在许多发达国家，消费者债务已变成一个很大的问题，这要归咎于易得的银行贷款和信用贷款。据估计，平均每个美国家庭拥有 19 000 美元的非抵押贷款。背负着如此庞大的债务，许多人根本就没有足够的可自由支配收入用来还款,他们需要帮助。一些公司会提供债务合并服务,但是这些服务并非为消费者考虑,并且涉及以个人房屋做抵押的贷款。一旦债务有问题,最好从一开始就向消费者协会或者当地政府寻求建议,因为消费者协会和当地政府有处理债务问题的经验,也许能够为债务免除提供最有效的建议。基尔伯恩讨论了北美和西欧的债务免除计划。

信用卡公司应该通过相对传统的方法,基于客户已享有的服务,帮助他们的客户偿清债务。不考虑破产的情况,对于信用卡公司而言,让他们的债务人主动、持续地还款并且不对日益增长的负债感到绝望,是利益最大化的。有些债务人因为害怕负面的消息,甚至都不再打开银行和信用卡公司寄来的信函。从心理学的角度看,消费者应该认为自己并非处于绝境,并且在一些债务免除或债务延期的情况下,他们是能够改变自己的财务状况,逐步从债务中爬出来的。

小额信贷

小额信贷是与贫困的借款人有关的小规模贷款,这类借款人的特点是缺少担保品、稳定的工作和可证实的贷款记录。贫困的借款人主要是女性,通常生活在发展中国家,并且没有机会获得银行常规信贷。这些穷人通常是"高利贷者"(掠夺性贷款)的牺牲品。小额信贷的主旨就是支持企业家精神,减少贫困,为家庭提供正常的食物,并且赋予女性权利,进而提升整个社会发展水平。通常,女性缺少稳定的工作和贷款记录,因为她们为了照顾老人和孩子而离开了职场。小额信贷的借款人通常是一个借款人群体中的成员,这个群体控制着贷款的资金和清偿。小额信贷和小额储蓄同属一体,因为群体成员也会在群体资金中进行少量的储蓄。群体资金通常是比借款人家里更安全的资金储存地点。孟加拉国的格莱珉银行是一个非营利组织，从 1983 年开始开展小额信贷业务。格莱珉银行的创始人穆罕默德·尤努斯因向穷人提供小额信贷服务而做出了贡献，为此他获得了 2006 年的诺贝尔和平奖。据估计，2009 年有 7 400 万男性和女性持有总额达 380 亿美元的小额贷款。格莱珉银行的报告称小额贷款的还款率高达 95% 以上。小额信贷的发源地就是孟加拉国，并且风靡印度、巴基斯坦、印度尼西亚、撒哈拉以南的非洲国家和拉丁美洲。小额信贷不再是非营利组织的专利。随着 1984 年印度尼西亚人民银行农村银行事业部的成立，小额信贷开始商业化，对小型商业贷款收取 20% 的利率。

归功于小额信贷，小型企业的数量比控制组增长了 1/3，因此形成了自营管理。福法纳等人发现了小微金融对收入和女性赋权的作用。新企业的成功及自营管理依赖于不断增长的市场。在这种情况下，小额信贷也许会帮助穷人利用市场增长的优势，给家庭和社会带来繁荣。不仅是小额信贷，增加储蓄便利、保险、小额养老金、企业发展（管理培训，市场支持）和与福利相关的服务（素养和健康服务）也有助于发展项目的成功。

社区储蓄计划，例如轮转储蓄和信贷协会，在发达国家较为普遍。每个轮转储蓄和信贷协会的成员每月将固定的钱放入中央存储罐，并且每月由随机选取的个人保管。因此，储蓄成了一种公共行为，社区成员利用轮转储蓄和信贷协会其他成员的社会压力达到期望的储蓄水平。这类小微金融是小额储蓄和小额信贷的结合体。

然而，小微金融也可能导致借款人落入债务陷阱，即一种无法清偿的债务水平。尽管小额信贷为发展中国家的人们带来了许多益处，但是它不是减少贫困和经济依赖的唯一的灵丹妙药。收入的再分配也是与贫困做斗争的另一个成功的方法。收入不平等在非洲和拉丁美洲得到了缓解，包括加勒比地区，尤其是阿根廷、巴西和墨西哥。

1868 年，弗里德里希·赖夫艾森成立了首家合作银行，以支持德国乡村的农民。这是与小微金融和小额贷款相似的自助性发展的创举。在印度，自助团体的成员不超过 20 人，包括来自最贫穷种姓的女性。成员在团体资金中存入少量的卢比，并且可以出于各种各样的目的从团体资金中借款，从支付医药账单到学费。如果这些自助团体能够很好地管理他们的资金，他们也许能够从当地银行借款，投资小型企业或农业活动。印度自助银行模式现在已经成为世界上最大的小微金融项目。

最近的一项发展是点对点贷款（众筹），通常是许多低息小额贷款的集合，并非一个单独、直接的贷款。互联网平台被用来互相帮助，于是大众可以参与到减少贫困中来。总部位于美国的非营利组织 Zidisha，是点对点网络小微贷款平台的例子，超越了国界，将贷款人和借款人联系起来。被银行或信用卡公司拒绝的潜在借款人，也许会通过这些组织，从私人贷款者手中获得贷款。然而，债务人可能无法偿还债务，对贷款人和借款人都带来消极的后果。贷款人以低贷款利率将钱借给借款人的动机是什么？这近乎把钱捐给慈善机构。热涅夫斯基和克努森发现，给慈善机构捐款和进行小额贷款涉及同一个脑区（每个半脑的前脑伏隔核）。伏核同样也与喜悦和奖励的处理有关。结论很可能就是，人们从慈善捐献和对特定个人或项目的小额贷款中得到了积极的奖励。

小结

借贷是一种为消费筹钱的简易方式，这种方式不需要推迟消费的时间，例如储蓄。信用卡是一项吸引人的付款工具。对于大多数人来说，不通过房贷来买房简直就是天方夜谭。在生命周期的早期，家庭处于负债状态，但是会在生命周期的后期清偿负债。因此，消费者需要贷款为房产和耐用消费品筹集资金。类似地，学生为他们的学业贷款，并且（过于）乐观地认为他们能够在完成学业后利用他们的高收入将其清偿。消费者需要自我管理和自我控制，从而使自己不因贷款和产生的问题性债务而负债累累。

与贷款相关的心理因素类似于与储蓄相关的心理因素：时间偏好、时间贴现和自我控制。消费者应该知晓自己所付的利息，以及为未来财务状况所承受的负担。自我控制是保护自己、应对过多贷款和财务问题的一种手段。通过他人帮助和个人努力进行自我管控，也是继续偿还债务，并且一步步解决债务问题的一种方法。这做起来并不容易，许多人依旧身陷债务中。

在许多西方国家，信贷是被广为接受的消费者文化的一部分。但是信贷依然是一种危险的消费融资方式，因为过高的债务水平会导致未来可自由支配收入方面的问题，并且导致冲突、忧愁和幸福感降低。消费者应该从掠夺性贷款中得到保护。

小额信贷也许是帮助发展中国家的人们创业或者得到工作的一种方法。小额信贷和小额储蓄通常并存。社区的社会控制是帮助人们有目的地使用贷款并清偿的关键。

第 5 章
保险及预防行为

保险及预防行为组成了对潜在财务损失的防护。人们要么保额不足,要么超额保险,不清楚自己的保险条款覆盖的范围。用于对抗自然灾害的重要的家庭保险经常缺失,而不怎么重要的保险(如产品保修延长险)却被普遍购买。道德危机与消费者滥用保险、过于频繁地看医生或过度索赔相关。

为什么买保险？

  保险是消费者用来保护自己以避免伤害或者潜在损失的一种方法，并且可以在挣钱能力丧失的时候提供收入或资金。保险增加了财务安全。保险分为损失保险和资产（人寿）保险两大类。当经济发展和家庭财富累积到一定水平的时候，人们需要面对这些潜在的损失，并且有能力和意愿投保。损失保险包括：因火灾、地震或其他灾害导致的房屋损毁；因入室盗窃或其他偷盗行为导致的物品损失；因车祸导致汽车的损坏或报废。保险还可能包括对他人的法律责任，如果被保险人对他人造成了损失，例如交通事故。其他可以被保险的损失有：医疗费、丧葬费，甚至假期旅行中的坏天气。第二个主要的险种是人寿或资产保险，一旦被保险人去世，可以为活着的亲人提供资金。养老保险向退休的人提供资金或月收入（养老金）。劳工伤残保险为残疾人或者丧失劳动能力者提供收入。

  不同国家消费者可购买的保险水平截然不同。在贫穷和发展中国家，人们通常只享有强制的交通保险。

  保险的类型可以做以下的区分：

1. 人寿（资产）保险，付给被保险人一笔资金或者年金（月付或年付），例如，养老保险，或者付给被保险人在世的亲人；

2. 损失保险，财产保险，车辆保险，赔付房屋或其他物品的损失，及被偷物品的现值；

3. 医疗保险，为被保险人支付医药账单。如果医疗保险公司与医生和医院存在合约，医疗保险可能以实物偿付；

4. 劳工伤残保险，为丧失（身体上、心理上）工作能力的被保险人提供月收入；

5. 收入保障保险，为暂时失业的人提供月收入；

6. 法律责任保险，为被保险人偿付法定求偿权的损失；

7. 旅行保险，对假期旅行或其他旅行中被偷或丢失的物品及医药费进行赔付；

8. 丧葬保险，通常是储蓄和保险的组合，偿付丧葬费用，是一种以实物偿付的保险，丧葬保险公司会组织葬礼并承担所有或大部分的费用；

9. 产品保险，修理或替换丧失功能的产品的免费保险，通常在购买时提供；

10. 信贷和房贷保险，一种补偿贷款人因债务人无法偿还贷款风险的保险；

11. 特殊保险，例如宠物保险，或者旅行恶劣天气保险。

由于气候变化和灾害频发地区人口的增长，一些自然灾害，如飓风、洪水和地震，将变得更加频繁。不是所有的消费者都能意识到这些灾害将导致风险和潜在的损失，进而采取保护措施以降低潜在的损失，例如房屋维修和保险。许多消费者对那些可以投保的潜在损失缺乏认识。昆路德等人发现，在加利福尼亚的灾害频发区，60%的未投保的房主完全没有意识到他们可以通过保险弥补洪水或地震给房屋带来的损失。另一方面，许多密西西比的房主相信自己的保险范围是可以包含卡特里娜飓风（2005年8月29日）引发的洪涝灾害的，然而事实并非如此。房主们通常对他们的保险条款所覆盖的范围并不清楚，并且缺乏正确的保险策略，用来应对无法独自承受的伤害和损失。另一方面，没有意义的保险充斥着市场，例如为电子设备提供的维修费用和服务的保险。消费者应该被告知这些损失的保险是相当昂贵的，并且通常不需要。

保险

保险是一份两方之间的合约，其中被保险人向保险人购买保单，当某个预先定义的事项发生的时候，如身体或财产受到损伤，可以凭这份保单要求赔偿。被保险人获得经济赔偿，或由保险人偿付医疗费用，这是一种赔偿性保单。以实物偿付的保单是指保险人并不使用金钱对被保险人进行补偿，而是利用服务，比如丧葬服务。因此，医疗保险可能涉及赔偿性保单，这样被保险人保留了选择医疗服务的自由，也可以是以实物偿付，由保险人为被保险的一方选择并偿付医院和医疗费用。医疗保险公司可能与医院和医生就医疗的质量、价格和时间有一定的约定。

购买保险是为了减少或消除家庭所承担风险的经济后果，这些风险是由不确定事件导致的，例如事故、盗窃和死亡。这些不确定事件是"不可抗力"，不受被保险人控制。如果发生特定的伤害或损失，保险公司会赔付被保险人约定数额的钱。

个人控制并不总是完全被排除在外的，比如危险驾驶可能会导致更多的交通事故，习惯这种驾驶方式的人，比如年轻的男性驾驶者，通常不得不支付更高的保险费，甚至可能不被保险公司接纳。一个新的发展是在车里安装技术设备，监控驾驶者的驾驶方式。如果驾驶方式是正确和安全的，那么驾驶者也许可以在保险费上享有折扣。

保险可以被视为一项投资，这项投资保证恢复由不确定危害所引发的可能性损失。在这里预期效用理论的两个方面发挥了作用：可能性和损失的价值/大小。对不太可能发生（低可能性）但高损失的事件投保是理智的，例如作为事故后果，对其他当事人的医疗责任。而对损失或维修费用很低的事情进行投保则是不理性的，例如新的电子设备的维修担保。大部分的保单介于这两个极端之间。

在做保险决策的时候，多数消费者对结果"糟糕"和潜在损失大小的关注，超过对结果/损失可能性的关注。与彩票如出一辙。人们更多地关注他们能够赢得的奖品，而不是赢得这些奖品的概率。在大众媒体和社交媒体发布了偷盗的报道后，人们也许会高估偷盗的概率，进而更倾向于买保险。这就是人们关注可能性并高估可能性的例子。这被称为可得性启发式：最近发生的、生动的、可接近的和容易浮现在脑海里的事件，其概率通常被高估了。

保险始于一种人们之间的团结互助系统：幸免于难的幸运儿对遭受损失的不幸的人们伸出援手。许多乡村的农民启动了当地的保险系统，用以重建葬身火海的农庄。贫困地区的医生启用了帮助病患的基金。如果一位医生的所有病人每周或者每月支付很少的费用，那么医生就能够帮助更多生病的人。现如今，这种团结互助的想法似乎在人群中已不再普遍。现在的个人更可能用保单中的保费与自己的潜在收益做交换，而非考虑他人。于是，保险成了个人已付保费和承兑索赔的私有资产。

在某些类型的保险中仍然存在团结互助的因素。可能会形成这样一个团体，团体中的成员组织并共享损失保险。如果保险实现了年收益，团体成员会得到一笔返利。继而，团体将有动力地专门吸引那些损失索赔不太多的成员。从这个意义上来说，团结互助具有一定的限制性，仅接受对保险团体来说"行为良好"的成员，而将那些"笨手笨脚"的人剔除在外。有些新型的保险，如果一年之内的总损失索赔低于一定的标准，则将"剩余"的保费返还给被保险人（成员）。

在一些团体里，例如美国的阿米什人，人们没有保险。如果这类团体里的成员被灾难击中，比如火灾，人们会帮助他重建谷仓。一种团结互助的新趋势在许多国家出现。对于许多个体经营者来说，从保险公司购买劳工伤残保险太昂贵，于是个体经营者组建了合作基金，支付他们的保费，并且为每个人的劳工伤残上保险，这样比保险公司的成本更低。这些基金有时被称为"面包基金"。

保险的动机

购买保险的主要目的是为不确定的未来事件导致的潜在损失获得经济补偿。动机就是保护自己和家庭免于消极事件的经济后果，让自己和家庭在面对这些事件时，经济上不再不堪一击。损失保险和资产保险都会牵涉其中。通过这种行为，人们为其未来投资，使他们的未来更安全可靠。损失厌恶与调节聚焦理论中的防御聚焦（规避或减轻消极后果）有关。

康纳发现保险被消费者当作一种投资，这种投资可以把消极的事件（损失）转化成积极的（收益）。预期后悔也发生了作用。当损失发生的时候，人们常常为自己没有适当的保险感到后悔。人们可能在过去饱受悔恨，于是给自己投保，以免将来后悔。海斯和昆路德发现，对特定物品情有独钟的人，比如邮票、老式汽车或古董家具，更有可能为这些物品投保。

保险行为也可能被个人或社会规范引导，个人或家庭认为购买某些保险是负责任的行为。比如结婚生子应该伴随着一些经济措施如保险，这不仅是一种社会偏好、个人或社会规范，甚至还有社会压力。从模仿他人行为的意义上看，存在一种社会效应。如果你的邻居购买了水灾保险并且谈及该保险，那么你更有可能也买一份水灾保险。这与预期后悔有关。如果你的邻居从水灾中获得了赔偿，而你却因为没有保险不能得到任何补偿，这将是十分折磨人的。

因此，主要的保险动机有：

1. 应对潜在损失的损失厌恶或经济保护；
2. 防御聚焦，规避和减轻消极后果；
3. 预期后悔，在没有投保的情况下；
4. 减轻忧虑，以求心安；
5. 购买保险的邻居带来的社会比较效应；
6. 个人或社会规范的坚守；
7. 对克服或控制环境威胁的满足；
8. 在安全的未来中投资的愿望；
9. 将损失转化成收益（投资吸引）；
10. 对被保险物品的依恋。

保险偏好

针对保险而不是损失设计问题能够提高对参保的需求。昆路德和保利给出了以下的例子。如果一个人被问到是否愿意支付140美元来保护自己免遭1万美元的损失，且损失的概率为0.01，许多人是不接受的。如果同

第 5 章 保险及预防行为

样的问题被设计为是否愿意购买价值 140 美元的保险，接受的人的比率会更高。

许多经济学理论中的异常现象可以在保险行为中得到体现。许多消费者更喜欢无免赔额或免赔额比较低的保险，尽管这些保单比高免赔额的保单更加昂贵。免赔额越低，保险公司对已付的保险费进行偿付的概率越大。在这种情况下，人们有这样一种印象，这是一场用所付的保险费交换回报的公平交易。许多消费者为免赔额付保险费，而对于这些免赔金额的损失，他们自己完全可以轻松地负担。现状偏见或许可以解释这一现象，如果这些保险单的默认选项是无免赔额或低免赔额的话。

当免赔额选择更具有经济吸引力的时候，许多消费者倾向于事后返利的保险。如果选择有免赔额的保险，消费者为他们的保单付费较少。返利选择是指，如果消费者没有进行索赔，那么消费者将在事后拿回他们的钱。显然，不付这笔钱，比一年甚至几年之后才能拿回这笔没有利息的钱，要实惠得多。把钱拿回来像是一种"赠予自己的礼物"，因此是一种吸引人的意外收益。同样，许多纳税人喜欢在会计年度的年末从纳税机关收到退税，而不是在每个月缴付更低的所得税。

另一个现状偏见的例子是新参保人和已参保人对医疗计划选择的差异。萨缪尔森和泽克豪泽发现，一项有着更优惠的保险费和免赔额的特定医疗计划，在新员工中具有持续增长的市场占有率，而在老员工中的市场占有率较低。这些老员工已经拥有了其他的医疗计划，并且没有转换到更好的医疗计划。老员工可能对他们的保险计划依恋不舍，从一而终（禀赋效应），因此更换的可能性较小。因此，现状偏见也许会妨碍人们选择更加优质的保险。这解释了为什么已成立的公司在市场上拥有大量忠实的客户及特许经营客户，即便其他新进入市场的公司的产品更好。

信息的设计和信息的形象生动在决策制定中起了一定作用。约翰逊等人对比了针对一份航空保险的支付意愿，这份保险有三种选择，第一种选择是一旦出现因为恐怖袭击导致的飞机上的死亡，可以得到 10 万美元的赔付；第二种选择是出现由任何机械故障导致的飞机上的死亡，可以得到 10 万美元的赔付；第三种选择是出现任何其他原因导致的飞机上的死亡，可以得到 10 万美元的赔付。尽管第三个选择比前两者的承保范围更大，但是支付意愿并没有任何不同。恐怖袭击或机械故障的生动形象，比平淡无奇的"任何原因"引起了更高的支付意愿。

关于保险的奇思妙想，有这样一个案例。人们认为，如果他们不未雨绸缪，比如采取保险和保护性措施，就是对命运的冒险。而不做防范性措施的人相信，不如意之事十有八九。关于这种命运冒险效应的一种解释是，相比有保险和防护性措施的人，没有保险和防护性措施的人对消极结果的担忧更加频繁和形象。想象并担忧这些消极结果，增加了对这些结果可能性的感知（可得性启发式）。有防护性措施的人对消极结果的思虑较少，他们的保险带来了"思想的平和"。第二个效应被称为保护效应。拥有防毒面具似乎能够减少导弹袭击的可能性，持有保险似乎能够减少消极事件的主观概率。这有些奇怪，因为对防毒面具或保险单的拥有，只能减少消极事件的影响，而不是其发生的可能性。

水灾保险

有关风险评估和保险决策的一个案例是水灾保险。波兰的布热斯科、乌希切索尔内和克沃兹卡低地在 1997 年和 1998 年发生了严重的洪涝。对近期洪水历历在目和记忆犹新的经历和记忆（可得性偏见），成为购买水灾保险的主要决定因素。洪水过后，许多房主购买了保险，大概是因为他们后悔没有在洪水来临之前买保险。但是，这仅是一种短期效应。洪水过去后的四年,购买水灾保险的家庭数量开始下降。人们要么已经"忘记"了洪水,要么认为没有洪水的若干年后发生新洪灾的概率较低。一些投保人认为保险费比预期收益高,而另一些人甚至认为保费都"打水漂"了,因为洪水压根就没影儿。损失的两个组成部分(事件的可能性和损失的大小)和保费的价格导致了以下的结果:

1. 被保险的房主认为洪灾发生的概率和损失的规模均比未保险的房主高。根据命运冒险效应,被保险的房主可能对洪灾的思虑较少,但是当被问及这一点的时候,为了让他们的保险合理化,他们会给出一个更高的洪灾概率;

2. 被保险的房主认为自己关于洪灾后果的个人知识不及未保险的房主;

3. 未保险的房主认为,对于他们可能得到的收益而言,保险费过于昂贵。

这也许意味着未保险的房主对于自己关于洪水的知识过于自信。他们也许对政府防洪抗险的措施深信不疑,比如沿河的防护性堤坝。与被保险的房主相比,未保险的房主变得过于乐观,认为未来洪灾发生的概率更低,因此取消了他们的水灾保险。在另一场洪灾后,他们也许会再度购买。结论就是人们更有可能在灾害发生之后购买保险,而不是防患于未然。了解关于房主是否认为洪灾是随机事件也很有意思,比如认为洪水是特定年份的随机事件,或者认为洪水是某种趋势,例如气候变化导致的结果。如果是后者的话,那么他们也会预期未来有更多的洪水,继而更有可能购买水灾保险。

保险中的现状偏见

现状偏见是指对个人已有或市场上已提供的选择的偏好。它意味着消费者缺少改变选择的意愿。对保险条款进行精简，可能会导致因"精简"而不能涵盖的风险损失（损失厌恶），并将潜在损失的起因归咎到自己身上。增加保险条款则会使保险单变得更加昂贵，对于消费者来说将更难以负担，因此他们会变得更加兴味索然。

约翰逊等人研究了汽车保险。法律允许新泽西州和宾夕法尼亚州（美国）邻州的驾驶者减少其起诉的权利，因为他们的保费更低。在新泽西州，驾驶者被默认地提供一份便宜的保单（起诉权减少），如果起诉则需要承担额外的费用。在宾夕法尼亚州，默认的保险单是昂贵的，但可以有减少起诉权的选择（享有折扣）机会，因此，这是一种更加实惠的保险政策。在新泽西州，23%的人选择全权起诉。在宾夕法尼亚州，53%的人保留了全权起诉的权利。被提供的默认选项就是"推荐"之选吗？还是说，这是为了避免改变被提供的选择所引起的麻烦，而产生的惯性、懒惰和图方便？市场上提供的默认选择被许多消费者认为是推荐的选择。

提供默认选择给消费者留下了更改选择的自由，但是对于他们来说接受这个选择是更方便的。在保险公司看来，一条信息对他们的客户来说足矣。如果客户没有在期限内做出反应，他们将继续接受默认的保险选择。

与保险相关的防护措施

无论保险与否，防护措施都有可能被采取。保险公司可能会要求他们的消费者采取一些防护措施。防护措施能够预防或减少潜在损失。这些防护性或缓解性措施的例子有：（1）在家里安装烟雾探测器；（2）在家里安装防盗监控系统;(3)为汽车购买方向盘锁;(4)在非强制性要求的情况下在汽车的后排座位上使用安全带;(5)在门和窗户上安装防盗锁;(6)在家里或院子里养一条看门狗。

对防护措施的投资涉及初始成本(投资)和潜在的收益,后者随着时间的推移,以预期损失减少的形式表现出来。对缓解风险的措施的投资意愿取决于以下一些因素:

1. 对灾难(偷盗、火灾)概率的认知;
2. 潜在损失的大小;
3. 采取防护性措施的成本;
4. 防护性措施的预期效果;
5. 采取防护性措施的持续时间;
6. 对灾难(偷盗、火灾)的焦虑和恐惧。

昆路德等人发现,美国消费者通常愿意出资采取防护措施,但不考虑这些防护措施的有效时间。即使这些措施的有效时间更长,支付意愿也不会变得更强烈。为了防止危及生命和健康的风险,对汽车安全的防护措施的投资意愿通常更高。同样可以预见,高收入的消费者比低收入的消费者更愿意为保险和防护性措施买单。

道德风险

保险消费者可以分为两种。第一种是小心谨慎的人,他们购买保险是为了减少潜在的身体上或经济上的损失,并加强他们的经济安全。这是一种积极的选择,保险公司比较喜欢这样的顾客。第二种是爱冒险并且更可能索赔的人,这对保险公司来说是一种消极或不利的选择。

被保险人会因为可以获得经济赔偿而接受更多的风险吗？被保险的学生会将他们的自行车放在公共场所而不锁吗？请注意，经济赔偿并没有足够多到可以购买另一辆自行车，也许仅是一部分而已，更何况在保险公司赔偿之前也是要花费精力和时间的（行为成本）。这就带来了关于道德风险的讨论。

当服务的成本被保险覆盖，而不是消费者自己掏腰包的时候，消费者可能会更多地使用服务。举个例子，如果人们有全额医疗保险，那么他们生病时更可能去看医生。如果他们有"免赔额"，必须自己支付400美元的医药费，他们看医生的可能性会变小。有旅行保险的人更容易丢失他们的行李吗？这个例子可能不合适，因为在假期旅行中丢失行李会带来大量的不便和不适，还要努力补救现状。如果人们欺骗性地声称他们在假期旅行中丢失了他们的相机，并要求保险公司对其损失进行赔偿，那么他们就是在滥用他们的旅行保险。道德风险可以被定义为被保险人增大损失的行为。

道德风险基于信息的不对称。保险公司不可能对被保险人的情况了如指掌，比如这些人是不是真的病了，或者是他们疾病的严重程度。保险公司希望被保险人小心谨慎地行事，但不能控制被保险人的行为。道德风险可以分为三类。

1. 关于被保险人风险行为的事前道德风险，例如在开车的时候冒险会增加事故的概率，进而增加保险公司的损失。保险公司可能会对有"过多"事故的被保险人征收更高的保费，比如排名前10%的索赔者。为了避免向保险公司支付更高的保费，被保险人可能会隐瞒一些信息，比如家族病史、抽烟、吸毒和饮酒。

2. 关于使用保险偿付的服务的事后道德风险，比如更加频繁地看医生，而非"真的需要"。在这种情况下，保险公司很难评估什么是"真的需要"。如果存在看医生次数的上限，某些人还是会使用最大次数，即便可能不是真的需要去看医生。他们认为自己已经为这些服务付费，并且认为不使用这些服务就是一种金钱损失（浪费）。请注意，消费者可能认为他们的医疗保险费是"预付的医疗费"，而不是保险费。在这种情况下，沉没成本得以应用。

3. 保险欺诈也是一种道德风险，因为保险公司无法完全核查被保险人的索赔是否合理。预谋诈骗是指通过系统地伪造事故、盗窃或伤害，获得保险公司的赔付。投机诈骗是指企图从被保险事项中获取过度的赔偿（夸大索赔或息事宁人的"太平钱"），并且这种过度的赔偿是不合法的。在被调查的消费者中，25%~35%的消费者声称过度索赔是可接受的。坦尼森发现，有保险经验和对保险行业有良好认知的消费者接受保险欺诈的可能性更小。没有经验的消费者也许会对保险合同和条款存在误解，这可能会导致其对欺诈行为持有赞同的态度。女性、接受过高等教育的人和年长者接受保险欺诈行为的可能性较小。

人们倾向于认为自己是诚实之辈。但是不诚实，比如投机保险欺诈，可以获得优厚赔付。人们如何解决这一问题呢？许多人极为虚伪奸诈，并以此牟利；或者极为诚实正直，以坚守他们的诚信。欺骗通常以一种自私的方式被重新解读，真相被"延伸"到了某个特定的点。自私的再解读包括一些可能是真实的故事，比如："我们本可以在这次旅途中带一个更贵的相机，但是这个相机随后却被偷了。""我们之前从来没有对我们的车进行过索赔，所以这次事故后，我们把之前的修理费用都一起索赔了吧。"这些自私的再解读有利于消费者平衡个人权益，同时也兼顾了其内心的诚信理念。如果人们满脑子都是规范和道德标准，不诚实行为将会大大减少。保险公司可以要求消费者在购买保险的时候签署一份诚信准则声明。尽管如此，在对损失或伤害进行索赔时，消费者可能已经忘记他们签署过这份声明。但在必填的索赔申请表上，消费者同样可以得到关于诚信准则的提醒。

小结

保险始于社区的团结互助合作，旨在帮助蒙受损失的人。现如今，保险已然成为一种更利己的私有财产，这种私有财产包括已付的保费和承兑的索赔。损失厌恶是为健康和伤害损失投保和采取防护性措施的主要动机。

决定投保的时候，事件的可能性和损失的大小（以及保险费的成本）是比较不同保险单的主要标准。由于可得性偏差（偷盗、洪水）的存在，可能性也许会被高估。消费者通常按照已提供的（默认的）保险单投保，而且不改变承保条件（现状偏见）。一旦损害不在承保范围之内，承保条件的改变会使他们承担个人责任。

道德风险基于保险公司对被保险人的行为和诚信不完全了解。保险欺诈是指比实际产生的损失索赔得更多。许多人似乎接受了夸大赔偿的投机性欺诈，并且将真相往自私的方向"延伸"。与此同时，他们的内心还保持着诚信的理念。

第 6 章
养老金计划和退休金

大多数人都赞同这样的观点：养老金计划和退休金对于自身而言是至关重要的。尽管如此，人们对这一话题花费的时间却不多，或者并没有为他们的退休金攒够钱。这也许可以归咎于他们的时间偏好，尤其是现时偏向型偏好，因为退休远在未来。延迟退休储蓄的原因和影响已经讨论过，主要的问题在于，退休储蓄如何才能提高消费者和社会的利益。

养老金计划

　　1881年，德国首相奥托·冯·俾斯麦向德国议会提议，为70岁以上的人提供养老金收入，于是70岁就成了退休年龄。而在当时，德国人的平均寿命是70岁，因此获得养老金收入的平均期限为零。随后，欧洲和北美将退休年龄降至65岁。如今在许多国家中，退休年龄将逐渐增至67岁或者更高。要注意的是，西方国家的平均预期寿命已大幅提高，其中男性的平均预期寿命高达78~79岁，而女性高达82~84岁。出生时预期寿命是指，在未来每个年龄的死亡率不变的情况下，一个人在特定的国家生存的平均年数。日本是其中的佼佼者：男性的预期寿命是80.2岁，女性的预期寿命是86.6岁。撒哈拉以南非洲由于艾滋病毒的感染，预期寿命最低：男性53.1岁，女性55.3岁。就养老金而言，存活率（65岁及以上的人口比例）和65岁的预期寿命是相互关联的数据。大多数西方国家的存活率是83%，而在撒哈拉以南非洲是45%。在西方国家，65岁的预期寿命为18~20年，也就是说，65岁的人可能会活到83~85岁。领取养老金收入的平均期限为18~20年。

养老金计划有四大支柱：

1. 政府（基于个人在国内生活的年限）向本国居民提供国家养老金。

2. 企业雇主（基于个人为雇主工作的年限）向雇员提供养老金。

3. 基于保险、储蓄和/或投资，由个人自己支付的自我保险的养老金收入。在退休时这些养老金收入可以提供一笔固定金额的资金，或者提供一份月度、季度或年度的年金。

4. 与养老金和退休金相关的其他金融财富，例如继承财产、房屋或待售的私人公司，以及在退休期间可用作年金或支付开销的其他财富。

显然，这四大支柱的组合为退休后的养老金提供收入。养老金系统的优势在于，其凭靠的支柱不止一个。如果这些支柱中的一个不能提供充足的养老金收入，其他的支柱也许可以弥补。

房屋所有权通常被当作养老金计划的（第四个）支柱，因为房主可以通过卖房获得养老金。或者，如果房主依然想在他们的房子里生活，"反向抵押贷款"也许是一种解决方案。"反向抵押贷款"是将房屋资产净值转化为现金的一种方式，用以支付退休人员的生活和医疗开销。之所以被称为"反向抵押贷款"，是因为偿付流的方向是反的。不同于传统房贷，即每个月向贷款人偿付贷款，取而代之的是贷款人向借款人偿付。随后，借款人在房屋售卖或腾出的时候，将贷款清偿。在传统房贷的情况下，借款人在他们的抵押贷款期间，其房屋贷款余额是逐渐减少的。而在反向贷款中，借款人在其退休期间的房屋贷款余额是逐渐增加的。德尔法尼、德·德肯和德维尔德发现，在房屋所有权和养老金之间存在负相关的关系。尤其是在自由主义福利国家，房屋和养老金都已"商品化"，房屋所有权和养老金互为替代品，两者都自愿暴露在市场风险之下。因此，消费者可以在投资（撤资）房产和/或养老金上做出权衡。

养老金计划基于两种方案。

固定收益计划：无论个人为养老金缴付了多少保费，养老金的收益是固定的。在许多案例中，现在的劳动者支付养老保险费，因此是他们在支付退休者的养老金收入。国家养老金就是这样设计的，并且通过税务机关将养老保险费和所得税一同征收。固定收益计划依赖于支付养老保险金的劳动者的数量，以及领取养老金收入的退休人员的数量。如果对于退休人员的数量而言，劳动者数量过少，要么养老保险费必须提高，要么养老金收入就要降低。代际连带需要现在的劳动者支付退休者的养老金收入，而现在的劳动者则指望着下一代劳动者支付他们的养老金收入。

固定缴款计划：一份特定的养老金收入，其收益取决于退休人员在他/她工作年限中所缴纳的养老保险费（养老费摊缴）。企业养老金就是这样设计的。这是一个纯粹的个人体系：摊缴的养老保险费越多，得到的养老金收入越多。为了增加养老金计划的价值和收益，企业养老金机构会投资于养老金支付。新的养老金计划更多地基于固定缴款计划，而非固定收益计划。这同样也归因于新的会计准则。雇员在固定缴款计划中承担了更多的责任，需要为退休储蓄多少做出决策。许多雇员并未参与固定缴款计划，即使参与了，也没能攒够退休金。这是一个巨大的社会问题。对这种低储蓄水平的解释是时间偏好，尤其是现时偏见，宁愿现在花钱也不愿意攒着等到以后再花，以及缺乏自我管控，无法放弃消费，甚至认为退休储蓄是一种钱的"损失"。

根据美国《国内税收法》对 401（k）计划的定义，401（k）计划是一种具有税收优惠的固定缴款账户。按照该养老金计划，雇员进行退休金储蓄，并且雇主会按比例进行调整、匹配，这些退休收入会在雇员的税前收入中扣除。因此，雇员不需要为这些退休储蓄缴纳税费，且这些退休储蓄额的最高限额为每年 18 000 美元（2015 年）。当这些储蓄在退休后被提取时，必须支付所得税。在其他的一些国家中，退休储蓄也是可以延迟纳税的，用来刺激退休储蓄。

退休储蓄和养老金计划对个人和国家都是极为重要的，它关注的是退休后个人或家庭的收入。养老金计划是长期的合约，对养老金机构的信任也需要订立这样一份合约。通常，人们并不会积极主动地花费时间去获取和了解有关养老金计划的信息，人力资源部的雇员是员工了解他们的养老金权利和收入的首要信息来源，媒体上关于退休和养老金建议的信息，以及他人的养老金计划和收入的经验，也都不可或缺。幸运的是，人们越老，离退休越近的时候，对这方面的参与度和积极性越高。不幸的是，许多消费者那时已太老了，不能通过额外的保险或储蓄显著地提高他们的养老金收入。

养老金意识和动机

许多人认为养老金计划是为了"以后"而购买的金融产品，也就是当他们 65 岁及以上的时候。人们不愿意考虑"年迈"一事，以及随之而来的疾病、不利和不便。退休也同样与退出劳动市场，拥有更少的权利，享有更低的社会地位和价值以及失去自尊联系在一起。年轻人有着其他更为优先的事情需要考虑，比如工作和事业、买房、婚姻和组建家庭。曼德尔发现，"退休穷"的想法对于人们考虑退休及准备养老金，如养老金计划，是一剂强心剂。在访谈节目中，为了让人们参与并主动改善自身的状况，引发其对"退休穷"的恐惧是卓有成效的。赫什菲尔德等人向人们展示了一组他们随着年华老去的图片，让他们看到自己将来退休的模样。这刺激了人们去思考他们的退休和养老金。这种个性化的方法可以运用在实验设置和网络上。对于大众传播而言，可以制作出期冀或恐惧的未来的画面，并用于养老金机构的广告和传播。这些期冀和恐惧的未来本身可以千变万化，如健康（疾病与健康）、社会（孤独与联系）和经济（贫穷与富有）方面。布吕根等人发现，这些可视性画面的效果很有意思。观看这些可视性画面的人，想要在退休后过得更加安全，并且一些参与者声称，现在他们愿意消费得更少，从而为他们的退休储蓄得更多。

意识和动机是养老金知识和养老金储蓄的起点（图6-1）。意识是指养老金收入可能是一个问题的想法。把这个话题提上议程，并在媒体上提供相关信息，可以让人们意识到这个问题。由于金融危机，养老金机构对于提供承诺的养老金收入已是心有余而力不足。相关的信息已在媒体上披露。这将必然提高对养老金问题的意识。从意识到动机并不是一步之遥，并且随后才能有意向，进而采取措施，解决问题。

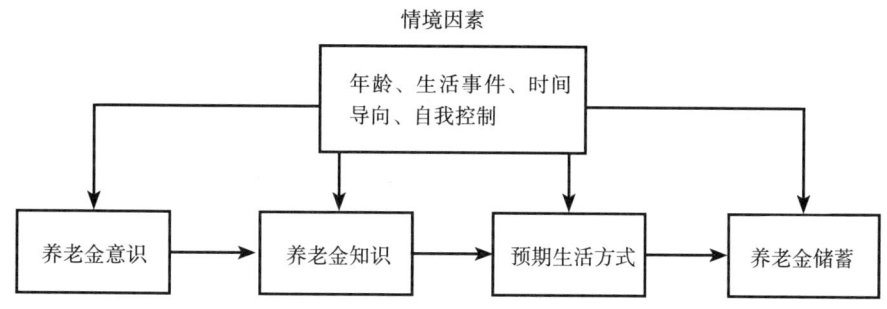

图6-1　意识、养老金知识（素养）、预期生活方式和养老金储蓄之间的关系

养老金知识

养老金知识包括与退休相关的动机，与养老金计划、自我控制和自律、时间偏好和拖延症相关的知识和消费者态度，以及养老金计划未来价值的预期。

对于多数人而言，低水平的意识和动机，导致了获取养老金计划和收入相关知识的兴趣匮乏。因为养老金计划是为了"以后"，对信息的获取和政策的制定可以轻易地被推迟和延后，对有现时偏向型偏好的人而言更是如此。养老金计划依赖于许多政策上和社会上的发展，而这些都是不确定的，因此理解起来不易。制定关于养老金计划的政策需要大量的时间和精力。

了解养老金知识可以分为三个连续的步骤：

1. 在退休前，将退休收入作为收入的一部分进行估算。许多人过于乐观，对他们的退休收入估算得太高。

2. 认识了退休收入之后，接下来的问题就是这些收入是否能够满足其退休后的支出和生活方式。退休后，是否有旅行或者移居到气候更温暖的地方的计划？有哪些活动是在退休后进行的？这与 65~75 岁的老人尤为相关。个人健康状况如何？医疗开销有多大？这与 75~85 岁的老人极其相关。亚当斯和劳总结指出，许多人没有做好准备，对于如何为他们人生最后的 15~20 年筹得资金毫无计划。

3. 如果退休收入不足以支撑其退休后的预期支出和生活方式，怎样增加退休收入呢？人们需要相关的知识和建议，如怎样才能通过储蓄或保险，在第三个养老金支柱中获得更好的退休收入。人们应该在 45 岁之前采取措施，以获取更高的退休收入，否则这将变得十分昂贵。消费者需要以未来时间为导向，及时采取这些措施，并且不应高估现在的收益会超过未来的收益。

许多人养老金知识不足，他们没有意识到，如果有养老保险的人在退休前去世，养老金计划也覆盖其伴侣，一些养老金制度还涵盖了对丧失劳动能力的补贴。人们可能也不知道，在许多国家退休年龄是如何从 65 岁

第 6 章 养老金计划和退休金

变化到 67 岁的。人们抱怨养老金信息过于复杂。一方面，信息过多（信息超载）；另一方面，相关的信息匮乏。人们意识到退休依旧遥遥无期，而他们的事业和收入、经济和财务状况可能会随着时间发生巨大的变化。

大多数雇员都会参与其雇主的养老金计划。通常情况下，对于大多数雇员而言，这是劳动合同的一部分和默认的标准选择。马德里安和谢伊比较了参与养老金计划的选择性加入和选择性退出的随机变量。如果在一项养老金计划中，其默认选项是非注册且可以选择性加入注册登记，人们会犹豫再三，而在三个月之后，仅有 20% 的雇员选择加入计划。如果养老金计划提供了选择性退出的默认选项，90% 的雇员会参与养老金计划。在选择性退出变量中，所有的雇员自动加入，除非他们不想这么做。如果养老金计划是默认的或者标准的配置，并且雇员可以选择退出，那么参与率比选择性加入的情况要高得多。这是一个现状偏见的例子。在选择性退出变量的情况下，人们在计划的一开始就参与进来，而不是几个月之后。同时选择性退出变量也更为有效：请雇员参与养老金计划所耗费的沟通、说服和金钱成本更少。贝希尔斯等人提到了一个公司，它更改了新进员工的养老金注册政策，将自动非注册（选择性加入）更改为自动注册（选择性退出）。在自动非注册的情况下，参与率由开始的 60% 逐渐上升到 80%。而在自动注册的情况下，参与率立刻接近 100%。默认选项通常被认为是一种推荐。从这种意义上看，自动注册有一定的缺陷。如果默认指定低储蓄率，雇员也许会选择该储蓄率，而在自由选择下，一些雇员可能已经选择了更高的储蓄率。因此，需要对默认值进行事先测试，并且在雇员可接受的上限之内。高储蓄率是符合雇员的长远利益的。然而在短期内，他们也许会选择低储蓄率，以免现在"失去"太多的钱。如果偏好存在高的异质性，那么满足所有人的默认值可能无法找到。

塞勒和贝纳茨发展了 SMarT 计划，用来增加雇员的养老金储蓄。

SMarT 是"明天储蓄更多"（Saving More Tomorrow）的简称。如果雇员被要求现在就为他们的退休开始储蓄，许多雇员可能不会接受这项提议。他们也许会认为这是一种"损失"，因为剩下用来现在消费的可自由支配收入变少了。然而，如果雇员被要求将未来薪水上涨的一部分分配到他们的养老金计划中，更多的人会欣然接受。举个例子，薪水增加 4%，可以平均分配，将 2% 用于退休储蓄，另外 2% 用于更高的可自由支配收入（不考虑税收）。塞勒和贝纳茨发现，在 SMarT 计划下，养老金储蓄增长率由 3.5% 升至 13.6%。雇员参与计划的比例（78%）较高，其中 80% 的雇员没有退出，依旧留在计划之中。关于这项计划成功的解释有：（1）人们宁愿从"明天"开始储蓄，而不是"今天"。这种等"明天"出现了消极后果的情形，就好比人们宁愿长胖到一定节点时才开始减肥。（2）预先承诺更容易被"未来时间"接受，而不是"当前时间"。1 月 1 日对于许多优质计划而言，是一个不错的开端。（3）从现有收入中储蓄被认为是一种损失，而从未来收入增长中进行部分储蓄，被认为是一种较小的收益（前景理论）。（4）现有收入中储蓄越多，意味着消费水平下降，而未来收入增长中储蓄越多，却意味着消费水平（小幅）上升。

在图 6–2 中，从现有收入中储蓄 2% 被视为 2% 的价值损失，其价值为 –150。从增加的 4% 中储蓄 2% 被视为价值的"小幅增加"，价值为 100–125= –25。150 的价值损失是 25 价值损失的 6 倍。因此，人们才会更加积极主动地从薪酬上涨部分中增加退休储蓄，而非从现有薪酬中为退休增加储蓄。于是，涨薪这件事就成了增加退休储蓄的良好开端。

SMarT 的家长式专断作风为人诟病，因为 SMarT 计划的默认选项，没有为那些尚未参与的人们留下空间。塞勒和桑斯坦称之为"自由家长主义"，因为雇员依旧保留了不参与 SMarT 计划的自由。SMarT 计划帮助雇员克服了他们退休储蓄不足的惰性和意志力的缺乏。到退休的时候，雇员

第 6 章 养老金计划和退休金

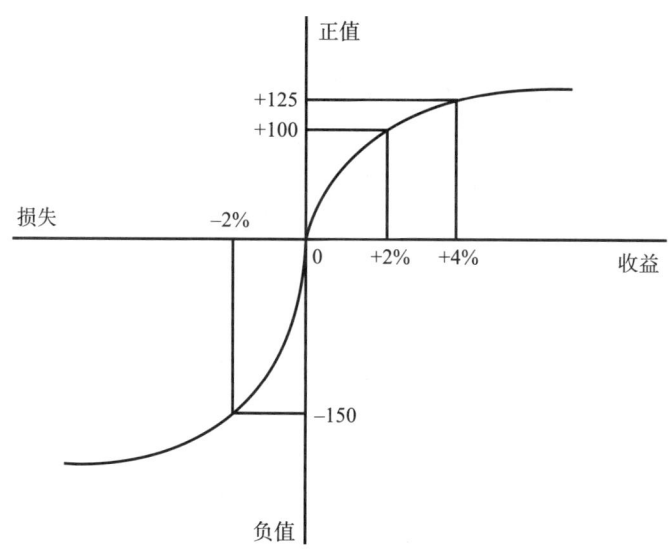

图 6-2 SMarT 计划和前景理论

也许会感谢这些默认的选项帮他们储蓄了更多。要是没有 SMarT 计划，他们可能会储蓄不足，并且之后可能会后悔。事实上，默认选项和预先承诺不仅限制了个人当下的自由，而且帮助他们意识到对未来的美好意图。

　　包括充足的退休收入在内的退休准备通常被推迟，而在人生的早期阶段采取措施和承诺，能够给退休收入带来巨大的收益。多数人知道养老金比较重要，并且也有心为他们的退休收入储蓄更多，但是尽管如此，人们还是会推迟实现其良好的意图。甚至认识到一个好的养老金计划是多么重要，也可能会使拖延行为更加严重。如果人们知道他们必须在这项艰巨的任务中花费许多时间，并且现在他们可能没有足够的时间，他们会将这项任务推迟到一定期限，直到他们有足够的时间来完成这项任务。关于这个拖延症问题的解决之道就是将艰巨的任务细分（分割）为更小和难度较小的任务。执行一系列较小且相对容易完成的任务，比一个重大而艰巨的任务要简单得多。崔、莱布松和马德里安把参与 401（k）计划细分成两步：首先决定参与，然后在数月之后决定储蓄多少和其他具体事项。这被证明比一步到位的决定更加成功。另一种选择则是，为那些缺少时间和/或意愿亲力亲为的消费者提供便捷帮助，让金融顾问或理财规划师帮助他们执行艰巨的任务。现如今，养老金越来越被认为是一项个人责任，而不能仅仅转移给其他主体，如雇主或政府。

范·罗伊、卢萨尔迪和阿莱西发现，有着较高理财知识的人更可能为退休筹划。有较高理财知识的人通常也拥有较高的养老金知识。这与高教育水平，尤其是特定的金融财务教育相关，如会计和金融经济学。通常来说，男性比女性拥有更好的养老金知识，这可能是因为传统意义上男性是家庭的主要工资收入者。单人家庭的人们比多人家庭的人们拥有更高的养老金知识，因为在单人家庭中不存在任务分解，单身者必须自己做所有的决定。有着更高收入和更多财富的人们比收入较低和财富较少的人们拥有更多的养老金知识。收入和教育呈正相关的关系。

养老金知识会随着年龄的增长和退休的临近而增长，这些知识也变得越来越精准，关联性也越来越强。有理财计划（理财规划）的人也有着更丰富的养老金知识（理财计划的一部分）。社会因素和经验发挥了作用。如果认识一个养老金收入较低的人（社会经验），比如一位亲戚或朋友，会激发对个人状况的思虑，并且增加个人的养老金知识。曾经有过风险性金融产品的人（个人经验），如投资性产品，似乎能从自身的经历中得到教训，更可能拥有较好的养老金知识。关于这一点的另一个解释是，无论是购买风险性金融产品，还是养老金知识，都取决于第三方因素，比如，金融产品和理财规划的参与度。

养老金注册

生活中的某些事件可能会成为养老金储蓄和预先承诺的起点，比如：

得到第一份工作、结婚、买房、有第一个孩子、换工作、升职加薪、失业、离婚、搬家。大多数事件发生在人们 25 岁至 40 岁之间。在之后的生命周期里，工作和家庭的状况更加稳定。每当遇到变动，人们通常不得不重新安排他们的财务事项，比如为他们的房屋购买新的保险和获得新的房贷。在生活事件中，他们的可自由支配收入也可能发生变化，于是人们必须重新思考他们的生活方式、支出、储蓄和信贷。因此，生活事件是影响人们更多地为养老金储蓄的时刻。SMarT 计划利用了涨薪这一生活事件，引导人们更多地为自己的退休储蓄。

低现时偏向型偏好和未来时间偏好，以及拥有较高的自我控制和自律水平的人更有可能为他们的退休筹划和储蓄。养老金计划可能是理财计划中最为重要的部分，它包括对预期寿命的估算，对收入和财富的预期，对退休时健康状态的期待，以及退休后生活的计划。人们对这些估计存在偏差。男性倾向于高估他们的退休收入，而女性倾向于低估她们的生活开销。养老金传播计划可以改变这些预估偏差，进而提升养老金计划。

小结

年轻人不喜欢考虑关于年老、退休和养老金的事情，这些对他们来说还很遥远，其他的关注点如事业和家庭则更为紧迫。这是导致有关养老金收入、退休后生活方式及额外养老储蓄等知识贫乏的主要原因。总而言之，养老金储蓄通常是极低的。

养老金动机是获取更多养老金知识、思考退休后预期的生活方式和支出，以及最终储蓄（更多）养老金的起点。

人们倾向于推迟退休储蓄的决定（拖延症）。克服拖延症的方法之一就是将一项重大的任务分解成小而简单的任务，这是分割的一种。另一种方法则是通过满意化而非最优化来减轻任务压力。满意化意味着，可接受的选择只需足够好，而不一定是最优选择。第三种方法是当下做出承诺，承诺在不远的将来开始储蓄。第四种方法是在涨薪后开始储蓄。

　　增加养老金知识和储蓄的途径通常与生活事件相关。生活事件是改善资金状况的有效情境和适时节点，包括养老金储蓄。和其他金融理财产品一样，未来时间偏好和自我管控对养老金储蓄而言是比较重要的。有着良好的自我管控能力、未来时间偏好，并且承认其个人责任的人，更有可能为更高的养老金收入进行储蓄。通常，人们需要预先承诺和帮助来进行自我控制，从而增加养老金储蓄。

第 7 章
投资行为

投资行为基于未来的不确定性，因此是风险性的。新闻资讯、谣言，以及信息传播的速度和信息的可得性，在投资市场上发挥了重要作用。风险倾向、风险偏好和态度是诠释投资行为的主要概念。在决定是否投资以及投资多少的问题上，投资者会运用偏见和启发式。从众是另外一个因素：人们倾向于模仿并跟随其他的投资者，原因可能是缺乏相关的可靠信息和与众不同的勇气。

股票市场

由于可自由支配收入的不断上升，在西欧、北美、澳大利亚、中国、日本和新西兰，许多个人开始投资股票和债券。因此，大多数消费者也是个人投资者。长期来看，投资股票和债券比储蓄得到的回报更高。因此，消费者也许会为了更高的收益而投资，尽管伴随着更高的风险。他们还投资于股票和债券以创造养老金收入。在这些个人投资者中，有些人享受着股票交易、买进和卖出的刺激，以及对利润的期待和利润的实现。对他们而言，股票市场上的交易像是用金钱玩的一场游戏。通常情况下，与机构（专业）投资者相比，个人投资者（消费者）获得的股票信息较少，对股票市场走向的反应滞后（通常太迟）。机构投资者通常认为个人投资者幼稚，并将其视为"噪音交易者"，这些个人投资者为其利润的创造提供了机遇。股票市场是一场零和博弈的游戏。每一位杰出的投资者背后都站着一位蹩脚的投资者，而个人投资者通常就是蹩脚的投资者。

一些个人投资者可能在收集信息及股票和债券的交易上表现得十分活跃，而其他的个人投资者则显得比较消极，参与投资基金，而不亲自交易。如果投资基金表现得比道琼斯指数或其他股票市场指数更好，参与者便心满意足。然而，他们必须为投资基金支付管理费，因此所获的收益通常比积极交易者少。但是，积极的个人交易者可能会冒高风险，犯严重的错误，血本无归。巴伯和奥丁总结认为，个人投资者的表现不佳。个人投资者在交易成本产生前就开始损失，并在过度交易中承受高额交易费用（佣金和买卖差价）。

股票和债券都是证券。两者的主要差异在于，（资本）股票持有人或者股东拥有公司的股权（他们是公司的"所有者"），而债券持有人拥有公司的债权（他们是发行债券的企业或者政府的借款人）。另一个差异就是，债券赎回前通常有一个固定的期限，或者到期日，而股票可能是无限期未偿付的。债券投资者从债券中收取年利息，并能够在到期日取回他们的钱。股票投资者从股票中获取年度分红，但是这种收益并没有保证，如果公司遇到财务问题，可能就不会派发股利。股票的价值瞬息万变。投资者通过在"对的"时间买卖股票获取利润。股票可能带来比债券更高的收益，但是比债券风险更高。与低风险或无风险资产的投资者相比，对于接受股票附加风险的投资人而言，风险溢价是一种补偿。

但是，债券之间也存在着差异。正式成立并且获利丰厚的公司发行的高质量公司债券，或者获得 AAA 评级的国家发行的债券，对于投资者而言，基本上没有违约风险。有着 3A 评级的国家，即最高信用评级，拥有按时还债的历史记录，比如德国。因此，与不成熟且利润不稳定的公司或低信用评级和高违约风险的国家（比如希腊）发行的债券相比，这些债券支付的利率较低。风险债券支付较高的利率，这是对投资者的风险溢价（回报）。

投资动机

投资股票和债券的动机有：

1. 为孩子和退休储蓄；
2. 变得富有（投机动机）；
3. 维持家庭财富；
4. 在投资中取乐，找刺激，冒风险（将投资视为娱乐和"游戏"）；
5. 对特定的公司予以经济支持，比如本国的公司（本土偏见）；
6. 绿色投资，基于对可持续发展和环境的关注，对特定的公司给予支持。

因此，投资可被看作是风险性的，尽管长期投资（5~10年）是财富增长的有效途径。长期来看，投资回报比储蓄的收益大得多。这同样可以当作一场游戏，用来避免损失，获取收益，以及试图获得比指数更高的投资回报。一些投资者为他们熟悉的公司投资，他们对这些公司有更多的了解，并且想给予支持。许多个人投资者偏向于购买其本国公司的股票（本土偏见），因为相较于外国的公司，他们对本国的公司更加了解。抑或是出于民族主义的原因，这些投资者想对这些本国的公司给予支持。购买热门公司（如苹果、脸谱和推特）的股票，或许也是一件时髦的事情。绿色投资是指对那些创造可持续产品，或者不涉及童工和军工的公司进行投资。这些公司的价值观与投资者的价值观不谋而合。这被称为价值一致性理论。这些投资者不仅想从投资中获得回报，并且想支持那些与自己价值观一致或者相似的公司。

心理因素

在过去的 15 年里，出版了大量介绍投资者行为的书籍，主要涉及"投资心理学"的系统性阐述。其中经常被提到的作者包括里弗森和盖斯特、谢夫林、瓦尔内吕德、诺夫辛格和贝克及里恰尔迪。在这一部分，我们只讨论与投资者行为相关的几点。

金融素养影响着金融决策。大多数人拥有基本的金融知识，知道负利率、通胀和货币价值。然而，很少有人能够超越这一水平，了解股票和债券的差异、股票价格和利率之间的关系，以及风险分散的基础。金融素养水平低的人投资股票的可能性较小，他们可能做不出明智的决定，也无法充分利用股票市场。由于越来越多的人不得不为如何投资其退休资产做决定，金融素养水平较低可能会导致低劣的多元化证券组合和其他风险。

自负与金融决策和风险承担相关。随着日渐增长的经验和熟悉度，决策者倾向于关注自身能力和成功，而不是把注意力放在情境的影响上。他们会凭借自己的经验进行判断，并且在选择过程中，他们不会去处理所有的相关信息。自负的后果就是，他们容易低估实际的风险，而高估他们解决这些不可预见的问题的能力。因此，他们低估了可能涉及的风险。巴伯和奥丁发现男性投资者比女性投资者更加自负，并且男性比女性进行的金融交易多 45%。自负的投资者交易过多。男性投资者的年交易成本将净收益减少了 2.65%，而女性投资者只有 1.72%。由于交易费和成本较低，女性是更好的投资者。

自负可以由不同的方式展现出来。自负的人会：

1. 认为他们的知识比实际的更加精准；
2. 相信他们的能力在平均水平之上；

3. 幻想着成功，高估个人成功，并对个人成功进行选择性记忆（傲慢自大）；

4. 控制错觉；

5. 对未来过于自信；

6. 高估个人信息的精确度，或者低估不确定性（这也被称作校准误差）。

自负是不理性的。根据弗里德曼的观点，非理性的"噪音交易者"会产生高额的交易损失，最终将被逐出市场。奥伯莱特纳和奥斯勒发现，有经验和没经验的货币交易者都同等的自负[①]。自负不一定是一个消极特征，它对在货币交易市场中的存活还是颇有帮助的，并且能够导向新的趋势或者导向趋势的逆转。过度自信的交易者承担了更多的风险，因此能够获得更高的收益。他们对成功的幻觉，可能会增加其锁定利润交易的机会。在高压、高风险的交易职业中，也许自负对于存活来说是必要的。

感觉寻求是过度交易的另一个罪魁祸首。感觉寻求与高OSL(Optimum Stimulation Level，最佳刺激水平)、赌博和冒风险有关。这些投资者对类似彩票风险收益的股票有一定的偏好。

时间偏好与金融决策相关，尤其适用于未来远到30~40年的金融决策，如房屋贷款、养老金计划，以及为年老和退休金进行的储蓄和投资。具有现在时间偏好（现时偏向型偏好）的人把注意力集中在当下，宁愿现在就把钱花掉，而不是等到以后。具有未来时间偏好的人更愿意延迟享受产品和服务带来的满足感，他们宁愿为未来储蓄，并为不可预见的支出构筑一道缓冲。时间贴现这个术语被用来表示对未来收益的低估。

---

① 请注意，这一段论述不是基于个人投资者，而是基于经验丰富和缺少经验的专业货币交易者。如果缺少经验的专业交易者表现出自负，那么便可以推断出个人投资者也同样自负。

后悔是一种情感，是对决策后果的感觉，而这种决策的结果已被证实是糟糕或错误的。后悔是与金融风险决策相关的情感。当消费者决定把他们所有的积蓄都投资到股票市场的时候，他们也许会设想股票市场可能会崩盘，投资受损。这或许会与另一种情形做比较，那就是他们的钱安全地躺在储蓄账户里，不涉及任何风险。当想到股票市场崩盘并且血本无归时，抑或是没有获得股票市场更高回报的时候，消费者也许会预期后悔。预期后悔可能会诱导消费者不去选择有着最大的后悔可能性的选择（后悔厌恶）。当消费者所做的错误决定变得一目了然时，他们可能真的后悔了。后悔是与负面情感相关的，因为消费者的金融决策通常基于未来不确定的信息和预期，其次，金融决策可能对他们未来的财富和生活方式有着显著的影响。一旦结果偏离了正轨，重要的决定会引发更强烈的后悔。

早期的生活经验同样也会对现在的行为产生影响（同辈效应）。马尔门迪尔和纳格尔发现，经历过低股票市场回报（例如大萧条时期）的一代人，承担金融风险的意愿更低，参与股票市场的可能性更小。即便参与股票市场，他们也只会将其资产中很小的一部分投资股票，对未来股票回报比较悲观（低信心）。而对更年轻的一代来说，影响他们风险承担的只有最近投资回报的经验。

处置效应

谢夫林和斯塔特曼定义了处置效应，即投资者倾向于太晚抛售贬值（亏损）的股票，而过早抛售增值（赢利）的股票。大多数投资者不喜欢接受损失。通常，所有的股票被视为单独的心理账户。当出现收益的时候，投资者偏向于关闭其心理账户。出售亏损的股票意味着，投资者必须接受其心理账户以亏损的状态关闭。这是一个令人感觉不舒服的事实，因为个人必须承认购买该只股票是个错误。这些投资者希望这只股票的价值能够恢复，以达到损益平衡甚至略有盈余的状态，然后愉快地关闭该心理账户。投资者过早地抛售已经增值（赢利）的股票，也是同样的道理。如果在心理账户中意识到收益，投资者倾向于迅速地关闭心理账户并出售股票，甚至可能放弃更大的收益。因此，投资者对他们的投资行为了解得太少。后悔厌恶可以解释过早地抛售赢利股票的行为，但并不能解释为什么投资者过于长久地持有亏损股票。自我控制和预先承诺的方法建议抛售价值大幅下降的股票，比如，"自动"规则之永远抛售价值跌了 10% 及以上的股票。然而，通过对股票的基本特征进行分析，可以得出结论，那就是股价下跌只是一次"暂时下降"，股票价值还是会恢复的。拒绝出售亏损股票对投资者而言是有吸引力的，因为他们规避了损失的消极情感。另一个解释是预期后悔。在股票出售后，股票价值可能会上涨，而这将导致后悔。通过拒绝出售亏损股票，投资者规避了未来的后悔。

处置效应对于非本人购买，而是被赠予或继承的股票失去效力。通过非购买得到股票的股票所有者，认为这样的投资组合不是自己的决定，无须对这些股票的价值负责。与他们已经购买且获得收益的股票相比，股票持有者很少调整这些投资组合。萨默斯和达克斯伯里补充认为，情感也发挥了作用：对损失的后悔和失望，以及对收益的欢欣与喜悦。处置效应的发生需要前景理论、个人责任及这些情感。根据奥丁的结论，投资者出售的赢利股票比投资者保留的亏损股票的表现更为出色，投资者需要更多自我控制的练习，抛售亏损股票并保留赢利股票，进而克服处置效应。

与处置效应相反，德邦特和塞勒认为投资者对股票的小幅价值变动反应过度。安德烈亚森研究了投资者是如何推断趋势，以及忽视基准利率而对小幅变动反应过度的。股票价值的小幅变动并不必然意味着积极或消极的价值走向。如果许多投资者在小幅贬值时抛售并在小幅增值时买进，那么股票价值可能会因为这种行为出现大幅下跌或增长。这就变成了一种自我应验的预言。股票价值变化的方式，通常在大屏幕上以红绿背景的颜色显示，这可能会刺激投资者的反应，哪怕股票价值的变化微不足道。代表性启发式在这里也许能够得以运用。红色和绿色的应用是一种图像定位。变成红色的负面情感，比同等程度变成绿色带来的积极情感，预计要强烈得多。

风险厌恶会导致人们回避那些随着时间积累而有利可图的投资机会，也可能在既定的时间内使自己陷入损失之中。与传统的风险和回报的观点相比，人们对风险资产的投资太少。风险厌恶是如此强烈，以至于许多投资者完全不持有风险资产。这也可以用波动的短期短视焦点解释。处置效应对损失的高估和对收益的低估，导致了福利损失。投资者被表面的损益影响得越深，其在经济福利指数中的得分越糟糕。在出现损失的情况下，提高风险容忍度的政策，对投资者和社会都是颇有裨益的。这些政策应该勾勒出这样一个画面：短期损失变得微弱，而长期收益的信息更加显著。显然，这些政策不应该提倡承担过多的风险，尤其是当投资资金在短期内为退休或其他目的所需的时候。

信息、资讯与谣言

个人投资者受价格表现和货币幻觉影响。斯韦德萨特、甘布勒和耶林做了一个实验，实验是关于投资者对公司利润增减公告是如何反应的。他们发现，与名义股价低的时候相比，名义股价高的时候，投资者期望股价的变化较小。投资者似乎相信，高名义股价受潜在的基本因素（例如公司利润）变化的影响较小。股价是用欧元还是瑞典克朗标价也有一定影响。瑞典克朗标价的数字更大，投资者认为瑞典克朗的价格受基础因素（如利润的变动）的影响更小。低股价似乎与公司表现不佳有关，而高股价似乎意味着公司表现良好。

在股价持续上涨或下跌的时候，公司有时会使用股票分割或反向股票分割，从而恢复股票的名义价值。于是，股票所有者在既定的投资金额下，得到更多（或更少）的股份。在股票分割后，股票重新回到了便宜股票之列。研究发现，股票分割后（低名义价值），股票的买家和卖家都更愿意交易，也许是因为股票"不贵"。反向股票分割后（高名义价值），交易的意愿则更低。这种交易增加/减少的原因并不是十分明晰。股票分割也许是股价上升的信号，或者是促使投资者更加了解该股票的信息。

个人投资者容易被新闻资讯影响，倾向于购买那些出现在新闻中的股票，例如，经历股票分拆的股票，交易量高得不正常的股票，以及有着极高单日回报率的股票。投资者似乎难以在成千上万只可获得的股票中进行搜寻和比较，进而把注意力集中在新闻资讯上。新闻资讯中的股票抓住了他们的眼球，成为他们购买股票的考虑选项。

信息是很容易获取的。相关的个人投资者可能会每周甚至每天检查其投资组合的价值。股票价值的小幅变动也许会对其股票交易产生强烈的影响。过度交易的交易成本和税费变高，对投资者的投资回报产生了消极的影响。巴伯等人研究了台湾地区投资者的交易记录，发现这些投资者因其活跃过度的交易和过量的订单而导致系统性的损失。相反，无论是积极还是被动交易，机构投资者都能从中赢利。

金融市场中的新闻和谣言并不只在一个方向传播。交易者，以及杂志、时事通讯和博客的记者，都参与了市场信息提供和处理的循环。交易者认为，新闻资讯的速度和可用性，以及对市场参与者的预期影响，比新闻资讯对准确性的把握要重要得多。新闻资讯和谣言是如何被市场参与者认知和理解的？这种认知和理解对市场的发展有何影响？交易者试图预测其他交易者对新闻和谣言是如何反应的，以及新趋势、发展和炒作是如何形成的。"你得到的消息越多，你越不知道何去何从。"信息的循环，进而反复地出现在同样或类似的信息中，使人们进一步对事实产生错觉。"我之前听到过这个消息，因此这肯定是真的。"在这种信息超载的情况下，投资者/交易者倾向于选择巩固其预期的信息，而忽视与他们的想法相反的消息。因此，投资者受制于证实性偏见。投资者对新闻资讯和谣言的反应，也许会导致金融市场的羊群效应和不稳定。

羊群效应

羊群效应在群体心理学中的历史源远流长。维布伦已就社会影响对经济领域的羊群效应做出解释，他称之为"效仿"，即消费者模仿其他社会地位更高的消费者。弗兰克、莱文和戴克将其解释为支出瀑布。消费者模仿受欢迎的人，比如流行明星。他们跟风参加银行挤兑。在股票市场中，个人投资者模仿着其他投资者，这被称为羊群效应。重要的股票市场趋势通常始于狂热的购买期（"泡沫"），终于疯狂的抛售期（"崩盘"）。这种疯狂的买进卖出就是羊群效应的例子，被泡沫中盈利的贪婪和崩盘中损失的恐惧驱使。个人投资者模仿其他的投资者，匆忙地进入或逃离市场。银行挤兑或疯狂的股票市场都有自我应验预言的一面。羊群效应强化了市场的震荡，可能使市场变得不稳定，进而增加金融系统的脆弱性。如果多数投资者相信价格会下降，并出售某只特定的股票，那么这只股票的价格将会下降。如果多数投资者相信某只特定股票的价格会上升，并且买进，那么这只股票的价格将会上升。席勒证实了投资者的集体非理性中存在羊群效应。

比克钱达尼和沙玛提供了关于金融市场中羊群效应研究的概述，并且描述了基于谣言和错误信息的信息瀑布。如果投资者发现自己做了错误的决策，他们也许会朝着相反的方向跟风行动。声誉性羊群效应是指听从专家、资讯专栏，或者声誉颇高的博客的建议。这些信息来源的分析和建议并不一定正确。股票市场的信息充斥着各种选择、建议、推荐和摇摆不定的结论。请注意，羊群效应也可能基于正确的信息，而许多投资者几乎同时意识到这些信息的正确性。这被称为虚假羊群效应，是市场有效性的结果。比克钱达尼和沙玛总结认为，羊群效应在新兴市场更为普遍，因为新兴市场公告要求低，会计标准较低，监管执行松懈，而信息获取代价昂贵。

海伊和莫罗内拓展了市场环境下的羊群效应模型。许多投资者仅通过股票的价格（上升或下降）了解股票的价值，他们对小幅的价格变动过度反应，并通过买进卖出股票，增加了股价变动的振幅，分别导致更高或更低的股票价格。投资者根据个人信息和对其他投资者行为的（公共）认知采取行动。羊群效应可能产生于对公共信息的过度使用，包括谣言以及私人信息的非充分利用。

羊群效应基于别人怎么做（共识启发式），而不是基于股票或货币价值的基本分析（例如货币或外汇的投机炒作）。其他人的所作所为也许是基于正确的分析，因此，按照其他消息灵通的投资者的判断行事，这种搭便车的模仿是不错的战术（虚假羊群效应）。如果其他人也不知情，模仿就是一个拙劣的战术，这对所有的人都是有百害而无一利的。如果羊群效应被证明是错误的，那么对于个人投资者来说，将其跟随趋势或随大流的错误合理化，比反其道行之，来得更容易。表 7-1 给出了四个选项。正确或错误的行为产生了不均衡的影响。在随大流的情形下，失败可以归因于外部：其他人也犯着同样的错误。而在不随波逐流的情形下，失败只能归咎于自己（内部）。在这种情况下，任何借口都无法被信服。

表 7-1 羊群效应中成功和失败的归因

	成功	失败
跟随趋势或随大流（羊群效应）	积极趋势下，自我应验预言（内部归因偏见）	其他人也犯着同样的错误（外部归因）
违背趋势或主流	独立思考的荣耀（内部归因）	错误归因于自己（内部归因）

羊群效应可能会导致股票市场的泡沫或崩盘。比如郁金香狂热（荷兰郁金香价格极高，在 1637 年达到峰值），以及 2000 年的互联网泡沫都是羊群效应的例子，反映在对某只股票或某个产品的估价过高上。次级房贷和信贷危机（2007~2008 年）是虚假羊群效应的例子，反映在对银行和保险公司股票价值的低估上。虚假羊群效应意味着，在此情形下，所有的投资者都接收到了正确的信息，那就是这些房屋贷款抵押包是"有毒的"，并且这些股票的价值被高估了。

风险分散

风险分散是减少投资风险的方法。投资者不应该把所有的资源都分配在同一种类型的股票上，而应该使投资组合多样化，投资于许多不同产业或国家的不同股票。这样，一种类型股票的损失可以由另一种类型股票的收益弥补。同样，各种各样的默认选项也被幼稚的投资者亦步亦趋地遵守着。分散是减少风险的好东西，但是投资者应该首先想好承担多大的风险，进而将这些资金分配到各种各样的选择中。在分配的时候，不应该选择投资回报有共变（同时增加或减少）的股票。如果投资者不想承担风险，他们应该将钱更多地分配到债券，而不是股票上。风险分散应该是基于投资者自身情况和目标的战略。

信息总是被分门别类地提供的。分类也许对选择及分散具有强烈的影响。例如，如果提供不同的投资分类，人们倾向于将其投资金额平等地分散在这些类别中。在出现北美（加拿大、美国）和南美（阿根廷、巴西、智利、乌拉圭和委内瑞拉）这两类股票的时候，面对这七个国家的股票清单，投资者更有可能对美国股票投资得更多。

人们倾向于盲目地利用信息的分类。贝纳齐和塞勒发现，许多个人投资者在对其固定缴款养老金计划投钱的同时，也会对不同类型的股票，或股票与债券的组合进行对等数量的投资。这被称为 N 分之一法则。如果幼稚投资者被提供了 N 种选择，他们会将其资金平均分成 N 份，并将其投入这 N 个选择中。如果这些选择的 40% 是股票而 60% 是债券，他们就会将 40% 的资金分配给股票，60% 的资金分配给债券。因此，股票信息是如何提供给投资者的，这一点十分重要。

行为组合理论是基于投资者行为和行为金融学的投资分配理论，风险分散和股票的共变规避是其中重要的部分。投资者也许会按照不同的风险等级，在他们的心理账户中将他们的投资组合进行分隔。最简单的分隔就是无风险和风险。无风险由预防损失和维持财富所驱动，而风险则被获取收益所驱使。在不同风险等级的投资组合中，共变不应该被忽视。对于投资者而言，共变是一个比较难的概念。许多投资者认为，选择不同产业和国家的各类股票已足以减少风险了。海德斯特伦、斯韦德萨特和耶林研究了基金投资中的共变忽视，他们发现，最小化风险，或风险分散的指导，会帮助人们将风险分散从幼稚变得有效。

米切尔和乌特库斯讨论了在雇主赞助的固定缴款养老金计划中持有公司股票的风险和收益。许多大型公司为其雇员提供股权，雇员成了公司的"拥有者"，于是对"他们的"公司的财务表现感受到了更多的责任。然而，公司股票并不必然有利于投资组合的分散。

小结

股票市场的信息可能基于谣言,以及对其他投资者行为的误解。市场中的个人投资者有着很高的不确定性,不能遵守最优经济行为的规则。投资者是被认知和情感偏见影响的人,他们会用启发式(快速地)做决定。由于个人因素以及基于投资的类型和目标,投资者对风险的倾向是不同的。通常,投资者试图通过投资债券(而不是股票),或者对股票和债券进行分散,控制并减少风险。另一方面,为了得到更高的投资回报,他们也许会接受高风险。

投资者倾向于将股票当作分开的心理账户,尽管遭遇损失(损失厌恶),投资者也会避免终止(关闭)股票的心理账户。许多投资者会受其他投资者的影响,对股票价值的变动反应过度,效仿其他投资者的行为(羊群效应)。这会导致股票市场的不稳定,甚至是泡沫和股市崩盘。

第 8 章
税收行为：遵从与逃避

税收行为，无论是税收遵从还是逃避纳税，对纳税人和税务当局来说都很重要。纳税并不受大多数人的欢迎。传统意义上，纳税人和税务当局玩着"警察与小偷"的权力游戏，充斥着不信任、监管和控制。而现代的方式是"客户与服务"，彼此之间有着更多的信任。税务当局也许会向纳税人提供预先填好的纳税申报表和其他服务。公平、公正及正义是信任和税收遵从的重要驱动因素。

征税

大多数公民不喜欢纳税，可能认为纳税是一种可自由支配收入的损失。尤其是当人们不信任政府的时候，他们反对征税，如果可能的话，他们会避税或者逃税。信任、公平（公正）和正义是税收遵从的必要因素。

一个国家的影子经济是指部分没有征税的经济活动。某些领域的生产，例如家庭作坊或志愿工作，无须支付正式的工资，因此无须扣缴所得税。这是非正式经济，是影子经济合法的部分。在黑色经济中，工作完成后所支付的报酬并没有扣缴所得税和社保费。这对于雇主和工人来说，是非法的逃税。影子经济的相对规模是一个国家逃税的指示器。瑞士的影子经济可能在9%的低位徘徊，而津巴布韦的影子经济高达60%。在大多数发达国家，影子经济在12%~22%之间，经济合作与发展组织国家的影子经济平均为16.8%。

提高税率通常会导致避税和逃税增加，因为随着税率提高，不纳税变得更加有利可图。这种效应可以用描绘了税收收入与税率之间关系的拉弗曲线来表示（图8-1）。在A点，逐渐增高的税率会导致更高的政府赋税收入。在均衡点E点，政府将达到最高的赋税收入。而当税率继续提高超过 E 点的时候，则适得其反。在 B 点，逐渐提高的税率会导致更低的政府赋税收入，因为会出现避税和逃税。拉弗曲线描绘了税收收入弹性。该曲线的抛物线状并没有经过实证分析，曲线可能是非对称的，因为税收遵从产生的税收收入和相应税率产生的逃税税收并不完全一致。估算均衡税率点比较难，100% 的税率是不太现实的。

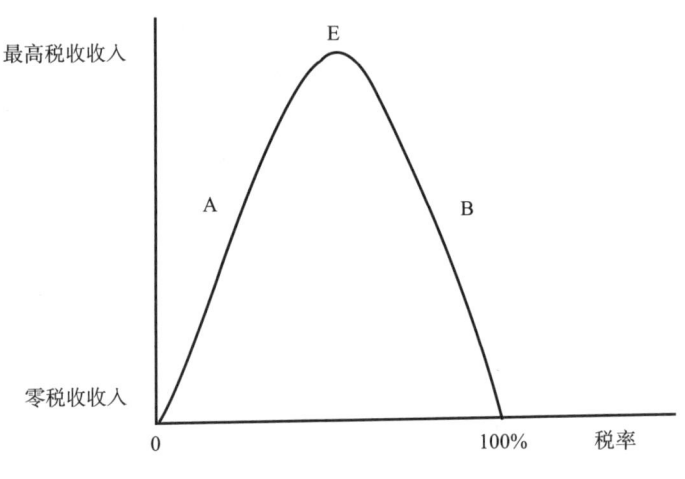

图 8-1 税收的拉弗曲线

除了所得税，其他的税种有对产品和服务征收的增值税（通常在 4% 和 25% 之间）以及碳排放（二氧化碳）税，例如对航空旅行征税。对于许多人而言，"税"这个词有着消极的内涵，因此，"碳税"经常被贴上"碳补偿"的标签。哈迪斯蒂、约翰逊和韦伯发现，在美国，共和党人和无党派人士更愿意为"碳补偿"买单，而不是"碳税"。而对于民主党人来说，这些标签并没有什么区别。

财政行为

税收遵从的行为研究方法并非焕然一新。早在 1959 年，施米尔德斯

第 8 章 税收行为：遵从与逃避

发表了关于财政心理学的论文，他创造了术语"税收道德"，即对遵守社会或个人规范的纳税行为的态度或纳税的动机。税收道德难以被定义，因为它可以是出于纳税的态度，或者遵守规则的动机，缴付特定金额或比例的税金。因此，最好运用"税收态度"和"纳税意愿"这样的术语。税收知识、税收态度、社会规范和税收道德是税收遵从的决定因素。

财政行为可以分为三种：

1. 税收遵从：对所有应税收入进行申报，仅扣除实际可扣除税项，如馈赠和医疗费，并且按时缴纳既定的税额。税收遵从是纳税人诚实的行为。

2. 避税：利用税法中的漏洞，以一种合法的途径缴纳较低的税金。避税是一种税收行为，正如字面上理解的那样，尽管和法律精神不一致。这种行为可能会导致纳税人、税务稽查员和税务当局之间的争论、协商和冲突。

3. 逃税是欺诈性行为，例如不申报所有的应税收入，或扣除没有实际支付的费用。逃税是纳税人不诚实和非法的行为。

避税和逃税是不诚实的行为，尽管避税依旧徘徊在合法行为的边缘。不诚实通常不是一种有意识的权衡，即物质收益和被发现及惩罚的成本之间的权衡。许多纳税人用一种隐藏不诚实或者显得诚实的方式，重新诠释了他们不诚实的行为。如果人们被自己的行为规范和道德标准提醒，就更有可能意识到不诚实，并且欺骗的可能性较低。人们必须在纳税申报表上签字，并且申明纳税申报是准确无误、毫无欺瞒的。为了提醒人们诚实，最好在填写纳税申报表之前就签字："本人声明诚实并真实地填写该纳税申报表。"如果人们承诺诚信，他们更有可能会诚实地填写纳税申报表。

收入、教育、年龄与税收行为

纳税人的收入、教育水平和年龄可能会决定税收行为和税收遵从。收入水平决定了税率。对于高收入者而言，通过税额扣减（对慈善机构的捐赠，以及与工作相关的成本）减少的税务负担，比低收入者的税额扣减带来的利润空间更大，而且高收入者还有可能从税务顾问那里寻求建议和帮助。

教育水平和职业类型与税务知识和素养呈正向关系。有过经济、财政和会计方面的教育或工作经历的人，比从事其他工作的人，有着更高的税务素养。这类人不需要别人帮助他们来填写纳税单，甚至可能乐在其中。而从事其他工作的人可能没有能力填纳税单，并且也不愿意自己动手，但是在税务当局"客户与服务"的途径下，他们更愿意亲力亲为。

随着年龄增长，人们的见识增加，并且对纳税单和纳税申报更加习惯。他们已经学会如何去做，也许会认为新的纳税申报是一种"重复"，或者是把去年的纳税申报稍加变化。对于税务稽查员来说，稳定的税收申报模式是税收遵从的迹象。生命周期的新阶段，可能也意味着收入和税额扣减额的变化，因此税收申报变化也很大。当个人或家庭经历某些生活事件和转变，如得到一份工作、结婚、生小孩、离婚和退休，通常会导致税率的改变，因此需要重新考虑或改变税收行为。

税收行为的心理决定因素

通常情况下，税收被认为是收入的损失，因此损失厌恶可能应运而生。对于每年缴纳全额税金的企业家来说，这种感觉再真实不过了。如果个体经营者按照分隔的（心理）账户，缴纳其增值税和所得税，他们在缴税的时候，损失厌恶感会减少，因为这样税金不会被当作其收入或资源的一部分。对于已编入预算将要花费的资金，损失厌恶不起作用或者作用非常小。

领取月薪的雇员，其所得税已由他们的雇主代缴，并且不再是他们的资源。对于他们而言，净收入和可自由支配收入是用于消费的资源。有些人知道他们每个月的税负太高，但是他们可以得到年度的退税，并将此作为一项意外收益。少量的意外收益可能会被当作当前可自由支配收入。而大额的意外收益则被认为是意外收入，并不属于当前的收入账户。因此，意外收益也许会用于额外（特殊）花销、额外储蓄，或者偿付债务。

如果把纳税申报看作一项艰巨的任务，这项任务可能会被拖延到临近截止日期。为了赶时间，人们可能会犯错，忘记了可扣减税额，进而多付税款。

税收道德有一种社会成分：关于纳税的社会规范的理解。个人纳税者受到其他纳税人和媒体信息的强烈影响。如果纳税人认为逃税是家常便饭，税收道德就会下降，逃税行为会增加。如果纳税人认为其他纳税人是诚实的，税收道德就会提升，逃税现象会减少。在东欧国家（俄罗斯、白俄罗斯、乌克兰和波罗的海国家），公民的税收道德低于中欧国家，如匈牙利、捷克、斯洛文尼亚、保加利亚、克罗地亚和波兰。对政府的信任，以及对政治机构和税务当局服务质量的感知，严重影响了税收道德。这种质量包括没有暴力、控制腐败、政府效率、监管质量，以及问责制度。在不信任的环境中，税收道德低下，且逃税率通常比较高。

税务当局

宏观经济和政治因素包括政府的税收政策。对政府的信心和信任水平影响了税收行为。如果政府是清廉的，税收被用于有效的公共产品供给，税收准则和税收水平是公平的，且税务当局给纳税人提供了正确的信息和服务，一个国家自愿的税收遵从度将会普遍较高。

税务当局可能通过他们的信息、服务以及个人建议，影响消费者的动机和决策。一个国家的"税收道德"会影响税务当局审计的数量和严格程度。审计是对公民纳税申报真实性的检查，只有一小部分的纳税申报会被审计，这部分被审计的纳税申报基于随机抽样或者税收稽查员的质疑，而稽查员的质疑基于对过去不正常现象的察觉。工薪族逃税的概率比较小，而企业家通常更有可能逃税。这意味着避税和逃税的概率较高，但绝不是说大多数企业家是逃税者。

纳税人，尤其是避税者和逃税者，对税收审计感到恐惧，尤其是当他们有事情需要隐瞒，或者害怕他们的错误会被当成税收诈骗，进而遭受罚款时。在意大利的一项实证研究中，穆尔巴赫等人发现，等待税收审计会提高税收遵从度。这意味着，如果税收审计和罚款的目的是为了提高税收遵从度，应该认真仔细地安排纳税申报、退税和税收审计的时间和间隔。

公平与公正

纳税人与税务当局的相互作用十分重要。纳税人以公正和公平为标准对税收进行判断。施米尔德斯已经意识到这一点。关于构成税收道德的公正，有两种类型：

1. 认为个人税负的公平与其他纳税人的税负有关（横向公平）；
2. 认为税负的交换公平与纳税人从公共产品中获取的利益有关（纵向公平）。

税率可以是比例税率或累进税率。在比例税率的情况下，所有的纳税人，无论富人还是穷人，都缴纳同样比例的税金，比如应纳税收入的30%。而在累进税率的情况下，相较于穷人，富人缴纳的税收占收入比例更高。较高的收入水平对应着较高的税率。如果高收入人群为此缴纳了较高的税金，税收就变成了一种重新分配净收入的方式。公平理论关注的是纳税人的输入（支付的税金）和纳税人的产出（获取的利润）（纵向公平）。随后，横向公平作为另一种公平，被增添到公平理论中。

公正比公平更加复杂。公正包括三种类型的正义：

1. 分配正义，与成本和收益的交换（公平）相关。如果纳税人认为他们对公众所做的贡献，与他们应得的收益平衡（纵向公平），并且与他们的贡献均衡（横向公平），那么分配正义就达到了较高的水平。

2. 程序正义，与支付费用和获取利益的规则和过程相关。纳税程序应该是一致的、准确的、零错误的，不偏向特定人群，并且一旦出现错误是可以更正的。程序正义作为诚信正直的一部分，是对税务当局的信任的重要组成部分。

3. 报应正义，关注的是在犯错和打破规则的情况下，对制裁适当性的认知。它包括责任归咎、损害恢复以及对过错方（例如逃税者）的惩罚。

"警察与小偷"或"客户与服务"

传统意义上，纳税人和税务当局是对抗性的，玩着"警察与小偷"的游戏。这意味着纳税人被当作潜在的欺骗者，积极、主动地把他们的税负最小化，而税务当局被纳税人当作拿走他们部分收入的"劫匪"。同样地，纳税人也将税务当局视为"警察"，税务当局通过常规的审计和罚款，对纳税人进行检查和控制，保证他们守法纳税。这种典型的经济手段基于相互的不信任和价格效应。在这种途径中，存在这样的假设，那就是纳税人主动地逃税并且尽可能地少缴税。通过较高的罚金和审查概率，增加威慑，会使纳税人更加守法纳税。这就创建了一个不信任的环境。如果税务当局不信任纳税人，纳税人则为此生恨，并且以不信任税务当局作为回应。这有可能"排挤"良好的税收道德行为。"排挤"意味着如果把纳税人当作潜在的逃税者来对待，良好的税收道德行为可能会消失。良好的税收道德行为是纳税人守法纳税的内在动机，这种内在动机可能会在不信任的环境中被外化或者被"排挤出"，并且变成一种基于利益（少缴税）和成本（逃税罚款）权衡的外在动机。具有讽刺意义的是，意欲强制人们守法的系统，滋生了不信任并且激发了不合作和不守法的行为。

福克和科斯菲尔德探讨了控制的隐性成本。税务当局和纳税人之间存在着委托与代理关系。代理人以雇主和雇员的关系，执行委托人的委托；委托人可以控制或者信任代理人。代理人（纳税人）认为控制是不信任的信号，并且是对他们自主和自由的限制。他们用更低的遵从度对控制做出反应。因此，控制的成本就是控制运作本身，以及低税收遵从度。信任代理人的委托人成本更低，并且可能有更高的税收遵从度。然而，信任并不总是比控制更优越。如果面对的是投机取巧并且税收道德差的纳税人，信任可能是次优的。请注意，信任没有程度之分：你要么信任某人，要么不信任。信任一点可能会被认为是完全不信任。

在高信任度的国家，"警察与小偷"的控制运作可能弄巧成拙，会降低而不是提高税收遵从度。税务当局也许可以用更好的方式对待他们的纳税人：用"客户与服务"的方式，基于双方的相互信任和尊重，并且强调纳税的共同利益。分配正义和程序正义是"客户与服务"方式的重要组成部分（见表8-1）。

表8-1 "警察与小偷"和"客户与服务"方式的特征

	"警察与小偷"	"客户与服务"
环境	低信任，强制性	高信任，尊重
对抗或合作	抵抗，反作用	合作
遵从	强制遵从	自愿遵从
动机	外因	外因
过程	审核与控制	服务与支持
制裁	处罚，罚金	奖励
纳税是一种……	负担	公民责任

在荷兰，税务当局通过已掌握的关于纳税人收入、房贷、储蓄和债务的信息，为纳税人填写个人纳税申报单。这是方便纳税人填写纳税单的一项服务。同时，纳税人知道税务当局对于他们的哪些信息是了如指掌的，所以他们作弊欺骗的可能性会更小。

科奇勒设计了遵从滑坡模型，在模型中对两种税收遵从的途径均有描述。在这个模型中，税收遵从可以通过强制遵从（权力机关的权力与控制），或者自愿遵从（对税务当局的信任），抑或是两者的结合，得以增强。通过对权力当局的信任而提高税收遵从度并不一定意味着这些权力机关权力的削弱。权力机关并非利用它们的权力强制税收遵从，虽然它们有能力这么做，如果必要的话。高税收遵从伴随着高强度的强制执行、高信任或两者兼有。权力和信任的结合对税收遵从的影响强烈，超过了单凭权力或信任的作用。表8-2概括了后者的作用。如果权力和信任都很高，税收遵从度也会比较高。如果权力或信任中某一项很高，税收遵从度水平居中。如果权力和信任都比较低，税收遵从度就比较低。

表 8-2 权力当局的权力和控制，以及对权力当局的信任对税收遵从度的影响

权力当局的权力	对权力当局的信任	税收遵从度
高	高	高
高	低	一般
低	高	一般
低	低	低

小结

纳税并不受欢迎。许多纳税人认为纳税是一种损失，而不是公民对政府的责任。纳税申报被视为费神的，而纳税则被当作一种负担。在大多数国家，避税和逃税较为普遍。税收遵从是诚实和可取的行为。如果人们认为赋税是公正和公平的，信任政府和税务当局，并且将纳税视为一种公民义务，税收遵从度会提高。

这里存在一个异常现象，那就是有些人宁愿每个月缴纳过高的所得税，以期在财政年度的末期得到退税。这种退税被看作一种意外收益，并且能够用在可自由支配收入之外的特殊开销或储蓄上。

在对政府和税务当局的信任水平较低的情况下，纳税人和税务稽查员相互对抗，玩着"警察与小偷"的游戏。纳税人试图避免纳税，而税务稽查员试图发现避税和逃税行为。在信任的环境中，可以上演"客户与服务"的好戏。税务当局帮助纳税人提供正确和及时的信息，甚至帮他们填好纳税申报表。通过这种方法，税收负担会降低，而税收遵从度会提高。

第 **9** 章

金融诈骗的受害者

本章将描述诈骗犯的伎俩,以及潜在和实际诈骗受害人的反应。不幸的是,诈骗是一种普遍的现象,许多人在生活中都会成为金融诈骗的牺牲者,例如金字塔骗局和其他的投资诈骗。互联网诈骗,比如网络钓鱼,变得越来越多和越发老练,想要避而远之也越发困难。

金融诈骗

无论在哪个国家的哪个行业，诈骗对生活质量的影响都是毁灭性的。消费者可能会收到犯罪分子骗人的钓鱼邮件，犯罪分子试图从中找出消费者的银行账户和信用卡的密码。消费者还有可能遇到预付金诈骗。在数字化的环境下，犯罪分子更容易获取个人信息（脸书、推特、领英）和银行账户信息。金融机构面对黑客、网络钓鱼诈骗犯和非法交易进行着持续的网络保卫战。

消费者可能既是金融诈骗的犯罪者，也是受害者。作为金融诈骗的犯罪者，他们可能逃税，向保险公司提出欺诈性索赔，或者在 E-bay 上接受付款，却从来没有把商品交付给买家（电话推销诈骗）。作为金融诈骗的牺牲者，消费者会受到伤害，在某些情况下，甚至会因他人的欺诈行为而破产。

本章将会对企图推销欺诈性金融"产品"（投资计划）的犯罪行为（"骗取信任的人"或骗子，诈骗犯）进行探讨，同时也会讨论潜在的或实际受害人的反应和回应。诈骗的案例有："棕榈岛投资"（迪拜的不动产投资)、伯纳德·麦道夫投资基金、尼日利亚预付费骗局，以及彩票诈骗。帕克和沙德尔研究的是针对想要通过出售公司或不动产获取财富，并将其用作退休收入的退休人群的诈骗案例。

针对政府的金融诈骗，如逃税；针对组织的诈骗，如保险诈骗；以及腐败、盗用公款、网络诈骗、"白领犯罪"，这些领域已被充分研究。这类诈骗对消费者也产生了消极的后果。腐败，被广泛地定义为假公济私，就是一个例子。消费者为了获得审批、官方文件和政府服务，不得不向政府官员支付额外的费用。他们或许还必须向警察行贿，以免受到交通违章处罚。

互联网诈骗无处不在。三分之二使用互联网的美国人，即 1.16 亿人，表示在 2013 年遭受过至少一次网络诈骗。关于人们遭受诈骗的普遍性，实际情况比数据更严重，因为人们不愿意承认自己是金融诈骗的受害者，许多诈骗受害的案例并没有得到披露。受害者害怕嘲笑和耻辱，不会揭露他们遭受的一切。在已知的投资诈骗受害者中，12% 的受害者否认自己在投资中损失过金钱。已知的彩票诈骗受害者中，只有一半承认自己在过去的三年中上当受骗过。警方也许无力做出回应，也许认为应该与受害者同舟共济，或者完全不把受害者当回事儿。每年有数千万的受害者损失数百亿美元/欧元。美国司法部长已提议将金融诈骗放在重要地位，仅次于恐怖袭击和暴力犯罪。诈骗的经济成本也包括侦查成本和起诉费用。非经济成本是指身体上、心理上和时间上的成本，比如疾病、抑郁、拒绝、羞耻、气愤、后悔、失去安全感，以及生活质量的降低。找到这些关于诈骗无形成本的可靠数据是困难的，或者说不太可能。

我们会在本章探讨实施诈骗的诈骗犯用来影响其（潜在）受害者的招数，以及掉入诈骗陷阱的受害者的特征。金融诈骗由以消费者为目标的骗局、诡计和欺诈行为构成。金融诈骗是销售人员/诈骗犯故意为之，欺骗

第 9 章 金融诈骗的受害者

（潜在的）消费者，对金融产品、服务或交易的事实进行扭曲或隐匿，将导致经济损失或破产的产品或服务售卖给消费者。

金融诈骗有很多种，例如钓鱼诈骗、预付款诈骗、彩票诈骗和投资诈骗。还有其他的诈骗，比如与找工作、保证就业、投资研讨会、约会、性服务和电话推销有关的诈骗。这些诈骗通常会涉及产品或服务的预付款，但这些产品或服务从来不会被兑现。

网络钓鱼通常以邮件的方式，伪装成可信任的实体，企图从潜在的受害人那里获取机密的信息，例如银行账户或信用卡卡号、用户名、密码、PIN 码和安全码。可信任的实体可以是银行、信用卡公司、拍卖网站、网上支付工具，比如 PayPal，或是"IT 恢复小组"。网络钓鱼通常通过电子邮件或即时信息来实施诈骗，引导潜在的受害人在伪造的网站上输入他们机密的银行信息。这种伪造的网站与诈骗犯声称的银行或信用卡公司的网站看起来很相似。虚假网站或邮件中的附件可能含有恶意软件，比如隐藏的键盘记录器，记录着键盘上敲击的按键，而键盘的使用者对他们被记录的行为毫无察觉。通过这种方式，诈骗犯便可以知晓 PIN 码和安全码、用户名和密码。有时，钓鱼会通过电话的方式，比如"从银行或信用卡公司"打来的电话。来电信息可能是关于银行账户的误用，或者为了"确认信息"。消费者通常被要求马上（紧急地）做出反应，否则他们的银行账户或者信用卡将会被冻结。向诈骗犯提供这些机密信息的消费者，可能会把他们的钱拱手相送。

网络钓鱼通常通过一长串的邮箱地址完成，这些邮箱地址是从会员名单上获得的，或者通过随机试验的方法产生。鉴于钓鱼诈骗庞大的数据库，即便是低于 1% 的回应率，其收入对于犯罪者而言也已是丰厚可观的。鱼叉式钓鱼是指利用潜在受骗者的邮箱地址和实际名字进行钓鱼。通常，这些数据库更小。个性化的信息看上去比非个性化的信息更加真实可信，人们更有可能对个性化信息做出回应。

网络钓鱼依旧有增无减。像脸书、领英和推特这样的社交媒体也被利用，引诱人们给出自己的机密信息。在脸书上，你归属于一个由"朋友"组成的社群，而在这个社群中，你容易相信别人，包括表现得很像"朋友"的诈骗犯。领英上的邀请链接是诈骗犯与潜在受骗者建立联系的方法，这种方法臭名昭著。根据2014年第三次微软计算机安全指数报告，全球每年的网络钓鱼影响/损害可能高达50亿美元。

预付费诈骗由一条信息构成，即为了转移所继承遗产、彩票中奖奖金或者公司中的一大笔钱，要求潜在受骗人支付这笔钱的一部分，以换取他们协助转移这笔钱。受害者必须支付预付费才能获得这样一大笔钱，或者其中的一部分。这里通常也包含了钓鱼诈骗，因为可能需要问及银行账户细节，才能转移大额资金，但是实际上这被用来"洗劫"受害者的银行账户。这些诈骗的信件或邮件通常来自尼日利亚和其他西非国家。

彩票诈骗也是一种预付费诈骗。一条邮件信息"出乎意料"地告诉你，你已经赢得了你根本就没有参与的彩票或博彩的大奖，通常是知名的海外彩票，比如西班牙"胖子乐透"或者不存在的谷歌、微软或戴安娜王妃彩票。消费者被要求预付费，用于税收、保险，或者快递。无论是什么，反正是为了得到大奖。这通常也包含了钓鱼的元素，例如询问银行账户信息，便于接下来的身份认证和资金盗窃。

投资诈骗是关于公司、不动产或投资基金投资机会的邮件信息。投资机遇可能真的存在过，比如迪拜不动产棕榈岛的投资，但是投资基金拿走了钱，却没有真的进行投资。投资诈骗通常承诺高出寻常和稳定的10%~12%的回报率，甚至更高。投资诈骗可能是金字塔骗局，或庞氏骗局，即首位投资者的投资回报，由后来的投资者的投资资本支付，而不是从投资的利润中赚得①。通常,投资者被要求将他们的回报进行再投资。几轮之后,新进投资者的数量太少,以致不能兑现对早期投资者的投资回报承诺,也不能支撑该金字塔。事实上,金字塔需要指数式生长才能维持生存。金字塔会在几轮之后轰然倒塌,投资者会血本无归。查尔斯·狄更斯在他的著作《玛丁·朱泽尔维特》和《小杜丽》中,就已经描述了金字塔骗局。伯纳德·麦道夫②的投资计划在很大程度上是金字塔骗局。这个金字塔在2008年市场低迷中倒塌,欺诈了许多组织和个人。

1997年,阿尔巴尼亚几乎遭遇了整体经济的崩溃,因为国家中的绝大多数人为了"快速致富",投资了全国性的金字塔骗局。许多阿尔巴尼亚人在这场骗局中损失了他们一生的积蓄。对于穷人来说,金字塔骗局就像魔法一样,他们期待着这场游戏能够解决他们的财务问题。

诈骗犯的策略

帕克和沙德尔研究了美国投资诈骗中诈骗犯针对临近退休年纪的人们的策略。他们的研究由美国退休人员协会赞助。诈骗犯的目的就是说服这些人把退休金投资到有问题的投资基金中。需要区分诈骗犯的两种角色:撒网者和收网者。撒网者或侧写师收集潜在受害者或者"标记人"的信息,这些信息来自社交媒体,如脸书、领英、推特、个人博客、公司和协会的网站,以及报纸和杂志。撒网者甚至会刊登广告,获取消费者的回应。如果消费者回应了诈骗犯的服务广告,他会被标记为具有较高的受骗潜质。撒网者收集相关信息,如年龄、家庭构成、工作或退休、财富、房

---

① 查尔斯·庞兹(1882~1949)是生活在美国的诈骗投资商。庞氏骗局是以他的名字命名。
② 伯纳德·麦道夫(生于1938年)于2009年被判决150年的监禁。预计其运作的投资已损失650亿美元。

屋所有权、生活方式、爱好、暗示感受性、对慈善的偏好，甚至风险偏好和贪婪。撒网者可能会给他们的潜在受害者打电话，以获取信息。他们也会运用钓鱼技术，获取潜在受骗者或标记人的银行和信用卡信息。撒网者将有关潜在受骗人或标记人的信息清单（"易上当受骗者名单"）卖给收网者。收网者利用这些潜在受骗者的画像，将他们的"推销话术"进行个性化。

投资诈骗的推销话术是针对"潜在受害人"，说服他们投资具有欺骗性的投资计划。根据帕克和沙德尔的研究，没有相信这些投资提议的潜在受骗者向联邦调查局进行了告发。联邦调查局特工冒充这些潜在受骗者接听诈骗犯的电话，谈话被录音。帕克和沙德尔分析了这些诈骗犯与联邦调查局特工之间谈话的录音。他们发现了诈骗犯惯用的九种认知启发式（策略）：

1. 信息来源的可信度和信任：诈骗犯声称自己为享有盛誉的公司工作，并为潜在受骗人的利益着想。在交谈的第一阶段，对于诈骗犯而言，建立个人信任是最重要的。诈骗犯是建立信任的"欺骗大师"（骗子）。信息来源的可信度在钓鱼中也被用到，暗示信息来源是知名的银行或公司，在邮件中模仿银行/公司的商标和独特风格。

2. 幻象痴迷：尼日利亚预付费骗局通常许诺高额资金，只要潜在受骗人参与尼日利亚官员的洗钱活动。他们生动形象地向潜在受骗者承诺有吸引力的回报，如金钱、奖励、财富，并且刺激潜在受骗者考虑消费这笔钱的可能性。如果人们对这种幻象的强烈欲念耿耿于怀，对得到这个幻象的条件和成本的思考就所剩无几。根据勒文施泰因的观点，暴富的想法会吞噬审慎思考，践踏行为约束。人们会"失控"。所有的注意力都放在幻象上，无法审慎思考，分析并考虑后果。于是，他们的行为被第六感和直觉驱使。贪婪支配了思考。

3. 锚定和调整：用一个比较高的参考价作为起价，接着给出真实的价格，作为"特别为你"的折扣。诈骗犯经常使用"比较"，暗示他们的提议是一个好机会。

4. 美化：通过删除非参与选项，控制潜在受骗人的选择数量。你想如何参与？仅留三个可选项，潜在受骗人可能会选择中间选项。

5. 踏脚入门：潜在受骗人微小的承诺可能会导致更大的一致性承诺。微小的承诺带来了态度的改变，因此潜在受害人更有可能做出更大的承诺。

6. 专家陷阱：诈骗犯把潜在受骗人当作另一位投资专家来交谈，于是他们便成了同道中人。潜在的受骗人不愿意询问一些暴露自己知识和专业匮乏的问题。在提供免费午餐的研讨会上，启发式也会被用到，主持人表现得像投资专家一样，并且把观众也当作专家来对待。

7. 稀缺性：这种情况可能就是产品的稀缺（只有几个地方才有）、前景的稀缺（只给选中的投资者提供报价），或者时间的稀缺（急迫性，你必须在今天做决定）。一般认为，稀缺的产品比丰富可得的产品更有吸引力。在钓鱼诈骗中也是这样，急迫性被用来促使潜在受骗人立刻参与骗局："你的账户将在 24 小时之内被冻结。"

8. 社会认同或羊群效应：诈骗犯声称，许多其他投资者以前利用过这种投资机会，并且对此十分满意。

9. 恐惧与恐吓：启发式在钓鱼诈骗和身份盗窃中用得比较多，在投资诈骗中较少。在钓鱼诈骗中，诈骗犯恐吓潜在受骗人，如果不立刻反应的话，银行账户或信用卡会被冻结。

帕克和沙德尔总结了以下最常用的启发式：信息来源的可信度和信

任（26%）、幻象痴迷（19%）、社会认同或羊群效应（14%）、稀缺性（13.5%）、比较（锚定和调整，12%）。在交谈的第一部分，信息来源的可信度、幻象痴迷和比较被用来使卖方和销售提议更加有吸引力。在交流的第二部分，社会认同和稀缺性被用来刺激潜在受害人将他们的钱转给诈骗犯。

请注意，这些认知性启发式同样也可以被推销人员使用，用于非欺诈性产品或服务的个人推销，加快消费者决策的进程。帕克和沙德尔使用了恰尔迪尼研究的六个有影响的策略，并同销售人员一起对此进行了描述：互换、承诺和一致性、社会认同、喜欢（亲密友好）、权威性和稀缺性。在他们的研究中，帕克和沙德尔也基于社会规范对五种策略和角色进行了区分。

1. 权威角色：诈骗犯扮演大家必须服从的权威角色（联邦调查局特工、政府权威当局）。这通常始于"恢复骗局"，诈骗犯"帮助"受害人恢复之前受骗的损失。基于损失厌恶，受害者可能会对这种取回他们资金的帮助非常感激。通常，诈骗犯要求受害者提供预先付款才能获得帮助。这会使受害人的损失更大，受害人将被打劫两次。

2. 依赖者角色：诈骗者装扮成孩子或其他需要帮助的依赖者。对于大多数人而言，拒绝需要帮助的人是比较困难的。在发展中国家，游客可能会遇到乞讨者，声称用来帮助躺在医院里需要治疗的患病的小孩。

3. 友情角色：诈骗犯强调与潜在受骗人之间的相似和友情，例如，专家陷阱。他们的交谈具有朋友谈话的特征，而不是诈骗者的个人独白。受害人无法拒绝帮助一位"朋友"，比如在脸书上。

4. 亲密关系诈骗：诈骗犯与潜在受骗人属于同一团体（相似性），

例如,教会、网球或高尔夫俱乐部。这种相似性和亲密关系建立了信任和信息来源的可信性。

5. 互换作用:诈骗者送给潜在受骗人一份小礼物。随后,潜在受骗人便用更大的馈赠来"回礼"。提供免费午餐的研讨会和踏脚进门技巧就是这种作用的例子。

在提供免费午餐的研讨会中,潜在受害人被提供了一份免费的午餐和一场关于投资的研讨会。主持人在研讨会上表现得像个专家,强调某只特定投资基金的收益和回报。与会者被说服去投资这只有问题的或诈骗性的基金。互换作用被加以利用,与会者感到需要做些什么,以回馈午餐和研讨会。这里用到的最重要的策略是权威角色、友情角色和信息来源的可信度/信任。同样,比较(锚定和调整)、社会认同和稀缺性也引发了潜在受害人做出立刻投资该基金的决定。

受害人的特征

受害人画像是消费者金融诈骗中研究相对充分的领域。给所有骗局的受害人画像,并不能刻画出清晰的图像,因为骗局之间的差异被抹平了。例如彩票诈骗和投资诈骗,得到的画像差异巨大。请注意,在表 9–1 中,给出的是相对价值较大的差异,而不是绝对价值。这些画像与普通大众不同,彼此之间也各有差异。在某种程度上,每个人或许对这些骗局都没有抵抗力,当然也要看诈骗犯的技巧和老练程度。受害人画像与普通大众的平均值有所偏差。请注意,诈骗对象的吸引力可以解释受害人年龄的差异。老人和男人可能比年轻人和女人拥有更多的财富,因此更有可能成为诈骗的目标。高收入人群也比低收入人群更可能成为投资诈骗的目标。低收入人群更有可能成为彩票诈骗的目标。受害人的脆弱性同样也随着人格变量而变化,例如易受骗性、对产生影响的批评和建议的敏感程度、自我控制的水平,以及某些有礼貌的人对诈骗者说"不"的艰难性,尤其是在电话交谈中。

表9-1 彩票诈骗和投资诈骗受害人画像对比

	彩票诈骗	投资诈骗
社会人口	以女性为主 鳏寡孤独 低收入 低教育水平	以男性为主 已婚 高收入 高教育水平
金融素养	低素养	高素养
自我控制	自我控制能力差 外部控制 冲动	自我控制能力强 内部控制 自负
时间偏好	现在	未来
咨询师	低信任	高信任

自我控制能力差的人是冲动的,并且更有可能参与风险性行为(酗酒、吸毒),包括金融风险,例如在网上向不认识的卖方购买产品。因此,他们更有可能接触到潜在犯罪分子并成为受害者。金融诈骗通常需要诈骗犯和受害人之间的某些合作。受害人也许被一只彩票的潜在资金收益所吸引(幻象痴迷),进而与诈骗犯合作,以获取收益。自我控制能力强的人,不会那么冲动,并且对这些诈骗性提议更有判断力,尽管他们也有可能成为投资诈骗的受害人。霍尔特弗雷特、赖西格和普拉特发现,自我控制能力差的人不太可能成为诈骗犯的目标,却更容易被骗局吸引,成为受害者。

投资诈骗的受害人,通常是有相当好的教育水平和金融素养的男性。他们与咨询师合作,例如税务咨询师和理财规划师,并且他们倾向于相信咨询师们。"专家陷阱"能够成功地在他们身上得以运用，因为他们知道一些投资的概念，并且对投资有一些经验。受害人可能也比较自负，未能向诈骗犯提出正确的疑问。回答或者不回答这些问题，可以成为证明这笔投资有问题和具有欺诈性特征的证据。如果受害人被贪婪驱使，可能就无法进行审慎思考。受害人的其他特征是，他们在情感上或社交上被孤立，倍感孤独。也许他们刚经历了消极的生活事件，比如失去了伴侣，丢掉了工作，以及收入减少。他们容易倾听陌生人的故事和提议。他们很难对这些诚实和不诚实的企图加以辨别，他们比一般人更容易上当受骗（信任他人）和言听计从。这意味着他们多少有些幼稚，不能认清诈骗犯的企图。

潜在受害人典型的互联网行为有：点击弹出式广告，打开来源不明的邮件，在线上拍卖网站上售卖和购买产品，签约参加无限期试用机会，下载 APP，通过线上支付进行网络购物。我们都在互联网上做过这些事，但是潜在的受害者比非受害者更加频繁，而这就是他们成为受害者的主要原因。更多的情况是，潜在受害者不知道银行不会给他们的客户发邮件，要求他们点击链接，更正个人信息。人们需要注意这些提议中的巧言令色，言语中的拼写和语法错误，并且检查发送人的邮箱地址。

诈骗者的特征

一项投资计划可能始于合法的业务，但是，通过简单的方式进行投资积累（但不进行投资），或者由于投资者逐渐从新投资者的投资资本中获取回报（金字塔或庞氏骗局），这项合法的业务会随着时间变成"犯罪"，说服和欺骗便逐渐成为该业务的一部分。伯纳德·麦道夫认为自己是投资者，而非犯罪者。作为投资者，他聪明机智的进入和退出策略也被其他人称道。

诈骗犯（"骗子"，收网者）的特征是有认知共情，了解潜在受骗人的想法，并且以一种有魅力和说服力的方式，利用这种知识获取利益。与此同时，诈骗犯具有较低的情绪共情，毫不顾忌受害人的情感。他们认为他们的受害人或者"受骗对象"是"笨蛋"，是贪婪、愚昧和无能的人，至少是咎由自取。诈骗犯认为他们的受害人活该倒霉。低情绪共情也是精神病患者的特征。但是，这并不是说所有的诈骗犯都是精神病患者。

在非法证券经纪电话交易所工作的人，通常被贪婪驱使，并且一夜暴富。非法证券经纪电话交易所是一个呼叫中心，其中的工作人员通过打电话向潜在受骗人售卖有问题的投资产品。贪婪是与利己主义和物质主义有关的个人特征。贪婪兼具积极和消极的内涵。电影《华尔街》中的虚拟人物戈登·盖柯陈述道："贪婪，抱歉，我找不到更好的词来形容，是个好东西。贪婪是对的。贪婪是有效的。贪婪让人清醒，厘清一切，并且抓住创新精神的精髓。"在这个观点中，贪婪是经济增长和发展的驱动力，正如亚当·斯密在《国富论》中对"无形的手"的理解。金融诈骗中，贪婪导致的后果是剥削性和不道德的。

斯霍夫、科菲和霍布斯采访了非法的电话推销者，并得出结论，电话推销和金融诈骗的犯罪分子与早期的专业盗窃犯已不尽相同。他们的工作组织比以前更加持久和常见。非法证券经纪电话交易所看上去与专业的呼叫中心无异，诈骗犯看上去与合法公司的员工相似。非法的业务通常从合法的业务开始，逐渐变成非法的业务。通常来说，诈骗者是成功的销售人员，"赢家"，想要影响潜在受骗人接受他们的提议，并且沉迷于工作时间不长但收入颇高的工作。

为什么受害人不举报诈骗

诈骗受害人经常会想到诈骗，并且噩梦不断。反事实思维是对可能发生的事情进行思考,比如应该做出怎样不同的表现才能预防诈骗。反事实思维也许能够从消极体验中颇有成效地学习,并且有效地阻止这种消极体验的再次发生。然而,过多的反事实思维会产生消极的后果,比如焦躁和抑郁。

当人们成为金融诈骗的受害者时,社交分享是一种应对策略。通过与其他消费者交谈,受害人可以对他们加以警示(社会动机),不要参加类似的诈骗活动。"发泄"是另一种社交分享,有助于处理负面情绪,比如愤怒和后悔。通过谈论诈骗带来的后果并获得他人的支持,受害人的怒气可能会减少。

受害人通常对诈骗感到愤怒,自我羞愧,并且后悔参与了诈骗交易。这些情绪与受害人采取的行动类型有关。受害人是否向警方或其他机构举报他们经历的金融骗局或诈骗,主要有以下原因。

1. 羞愧感和恐惧感可能太强烈,进而,受害人对自告奋勇的举报感到局促不安。

2. 受害人感觉对诈骗事件的举报于己无益,因为警方不会找到犯罪分子,或者缺少法律诉讼的证据。

3. 诈骗的界定并不总是很清晰。受害人可能搞不清,这到底是真的诈骗,还是某种形式的无能或误解。

4. 受害人认为举报的经济和行为成本太高。行为成本包括举报的时间和精力(机会成本)。

5. 受害人估计举报的成本高于预期的收益。

6. 受害人对投资中金钱的输赢习以为常。他们推断,输钱是游戏的一部分,因此他们不会举报,即使是通过诈骗丢的钱。

7. 受害人可能不知道去哪儿举报,去警局,去商业改进局,还是去犯罪控制机构。

8. 受害人怒火冲天，他们举报诈骗，并且希望找出犯罪分子，让他们受到惩罚。这是复仇动机。

9. 受害人举报是因为他们想警示他人，并且阻止他们陷入诈骗陷阱。这是社会动机。

消费者金融诈骗教育

成为金融诈骗的受害者，会损害甚至有时会毁掉受害者未来的财务，因为投资已损失，并且退休收入会降低。金融诈骗肯定不是负责任的金融行为。为了避免成为受害人，对人们进行教育是值得的。可以运用成功的诈骗案例，向消费者解释其中的运作原理，并教他们如何避免。弗里德曼推荐使用更广和更多样化的数据库来教育消费者，成功和不成功的诈骗案例都包含在其中。通过这种方式，可以从这些案例中学到更多。

在金融教育的计划中具体的建议有：

1. 如果消费者不信任邮件信息，他们应该置之不理。回复邮件给诈骗犯提供了信息，比如这个邮箱地址是有效的。

2. 诈骗犯试图通过向潜在受骗人询问来主导电话交谈。反过来，潜在受害人应该质问诈骗犯，比如他的公司、地址、执照，以及诈骗犯是怎么得到自己的电话号码的。潜在受害人通过这类问题主导交谈，阻止诈骗犯。

3. 潜在受骗人应该指出他们目前没有时间，并且询问对方的电话号码，以便随后打过去。通常，诈骗犯不会给出他们的电话号码，并试图让潜在受骗人相信他们一会儿会再打过来。

4. 消费者应该在网上，或者向见识较多的投资者，或者通过其他可靠的渠道，核查诈骗犯提供的信息。

5. 消费者应该接受教育，认清这些影响策略，并且知道如何应对这些伎俩。需要通过训练，分辨骗子在交谈中使用的启发式和策略。

6. 告知消费者，高出寻常（10%~12%）、稳定且有保证的回报，好得不真实，对于投资计划来说是不切实际的，不应该相信。投资计划通常有着较高的投资回报波动，保证收益是不现实的。

7. 通常情况下，消费者应该被教育，辨别出消息中危险的信号，例如身份不明的发件人，伪造发件人的邮箱地址，不真实的报价，或者声称需要紧急回复。消费者应该知道，银行、信用卡公司，以及交易处理商，例如 PayPal，不会用这种方式联系他们的顾客。弗里德曼发现，在这些提议中，包括语言错误在内的"奇怪的"特征，是主要的危险信号。

8. 应该培养消费者的逃跑机制，以避开骗局或诈骗，比如减少对诈骗犯的回答，当下拒绝提议或斩钉截铁地拒绝，或者采取措施防止资金损失。

9. 如果你不相信该信息或提议，通知警察或其他机构，告诉他们这个提议有问题。

小结

不幸的是，金融诈骗是消费者环境中的一部分。金融诈骗的例子有：钓鱼诈骗、预付费投资诈骗和彩票诈骗。一些诈骗者（"撒网者"）收集潜在受害人的信息，这些信息可以被用来与潜在受害人交流。这些交流由"收网者"主导，他们利用基于启发式的战术，以及谈话中的角色，劝说消费者对欺诈性投资计划进行投资。频繁使用的启发式有：信息来源的可信度和信任、幻象痴迷、社会认同或羊群效应、稀缺性，以及比较。

每个人都可能成为诈骗的受害者，但是自我控制水平低的人更有可能冒险，与诈骗犯合作。受害人画像根据不同的诈骗类型而有所不同，例如彩票诈骗和投资诈骗。受害人通常很少举报诈骗犯罪，因为他们感到羞耻，并且不相信诈骗犯会被抓捕，也不相信能追回他们的钱。

本章给消费者提供了一些建议，让他们意识到诈骗，辨别诈骗信息，并且抵御诈骗犯的说服企图。

第 **10** 章
负责任的金融行为

这是关键的一章。认知消费者金融行为，是帮助消费者做出更优的金融决策的先决条件。大多数人的金融素养（知识和技能）水平较低，这是许多错误和不当行为的起因，例如没有足够的退休储蓄。金融教育可能是一种解决之法，其他应对消费者金融素养问题的方法包括理财规划和建议。我们的目标是负责任的金融行为，并且伴随着理想的结果，如幸福平安。

什么是负责任的金融行为

负责任的金融行为的目标,首要的是提高个人金融福祉。间接地,这对社会也是有贡献的,因为从某种意义上说,有着负责任的金融行为的人出现财务问题(例如问题性债务)的可能性较小,并且不太可能有健康问题,例如焦虑和抑郁。金融财务问题可能会引发合作伙伴之间的冲突,并夺走心智,导致工作绩效下降。金融知识(素养)、技能,以及专家的建议,能够提高家庭的幸福感和金融福祉。金融福祉可以被定义为一种安稳的状态,在这样的状态下,金融事务有条不紊,并且能够有效地达到个人或家庭的目标。这些目标可以是令人满意的消费水平、生活方式和休闲、孩子们的教育、医疗、退休收入和养老金、经济上帮助他人、向慈善机构捐赠、避免成为诈骗的受害人,以及社会参与(包括社交上和经济上)。请注意,最后三个家庭或个人的目标对社会是有贡献意义的。

负责任和可持续的金融行为,是一种以负责任和可持续的方式实施的金融行为。

1. 量入为出：不花费比你现在拥有或者预期未来拥有的更多的钱。这可以通过年度基准来完成，就像公司的预算一样。在弗里德曼永久收入模型中，消费支出是基于3~5年的平均收入。在莫迪利亚尼的生命周期模型中，消费支出是基于估算的一生的财富。

2. 避免冲动性决定和购买，而是审慎地决策，根据相关的特征，货比三家，例如贷款或房贷的每月还款的金额、固定或可调节利率，以及惩罚条款。

3. 金融产品和服务的选择，应该基于金融产品与当前及未来的经济和家庭状况的匹配和适应。

4. 如果个人知识和技能不足或匮乏，向有能力的理财咨询师或规划师寻求帮助，并且要了解清楚理财咨询师是为客户谋福利的。

5. 为无法预料的支出保有金融（储蓄）缓冲。一些机构会对金融缓冲区的规模提出建议。

6. 为日常开销保有足够的可自由支配收入。可自由支配收入是指在支付诸如清偿贷款和房贷、房租、保险费、订阅费、子女教育费用等非可自由支配（必需的，强制的）付款之后剩下的收入。

7. 每个月信用卡足额还款（在还款期内）。

8. 为收入下降、高额且难以承受的损害费用，以及对他人的法律责任投保。

9. 只承担投资和信贷中可控和可计算的风险，不是将所有的财产用于投资，而是仅将财产中的一部分投资于风险资产，长期获得更高的回报。财产的其他部分可以用来投资债券或其他风险较低的资产。分散风险，并且保持较低的交易成本。

10. 考虑未来可能出现的各种情况（意外事件），例如收入下降、（不）可预料的支出、不动产价值下跌，以及新的财政规则。

第 10 章 负责任的金融行为

这就是负责任金融行为的"十诫"清单，可以轻松做到。事实上，这个清单应该被个性化。应该先明确特定家庭的生活目标和计划，然后再评估家庭的金融行为对于实现这些目标是否是负责任并有效的。金融行为应该致力于实现家庭的（生活）目标。这些目标可以是：（1）不破产（预防性目标）；（2）维持或达到能够支撑理想生活方式的经济水平（维持性目标）；（3）通过储蓄和信贷为未来的购买筹集资金；（4）变富有（提升性目标）。在理想的情况下，负责任的金融行为以量身定制的理财计划为基础，用以实现生活目标，以及在人生阶段中不断优化收入和支出。或者更广泛地定义为：负责任的金融行为是基于教育与工作、工作与休闲、有房或租房、消费或储蓄，以及金融资产之间的权衡，最大化生命效用。因此，负责任的金融行为是基于人生规划和理财规划的组合。

负责任的金融行为在个人层面和社会层面上都有影响，它应该提升家庭的金融福祉和幸福。财务问题通常会引发婚姻纠纷和冲突。负责任的金融行为的社会后果是，对解决债务问题的援助和财政支持的需求降低。没有财务问题的人在工作中也会表现得更好，因为他们对资金问题的担忧更少（图 10-1）。

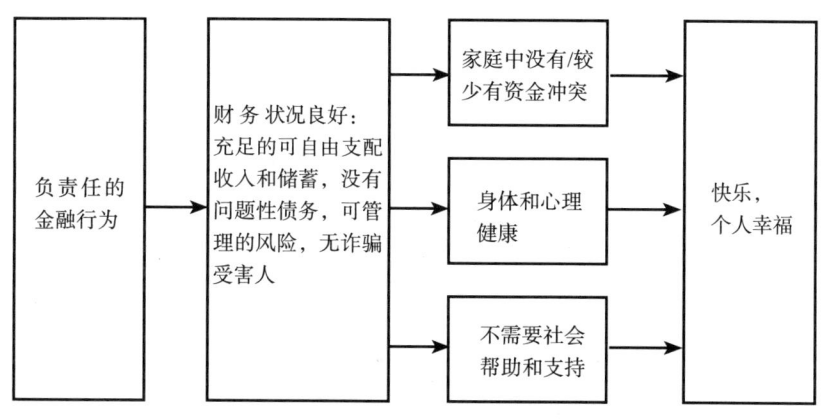

图 10-1　负责任金融行为的影响和后果

金融动机

图 10-2 描绘了金融行为的决定因素（动机、金融素养，以及技能），这些决定因素取决于社会人口、心理、情境因素，以及金融教育。

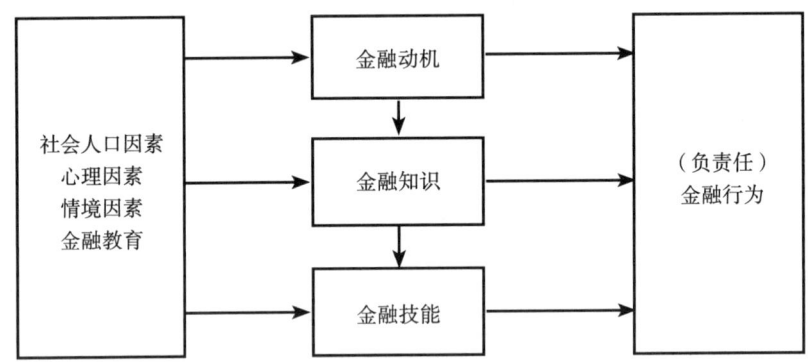

图 10-2　负责任金融行为的决定因素

金融动机是了解家庭资金管理和金融产品，做审慎决策，并渴望在经济上以负责任的方式行事的意愿。金融动机包括人们为家庭和自己所承担的金融责任，以合理的方式花钱，避免问题性债务，并且达到期望的目标和消费水平。婚姻和工作得失这样的生活事件通常会把人们牵扯到金融事务中。曼德尔发现，害怕退休后贫穷对人们参与金融教育和计划具有动机价值。

金融动机与认知需求、思考并理解金融事务的意愿有关。动机是人们参与金融产品、培养金融素养（知识和技能）的必要条件。安东尼德斯、德·格罗特和范·拉伊发现，个人的财务概况是金融素养和有效金融决策的先决条件。这种概况包括银行账户和储蓄账户的余额、保险单覆盖的风险范围，以及家庭随着时间变化的收支平衡。

金融素养

金融素养（知识和技能）是对金融概念的认知和对金融产品的了解，以及为了（更好的）金融行为而利用这种知识的技巧（能力）。在国际学生评估项目中，将金融素养定义为：对金融概念和风险的认识和理解，以及运用这些知识和理解的技巧、动机和信心，以便在一系列的金融环境下做出有效的决策，提高个人和社会的金融福祉，并且有能力参与经济生活。国际学生评估项目定义的第一部分关注的是理想的个人特征，比如知识和技能。第二部分是关于负责任金融行为的影响。在经济合作与发展组织的定义中，金融素养的定义非常广泛，与负责任金融行为类似。

金融素养包括洞察个人知识是否足以做出有效的金融决策并解决财务问题。人们不应自负，而应该对自己的知识和技能有着实际的评估。自负是危险的，因为自负的人认为他们有足够的知识做决策，并且不接受环境变化和新信息带来的改变。一份德国的样本显示，许多人高估自己的金融知识，他们对自己理解金融产品和概念的能力表现出自信（自负），但其实只能正确回答 42% 的调查测试题。如果金融知识不足，人们应该寻求帮助和专家的建议，以便做金融决策，并解决财务问题。他们应该知道获取个人信息的可靠信息来源。可能的来源有：互联网、消费者杂志、银行、保险公司、养老金机构、金融中介，以及理财规划师。可以咨询公司的人力资源部（养老金计划）、银行雇员、保险公司、金融中介和理财规划师，以寻求帮助。理财规划师也许能够对家庭的金融状况提供综合的意见。金融素养也包括金融风险意识：在逆境中（例如经济萧条、个人失业和收入损失、离婚，以及丧失劳动能力）金融产品的风险。

由于金融产品的复杂性与日俱增，消费者身负更多的责任。由于金融产品之间的"错综复杂"（推断），人们应该为重要的金融决策做准备，并知道如何权衡短期和长期利益，从而处理金融产品。在美国，个人理财知识入门联盟自 1997~1998 学年起对高中毕业班学生进行了大规模调研，评估他们的金融素养。这些调研显示，美国的年轻人和成年人不具备做出良好金融决策所需的基本金融知识。这种金融素养的匮乏导致了不良的金融决策。默里总结称，25% 的大学生拥有 4 张或更多的信用卡，并且大约 10% 的人有 3 000~7 000 美元的未偿还款。金融素养的匮乏在其他发达国家也比较普遍，例如欧洲、澳大利亚、加拿大、日本、韩国和新西兰。

卢萨尔迪和米切尔从一项美国消费者的调研中得出结论认为，美国人的金融素养普遍较低。自相矛盾的是，大多数受访者认为，对个人财务有很好的了解，是比较重要的，但是这些受访者却不能正确地回答关于利息、通胀、信贷、储蓄和其他个人理财方面的问题。人们之间的金融素养差异很大。存在着性别和少数族群差异：白人比美国黑人和西班牙裔美国人得分高，男性比女性得分高，成年人比青少年得分高。卢萨尔迪、米切尔和库尔托发现，基于社会人口特征和家庭财务的复杂度，金融素养存在很大的差异。一位受过大学教育并且父母拥有股票和退休储蓄的男性和一位受过高中以下教育并且父母没有资产的女性，前者了解风险分散的可能性比后者高出 45%。金融素养低的人更有可能在债务上出现问题，参与股票市场的可能性更低，不太可能有效地积累和管理财富，以及为退休进行规划。

金融素养可以通过金融知识测试来评估。卢萨尔迪和米切尔提出了一项包含三个问题的测试。前两个问题是关于（复合）利率和通货膨胀，第三个问题是关于风险分散。这些问题被用于区分在金融财务方面简单无知和成熟、有经验的人。在国际学生评估项目中，采用了更广泛的金融知识测试。来自中国上海和比利时佛兰德斯的学生在这个测试中获得了最高分。阿特金森和迈希报道了经济合作与发展组织关于金融素养的国际调研的结果。除了一般的金融知识外,还进行了具体的金融知识测试,例如房屋抵押贷款金融知识、与股市参与相关的金融知识,以及退休规划。休斯顿发表了71项关于衡量金融素养研究的比较结果。她总结称,金融素养不仅仅是金融知识,它由知识以及在金融行为中运用这些知识的技能组成。美国金融知识教育委员会的定义就是一个例子:"金融素养是利用知识的能力和技巧,为了一生的金融福祉,有效地管理金融资源。"

提高金融素养和技能应该对金融行为有促进作用。虽然不完全这样,但在多数情形下,对所有的消费者而言确实如此。希尔格特、贺佳斯和贝弗利发现,金融素养和金融行为(实践)呈正相关关系。然而,金融素养和技能的作用并没有预想的那么强烈。有些家庭没有多少金融素养,也能做到收支平衡。而有些金融素养高的家庭太自负,承担较高的风险,进而陷入问题性债务中。金融教育与主流消费文化的斗争异常艰难,比如易得的消费者信贷和许多消费者追赶他人消费水平和财富的强烈需求。

金融技能

金融技能是运用金融知识和理财建议进行个人金融管理的能力。金融技能是在实践中应用金融知识,知道该做什么以及怎样做。对于儿童来说,这也许就是管理零花钱和为买东西而存钱的技巧。比如,预算编制作为财务管理的一种类型,需要大量的金融、管理和计算技能。由于大多数金融行为是通过网络或者移动设备完成的,金融技能包括数字素养和技能。

1. 网上数字化和网上银行的技能。
2. 按时支付账单和税收的准则。

3. 经常查询支票和储蓄账户的余额，以及自动支付。

4. 金融计量和计算能力，例如加法、百分比和复利的计算。对于大多数人而言，复利的计算比较困难。

5. 比较价格、利率以及金融产品的条件。

6. 填表：纳税申报表、申请表、保险索赔表。

7. 预算分配，为支出安排预算，并记账。

8. 为耐用消费品的修理、折旧以及替换预留资金。

人们需要有责任心和自我管控，保留支付记录，记账和纳税申报。因为这项工作经常被认为艰难、繁重的，所以许多人会推迟这项任务。由于把纳税申报拖延到临近截止日期，匆忙以及随之发生的错误可能会导致过多地支付税金。网上的工具对记账和预算是有效的，并且银行可能会通过支票账户提供预算工具。

金融教育

显而易见的是，金融教育提升金融素养，并且会影响金融行为。在金融教育对金融素养的作用方面，实证证据比较混乱。金融教育对金融行为只有微弱的影响。许多研究显示，金融素养对不同类型的金融行为有很强的影响，例如消费（现金流管理）、储蓄、借款、规划和投资。大量个人因素与金融素养有关，例如数字（计算技能）、自律、自我控制、自我效能、未来时间导向，并且承担适当的风险。这些因素对金融行为有很强烈的影响，与金融素养高度相关，并且我们可以认为，这几乎构成了金融素养。这在图 10–3 的模型中有所描述。在模型中，强关系用粗箭头表示。

第 10 章 负责任的金融行为

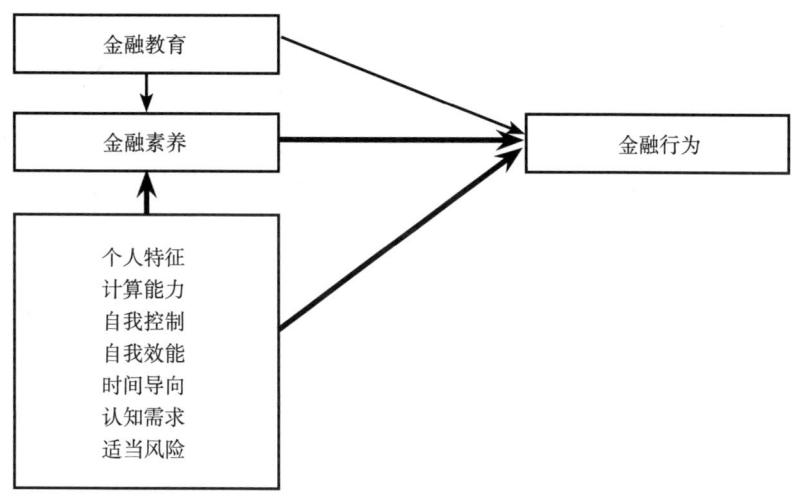

图 10-3　金融教育、金融素养、个人特征与金融行为（粗箭头表示关系的强度）

在许多研究中，即使在对其他解释因素如教育水平、年龄、性别和收入进行修正后，金融素养对金融行为的作用依旧显著。金融教育与社会化对金融行为的作用是混合在一起的。在一些研究中，这种作用有着积极的影响，但是在其他的研究中并不能找到任何影响。韦伯利和尼许斯发现，父母对孩子的责任心、未来导向和储蓄具有微小却显著的影响。然而，曼德尔总结指出，如果家长与孩子们一起参与并讨论金融事务，他们孩子的金融素养不如那些家长没有花时间与其讨论金融事务的孩子。威利斯质疑金融教育对金融行为的作用，并且使用了"金融教育谬误"这样的术语，因为金融教育也许使人们更加自信（甚至自负），但是并没有提高他们的金融能力和技巧。

费尔南德斯、林奇和内特迈尔做了 201 次元分析研究，发现通过课程干预的金融教育对金融行为的影响较小。这些影响对低收入人群而言甚至更小。与其他的教育一样，金融教育的影响也会随着时间衰减。即便是长达许多小时的指导，20 个月后，其效果也微不足道。传统的金融教育课程并不能应对金融产品及其选择的复杂性。

参加金融教育课程的学生，在金融素养上并没有比未参加课程的学生取得更高的得分，但是玩股票市场游戏的学生却可以。后者的联系不应理所当然地认为是因果联系。有可能是金融素养高的学生更愿意参与股票市场的游戏。金融教育的游戏化，或许是年轻人获得有关金融管理的正确见解的有效途径。金融教育 APP 或许同样有效。人们可以在购买或者做其他金融决策的时候，利用这些 APP 进行咨询。在游戏或 APP 中，与"相似的"消费者进行社会比较可能有趣并且刺激。人们喜欢拿自己与他人比较。

金融教育的有效性，应该部分归功于家长、学校老师和同龄人带来的消费者社会化。年轻的孩子通过观察、模仿、教导实践，以及处理他们周围的信息进行学习。这可能是非目的性的，因为年幼的孩子会模仿家长的行为，并且接受家长消费或节俭的准则和价值。年长的孩子和青少年受其朋友和榜样的影响。监控和反馈是行为学习的主要工具。对儿童的金融教育，应不断努力提供范例、规范和反馈，这可能会产生良好的效果。经历过的金融问题可能是未来行为的"前车之鉴"。家长可以通过讨论金融实践和负责任的金融行为教育他们的孩子。研究发现，家长的直接教育对一年级研究生的金融规范、态度和行为控制有良好的影响。

生活费或零花钱是父母和孩子在经济行为上互动的主要教育工具。这些生活费要么是赚来的收入，要么是有权领取的零花钱。那些通过做家务获得零花钱的孩子比从家长手中获得日常零花钱的孩子金融素养更高。家长应该训练孩子们保持日常零花钱的收支平衡，并且不应一味地答应孩子们要零花钱的请求。这样，孩子们的金融技巧和财务规划才能在实践中获得训练。

大多数国家还没有把金融教育作为小学和中学的"个人金融"课程

来教授。巴西高中的大型项目是一个例外,它有重复的指导和金融技能实践。这些技能有:为购买进行储蓄而不是用信用卡购物,货比三家,与卖家讨价还价,并且追踪开支。这个项目对金融偏好和结果有着强烈的影响。在多米尼加的一项研究中,研究者通过对比一个完备的金融教育模块和一组简单的经验法则,测试简单的好处。结果显示,简单的训练比完备的模块对知识和行为的影响更大。对于先前没有接受过金融教育的人,强调日常使用的关键启发式方法更加有效。

许和齐亚总结指出,低收入国家的传统金融教育项目成效有限。但是,南非通过一部引人入胜的电视肥皂剧来进行教育,从而提升了个人金融决策的质量。节目中嵌入了金融信息。在观看肥皂剧两个月之后,人们赌博和通过分期付款购物的可能性更小。在埃塞俄比亚,生活困难的人通常会表现出内在控制力低下的情绪,例如"我们既没有梦想也没有想象","我们只为今天而活"。邀请家庭观看励志视频,例如来自所属地区的个人讲述他们如何通过设定目标和努力工作提高社会地位。半年之后,看过视频的家庭,有更高的储蓄总额,并且对孩子的教育投资得更多。这些案例表明,电视和视频是说服人们的强有力的媒体——并非通过传统课程的教授,而是通过提供较好的金融行为的案例和榜样。在埃塞俄比亚的案例中,视频主要是激励性的,减少了人们改善自身状况的惰性。

穷人通常有较多的价格知识。因为他们的收入较低,所以被迫寻求低价和促销的商品。他们不断地试图解决他们现有的财务问题,因而没有或者只有较少的精力和心智应对未来的情形。这或许可以解释他们的现时偏见。

大多数人是需要金融教育的。然而,金融教育不应该聚焦在知识上,以抽象的方式教授,其课程应该包含关于零用钱、储蓄和借贷,以及价格比较的实际案例和技巧训练。这些案例对孩子和青少年应该是适用和有效的。巴西高中的课程就是一个较好的例子。金融教育最好包括个性化信息和学生金融状况的数据，以便让学生参与相关案例、分析和建议。金融教育应该包括"动手"的活动、技巧、计谋、启发式、游戏，以及有效的锻炼。这样，金融教育可能会对金融行为有直接的影响。因此，金融教育项目关键的因素有：（1）基础知识的重复性教导；（2）在实践中运用该知识的技能训练；（3）做什么和怎么做的具体建议（简单经验法则）；（4）如果可能的话，在决策的时候利用APP进行咨询；（5）个性化，使用学生的个人金融数据。

金融教育和负责任金融行为的主要心理需求是：

　　1.尽心尽责地、持续地记录预算开销和记账；

　　2.未来时间偏好，即考虑到未来的财务状况来规划、储蓄和保险；

　　3.自我管理、自我控制、自我约束或意志力，能够控制并掌握个人财务状况。

如果自我管控和意志力不足以实现负责任的金融行为，预先承诺的方法，比如自动储蓄、信用卡账单自动支付和房贷自动还款也许能帮助实现这些目标。

理财规划

理财规划是个人或家庭为了实现财务目标而采取的一系列措施和手段，例如清偿债务或者为退休以及非财务性目标（如买房或度假）提供财务保证。这通常包括确保个人或家庭每月可自由支配收入的方法，也许还包括未来收入消费和储蓄的一系列措施和具体目标。财务计划把未来收入分配到不同的目录/账户中，例如房租或水电费，并为短期和长期的储蓄预留一些收入。

制定理财规划应了解以下几方面：

1. 理财规划的先决条件是对基础事实的概览，例如家庭的构成和财务状况、工作和收入的稳定性、生活方式、可自由支配和不可自由支配支出水平，以及现在和未来预期的可自由支配收入水平。预算需要深入了解支出项目花费了多少钱，家庭成员对债务的风险倾向和态度也应该加以考虑。

2. 人生规划是一个家庭在事业和收入、子女教育、置业、旅行、休闲、爱好、运动和（提前）退休等方面的计划和目标的综合。它使人们可以快速了解这些目标和计划的现实性和可实现性，并将计划和目标与金融产品联系起来。

3. 综合计划：人生规划和理财产品之间的联系。在理财规划中，表达的是多少钱应该分配给储蓄和消费，多少钱应该作为教育和养老的保证金，以及家庭需要哪些金融产品，比如保险，使得家庭在可接受的时间内拥有充足的可自由支配收入，实施计划并实现目标。

4. 应急计划是为了防止事情出差错，事先找到解决办法，例如，金融缓冲或者信用，以应对这些意外。

5. 流程规划是日常理财规划的执行：哪些任务是必须完成的？谁是对执行这些任务及其结果负责的财务官，并负责在结果不符合计划时采取措施？同样重要的是，坚持理财计划，不接受借口和意外，而是在预定的时间内执行计划。许多人没有执行理财规划，因为他们认为这比较复杂和繁重。如果理财规划被分割成一系列可采用的（相对简单的）步骤，人们启动进程的概率将更高。

理财规划设计通常由专业的理财规划师完成，理财规划师在与家庭成员讨论并询问过他们的有价证券和银行账户后,提供一份关于家庭现在和未来预期财务状况的报告。这可以按照不同情景完成,这些情景基于经济的发展,例如通胀、利率和商业周期(上升和萧条)。理财规划不应只是一次性练习,而应该考虑经济、财政和其他发展的持续性过程。理财规划师也应该考虑到客户的启发式和偏见。客户对自己的财富、保险投资组合,以及投资的理解,可能与理财规划师有所不同。理财规划师不应该只是教导客户怎么做,而应该考虑客户的偏好,即使客户偏好的解决方案可能不是最优的。这会增加理财规划的接受度,并提高计划执行的动力。

关于人生规划和理财规划"怎样做"的自助书籍已经泛滥。这些书提供了建议,告诉人们具体怎么做。如果这些书能够让人们意识到自己的挫折、欲望和人生目标,以及他们的资金管理和拙劣的金融决策,那就算卓有成效了。消费者需要有自知之明,并且管控金融行为,开始人生规划,把理财规划当作实现人生目标、快乐和幸福的工具。

斯胡尔曼斯认为,理财规划应该是一个综合性理财建议,不应仅关注抵押贷款等金融产品,而应该与其他的金融产品相结合,如保险和投资。"综合性"意味着所有金融产品的总效用应该同时评估,并且应该考虑这些金融产品之间的交互作用。这样,超额保险就不会发生了。财富可以被激活,例如,以年金的形式。理财规划比较昂贵,是因为专家必须花费许多时间收集信息并撰写特定的家庭财务状况报告。通常,对理财规划的投资可以通过储蓄和更好的理财决策来得到回报。

波耶兹和范·拉伊详述了虚拟守护天使的想法,这是一个"知晓"家庭成员偏好并持续掌控家庭财务状况的软件系统。如果外部的发展对家庭财务状况产生影响,虚拟守护天使可以提供解决方案,以保持财务状况的稳定和增长。虚拟守护天使是家庭金融产品投资组合中一般注意义务的例子。综合性金融产品的投资组合是首选,甚至包括(非金融)相关领域,例如房屋保护，花园的养护，汽车、电脑、电话及其他耐用消费品的租赁、优化和替换，以及可能发生的意外。关系越长久，金融产品的投资组合越大，虚拟守护天使的建议就越全面、越好。

理财规划和虚拟守护天使的发展也许会成为缺乏金融素养的个人的解决方法。如果家庭成员能够陈述他们的偏好、计划和目标，虚拟守护天使就能提供维持财务稳定并达到期望目标的金融条件和解决方案。理财规划和虚拟守护天使是优化、稳定和改善财务状况的控制和管理工具，这样，家庭成员可以把（有品质的）时间花在其他活动上，例如同他们的孩子玩耍，参与文化活动，而不是花费在家庭财务上。

小结

大众的金融素养普遍偏低。大多数人对理解金融产品、比较选项以及做财务计算和决策感到困难。学校的金融教育和对成人的金融教育也许是提高金融素养的一种方式。由于大多数人对金融教育不是很积极，并且现在的金融教育需要更多地了解金融产品的风险和选择，因此金融教育应该包括实际技能的培训和相关信息（应用程序）的运用，并利用视频、案例和榜样而使学习变得更有趣味性和激励性。

责任心、自我调节、自我控制、自我管理、预先承诺和未来时间偏好，是掌控财务状况的重要因素。预先承诺的方法是避免问题性债务的自我控制工具。

个人理财规划和建议是对金融素养低的补救。人们知道，财务问题对他们来说很重要，他们需要帮助，以便深入了解自身的财务状况和机遇，并利用这些知识做出负责任的金融行为。

第 11 章
个人差异与细分

经济学家偏爱整体层面的联系,而心理学家通常关注个体层面。整体层面的联系可能存在误导性,因为一旦人群细分就会存在不同的行为。本章描述了在与金融行为相关的社会人口变量和其他因素方面人们表现出的差异。性格是解释金融行为差异的因素之一。本章讨论了大五人格因素。与金融行为尤为相关的有:尽责性与经验的开放性。消费者可以被细分到同类或同伴群,不同的策略可以有效地应用到不同细分群的成员中。

个人差异和性格

人们在社会人口特征和个性上的千差万别是不言而喻的。本章聚焦在与金融行为相关的个人差异上,这些差异也许可以解释并预测,人们是怎样花费他们的收入,怎样制定金融决策并且购买金融产品的。根据个人差异和/或金融行为,可能会形成同类的人群细分。根据细分人群的特征和行为,政府的消费者政策和金融机构的营销管理可以对这些细分人群区别对待,从而更加行之有效。

"永远"相关的社会人口变量有:年龄、性别和教育水平。在几乎所有的细分领域研究中,无论研究的主题是什么,这些变量的结果总是因人而异。对于金融行为而言,同样相关的变量有:教育类型、职业种类、家庭构成、可自由支配收入、收入稳定性,以及家庭生命周期的阶段。教育或职业的类型作为相关的变量,是因为,有经济学、会计或商业方面教育背景或职业背景的人,对金融知识了解得更多,对金融产品的理解也比其他类型教育背景的人更好。其他与金融行为相关的特征有:责任心、金融素养和技能、风险偏好、时间偏好,以及自我控制、自我效能和自我管理。

性格是个人持久的特点，也就是说，在理想情况下，在不同的情形中是稳固不变的，并且在某种程度上可以解释和预测个人的行为。米歇尔开发了一个性格和情境之间交互的模型。性格特征可能在"适合"性格特征的情境中更加相关和显著。例如，在自己与他人分钱的情境下，贪婪愈发显著，并且行为更具有可预测性。

性格变量的预测效度通常十分低。研究者认为五个强有力的性格变量比其他性格变量表现得更好。这些性格变量被归纳为大五人格变量（Big Five）。这五个人格因素是：（1）外向性；（2）情绪稳定性或神经质和特质焦虑；（3）宜人性；（4）尽责性；以及（5）经验的开放性。接下来，我们将讨论这五个性格因素。

外向性

外向性与内向性相对，可以通过以下双极标度表示的性格特征进行评估，这些双极标度给出了属于外向—内向两极因素的性格印象。

- 健谈的相对于沉默的；
- 坦率开放的相对于隐秘保守的；
- 独断的相对于克制的；
- 冒险的相对于谨慎的；
- 寻求刺激的（高唤醒）相对于安静的（低唤醒）；
- 善交际的相对于避世隐居的；
- 温暖的相对于冷漠的；
- 积极的相对于消极的；

- 冲动的相对于深思熟虑的；
- 积极情绪相对于消极情绪。

外向性与唤醒需求有着确定的关系，因此与感觉寻求和冒险也建立了联系。感觉寻求由中枢神经系统的唤醒需求刺激产生。某些人有较高的最佳刺激水平。高唤醒需求可以通过多变、复杂、新奇以及强烈的刺激和经历来满足。高感觉寻求者有较高的最佳刺激水平，寻求更多的刺激，进而容易比低感觉寻求者冒更多更大的风险，例如，投资和赌博。感觉寻求和外向性可能会直接影响金融风险承担，或者通过风险倾向产生中介效应。相较于老年人，年轻人通常更外向，对待新事物也更开放，这或许解释了冒险的年龄效应。年轻人比老年人有着更多的风险寻求。

情绪稳定性

情绪稳定性与非稳定性（神经质、特质焦虑）相对，可以通过以下双极标度表示的性格特征进行评估，这些双极标度给出了属于情绪稳定性—非稳定性两极因素的性格印象。

- 镇定的相对于紧张的；
- 冷静的相对于焦虑的；
- 镇静的相对于易怒的；
- 安全的相对于不安的；
- 非多疑的相对于多疑的；
- 友善的相对于愤怒的和敌意的；
- 非抑郁的相对于抑郁的；
- 不易受伤害的相对于易受伤害的；

- 自觉的相对于不自觉的；
- 深思熟虑的相对于冲动的。

请注意，特质焦虑是一种性格特征的焦虑，指的是在各种情况和方面表现出焦虑的人。焦虑也许是威胁的反应，仅被惊吓激发。情绪稳定性、神经质和特质焦虑是高阶的神经质人格特征的指示器。特质焦虑提供了关于冒险的最佳一致性预测。特质焦虑偏高的个人对威胁信息具有偏见，并且这有可能是风险认知偏见的起因。这是一个普遍性的趋势，而非限定在特殊的情境中。外向性得分低并且神经质得分高的人，具有风险规避倾向的特征，因此承担更少或更小的金融风险。

宜人性

宜人性与对抗性相对，可以通过以下双极标度表示的性格特征进行评估，这些双极标度给出了属于宜人性—对抗性两极因素的性格印象。

- 和蔼的相对于易怒的；
- 令人喜爱的相对于令人讨厌的；
- 非妒忌的相对于妒忌的；
- 温和的相对于顽固的；
- 合作顺从的相对于消极对抗的；
- （竞争性的）信任和轻信的相对于不信任和怀疑的；
- 利他的相对于利己的；
- 容忍的相对于不容忍的。

宜人性与对他人的友好和容忍相关。相较于宜人性较低的人，宜人性高的人对他人有着更多的信任。轻信是一种极高程度的信任。轻信的人相信其他的人或机构，而其他人并非如此。信任和轻信可能会导致轻易接受他人的建议，以及金融提议，甚至是犯罪提议。

贪婪作为性格特征（性格贪婪）并不体现在大五人格变量中，但是与金融行为相关。贪婪与贪得无厌息息相关，总是想要更多的钱和更多的其他资源。贪婪也与物质主义、自私自利、嫉妒艳羡、争强好胜，以及较少的宜人性有关。贪婪鬼的幸福感依赖于拥有的资源，越多越好。对于不贪心的人而言，一定的收入和资源水平就足矣，拥有更多的收入和资源对更高幸福水平的贡献微乎其微。

尽责性

尽责性与混乱和无组织性相对，可以通过以下双极标度表示的性格特征进行评估，这些双极标度给出了属于尽责性—混乱性两极因素的性格印象。

- 有能力的相对于无能力的；
- 自律的和秩序井然的相对于混乱的和无秩序的；
- 尽职尽责相对于粗心大意；
- 负责任的相对于不负责任和依赖的；
- 实现目标和努力奋斗的相对于洋洋自得的；
- 深思熟虑的相对于冲动的；
- 小心谨慎的相对于肆无忌惮的；
- 不屈不挠的相对于放弃和变幻无常的；
- 强大的意志力相对于弱小的意志力（意志薄弱）。

尽责性的人的金融行为更具有目的性、自律性和责任性。他们不太可能推迟他们必须承担的工作，例如填表和准备税收申报。他们通常具有良好的组织性，以及计划导向，并且更有可能通过相关的信息和比较做出深思熟虑和认真谨慎的金融决策。尽责性的人更有可能认真处理所有相关的信息，并且记录和掌握自己的收入和开销，以避免不必要的风险。

经验的开放性

开放性与封闭性相对，可以通过以下双极标度表示的性格特征进行评估，这些双极标度给出了属于开放性—封闭性两极因素的性格印象。诺曼把这个因素称为"文化"，其中包含艺术敏感、智力和想象因素。其他人称之为"智力"。请注意，文化和智力不是性格特征，但是分别与教育和能力相关。

- 想象与幻想导向的相对于简单与直接的；
- 艺术和审美敏感性相对于非敏感性；
- 智慧的和深思的相对于轻率和狭隘的；
- 新思想相对于传统观念；
- 文雅和有涵养的相对于粗鲁和粗野的；
- 积极冲动的相对于消极克制的；
- 高认知需求相对于低认知需求。

经验开放性高的人更具有创新和创造力，寻求并体验新产品和经历，并且更有可能尝试新的金融产品和服务。他们对新产品承担更多的风险，也有可能对他们的投资享有更高的回报。他们同样也是对信息和教育开放和敏感的人群。

性格与金融行为

图 11-1 概括了大五人格因素和金融行为的关系。高冲动性引发的谨慎决策较少,而是导致了冲动购买。高冲动性的个人承担了更多的风险,因为他们没有充分考虑所有备选选项。为什么人们不在做决定前认真分析备选选项呢?他们要么是想通过快速决策,享受选定选项的利益,避免选择与决策之间的权衡带来的不愉快的情绪和尝试,要么是为了规避处理信息的机会成本。冲动性是两个高级性格特征的指示器:经验的开放性和尽责性。冲动性高的个人对新的经验更加开放,具有较高的最佳刺激水平,并且尽责性较低。经验的开放性与唤醒需求有关,进而导致了风险寻求的行为。高尽责性与处理更多备选选项信息相关,聚焦在最确定的选项上,进而预测金融风险的规避和谨慎性风险管理。

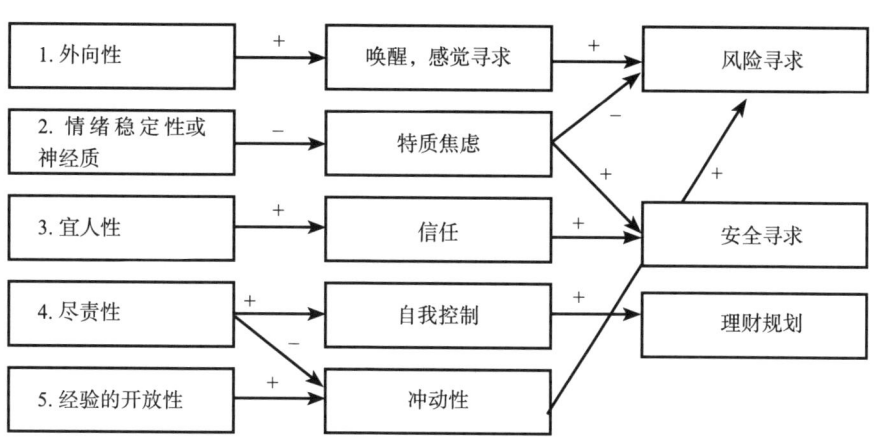

图 11-1　性格变量(大五人格变量)和金融行为的关系

尼科尔森等人研究了大五人格因素,并且归纳出风险承担者在外向性、经验的开放性和情绪的稳定性上得分较高,而在宜人性和尽责性上得分较低。感觉寻求由中枢神经系统的唤醒需求刺激,刺激和唤醒的需求可以被各种复杂、奇幻和紧张的刺激和经验满足。高感觉寻求者有较高的最佳刺激水平，因此相对于低感觉寻求者，倾向于承担更多、更大的风险。外向性与唤醒需求有较确定的关系，因而与感觉寻求和风险承担的关系也是如此。外向性的人更有可能寻求刺激并承担金融风险。感觉寻求和外向性可能会影响经济上的风险行为。冲动性是决策中重要的因素，冲动决策的人更有可能忽视相关的信息和选择，进而犯错。控制冲动是负责任行为的重要方面。冲动性由双曲线解释最合适不过了，双曲线类似于双曲时间贴现。假设存在一个双曲贴现函数，随着时间的推移，产生的回报能够控制些许冲动。

细分

一个市场并不是同质的，可以被分割成几个同类消费者的细分市场或子市场。有效的市场细分需要进行以下工作。

  1. 细分市场的识别：每个细分市场应该是可以通过若干变量来鉴别的；

  2. 细分市场内的同质性和少量差异：细分市场的成员应该在若干变量上是相似的；

  3. 细分市场之间的异质性和大量差异：一个细分市场的成员应该与其他细分市场的成员有所不同；

  4. 细分市场规模：细分市场应该足够大，大到可以区别对待，实施独立政策；

  5. 沟通和联系的易接近性，例如，知晓细分市场成员常用的媒体；

  6. 细分市场的消费能力：对于金融机构而言就是细分市场的盈利能力；

第11章 个人差异与细分

7. 细分市场适应金融产品和服务的适应性：可得的产品和服务对细分市场是有用及有吸引力的吗？或者，这些产品和服务能够被开发吗？

产品和服务可以被差异化，以适应不同的细分市场。产品差异化是市场细分的另一个方面。以公共政策或市场战略为例，组织机构可以选择多个细分市场中的一个进行深耕，并通过他们的方法确定目标（目标市场选择）。在公共政策中，政府可能聚焦在一些细分市场上，例如对问题性债务比较脆弱，或者对不可预测和不可预见的支出没有储蓄缓冲的细分市场。

这里可以区分主动和被动的细分变量（图11-2）。主动变量被用来形成细分市场，被动变量则是在细分市场形成之后，被用来丰富细分市场的描述。在正向细分中，个人差异作为主动变量，形成了细分市场，例如社会人口因素（年龄、性别、收入、职业、家庭构成）和心理统计变量（态度、观念、生活方式、媒体使用、性格和政治偏好）。在细分市场形成后，行为变量作为被动变量，用以核查这些细分市场在金融行为上是否存在差异，例如这些细分市场使用哪类金融产品和服务、使用的强度。正向细分的优势是基于人们的特征，这些特征有助于更好地了解人们，并且与之交流。正向细分的类型有：地理细分、社会人口细分和心理统计细分。

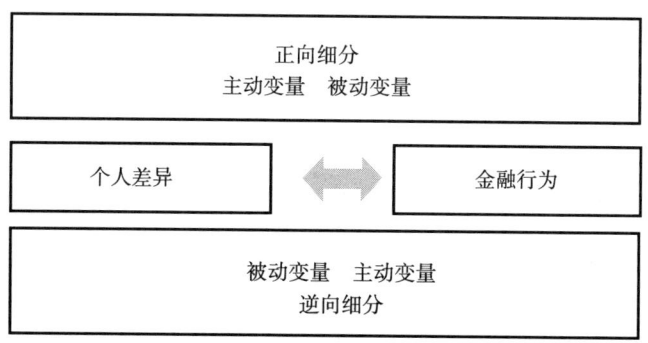

图11-2 正向和逆向细分

在逆向细分中，行为变量作为主动变量，形成了市场细分，例如金融产品和服务的使用。在细分市场形成之后，社会人口和心理统计变量作为被动变量，丰富细分市场的描述。逆向细分的优势在于，细分市场之间金融行为和产品使用存在明显的差异。因此，我们也许能够回答这样的问题，例如：参与投资基金的人的特征是什么？大额储蓄、大额消费或者身负债务的人的特征是什么？

正向细分和逆向细分的组合是一种联立细分。在这里，细分市场的形成基于同时作为主动变量的个人差异和行为变量。然后，其他的个人差异和行为变量可能被当作被动变量，以更丰富的方式描述细分市场。

相关的细分研究，按照欧洲一些国家金融产品的收购顺序，使用了一种数据分析的技术手段——潜类别分析。关于市场细分概念和方法的概述，可以在韦德尔和镰仓关于市场细分的书中找到。

断代分析是细分市场的另一种方法。通过这种方法，可以基于出生年份区分同生群。"二战"之后的婴儿潮就是典型的例子。在断代分析中，根据人们成长时期的经济环境，假设教育和早期经历是不同的。这些年轻时期的经历会对以后的生活产生影响。婴儿潮的一代人经历了"二战"后的贫困和经济复苏，这一切对这一代人在消费和储蓄上都产生了影响。例如，婴儿潮的人比之后的几代人储蓄得更多。马尔门迪尔和纳格尔发现，由于人生经历不同，人们在风险承担上存在差异。在经济大萧条时期，经历过股市低迷的一代人，承担风险并参与股票市场的可能性更低。老辈们比年轻一辈拥有更多、更广泛的历史经验。同代人将历史经验作为锚，基于近期经验调整风险偏好。这种调整通常是不充分的。断代分析是一个有前景的研究领域，最近几年，关于早期经验对当下行为影响的研究越来越多。

决策风格的细分

在收集和处理信息以及购买金融产品的时候,消费者的决策风格迥异。某些人能够轻松地发现相关的信息,并在选择复杂金融产品时做出明智的决策,而有些消费者则需要一个顾问帮助他们发现信息,做有关复杂金融产品的决策,例如房贷和养老金计划。

为了找到相关的个体差异,在荷兰金融市场管理局的一项研究中,提出了 10 个双向问题(表 11-1),以评估受访者的决策风格。对这些问题的回答就构成了检查自我决策行为的报告。因此,这份研究是逆向细分的例子。

对表 11-1 的问题的回答范围刻度是 7 分:3 个赞许程度(完全同意,同意,有点同意)和相对的程度(1、2、3 和 7、6、5),以及中间的中立回答(4)。对这些问题的主成分分析提供了 3 个构成要素或维度(图 11-3)。

表 11-1 关于消费者决策风格的 10 个双向调研问题

当你在购买金融产品的时候,是如何进行的?	
1. 我搜寻了大量的信息	我试图限制信息的数量
2. 我花费大量的时间	我尽快地处理完
3. 我考虑很多选择	我考虑少量的选择
4. 我尽可能亲力亲为	我尽可能让别人代劳
5. 我信任顾问	我不信任顾问
6. 我和亲友谈论得比较多	我不怎么和亲友讨论
7. 不找到最好的产品决不罢休	找到满意的产品就可以了
8. 我准备承担一些风险	我想越确定越好
9. 我喜欢尝试新产品	我坚持熟悉的产品
10. 我喜欢简单的产品	我也接受复杂的产品

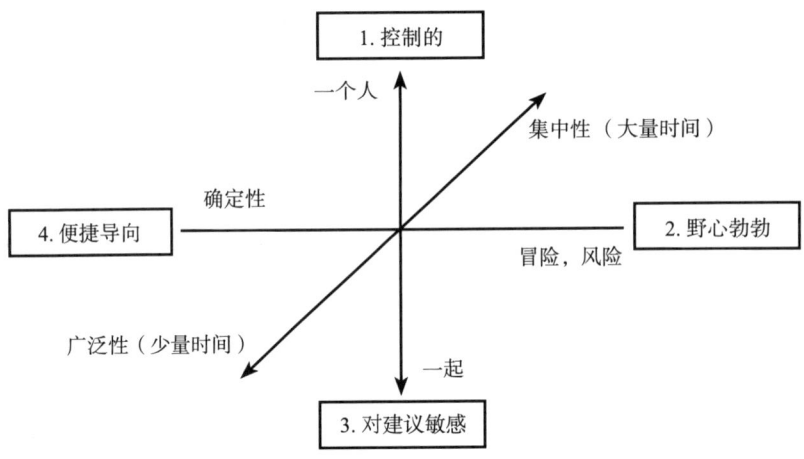

图 11-3 金融市场 4 个细分之间的维度

1. 集中性相对于广泛性，花费大量时间和精力相对于花费少量的时间和精力，基于问题 1、2、3 和 7。请注意，问题 7 是关于在金融决策的时候最大相对于最优（满意）的选择。

2. 冒险性相对于确定性，考虑风险、新的和复杂的金融产品，或风险较少、熟悉和简单的金融产品，基于问题 8、9 和 10。

3. 一个人还是一起做金融决策，基于问题 4、5 和 6。如果是一起做决策，其他人就是顾问、亲戚，和/或朋友。

基于这 10 个问题的答案，回应者被分割为 4 个细分部分。因此，这 10 个问题就是主动变量，形成了细分。4 个细分部分是：

1. "控制的"或"掌控之中"（596 个回应，49.5%）：掌握自身财务的人。这些人搜寻了大量的信息（"集中性"高），并且规避了风险（"确定性"高）。

被动变量：更高的教育水平、中高收入、数字化建议的偏好。这类细分的成员，自己做纳税申报和保险索赔。

2."野心勃勃"（216 个回应，17.9%）：喜欢承担某些风险的人。这些人搜寻信息居于平均水平，并且承担部分风险（"冒险性"高）。

被动变量：更高的教育水平、更高的收入、相对更多的投资者，偏向于共同提出建议。该细分的成员想变得更加富有。

3."建议敏感"（308 个回应，25.5%）：依赖顾问的人。这些人依赖顾问、亲戚和朋友。更愿意一起做决策。

被动变量：更低的教育和知识水平，偏好"面对面"的建议，主要为女性，对未来经济持有高度信心。

4."便捷导向"（84 个回应，7%）：不愿意在金融决策上花太多精力的人。这些人宁愿在金融决策上不花精力（他们具有高度"广泛性"），尽可能避免风险（"确定性"高）。

被动变量：更低的教育和知识水平，偏好简单产品，偏向"面对面"建议，对未来经济持有较低的信心。

随着时间的推移，"控制的"细分市场规模得到增长，从 2004 年的 29% 到 2011 年的 45%，再到 2014 年的 49.5%。"便捷导向"的细分市场规模出现下降，从 2004 年的 18% 到 2011 年的 10%，再到 2014 年的 7%。这意味着目前更多的消费者认为，相较于 10 年前，他们自己拥有了更多的掌控能力。并且与 10 年前相比，消费者的被动性、惰性和便捷导向性变小。现在，他们声称比 10 年前的自己使用了更多的信息。问题 7 在 2011 年的平均得分低于 2004 年。与 2004 年相比，人们在 2011 年表现出更少的满意行为。满意意味着人们在找到满意产品后就会停止搜索。消费者正在向搜寻的最大化满意度方向移动，这意味着比起 10 年前，他们正在寻找更好的选择。在 2004 年至 2011 年间，他们也倾向于承担更多的风险并尝试更多新产品。这是一个好的信号：相较于 10 年前，人们倾向于在金融决策上花费更多的时间和精力，而这可能归功于金融危机。

高教育水平的人搜寻的信息更多，也更愿意购买复杂的金融产品。教育水平和性别的交叉对于问题4是显著性的。与受过高等教育的女性相比，受过高等教育的男性更愿意尽可能地事必躬亲，而低等或中等教育水平的男女在这方面没有差别。女性比男性更多地与他人谈论金融决策（问题6）。与男性相比，女性更加厌恶风险，并且更偏爱简单的产品（问题8和问题10）。女性认为她们的金融知识比男性少，尽管她们养老金计划知识的客观得分与男性一样。

小结

性格因素影响消费者的金融行为，人们之间的许多差异是可以评估的。作为总结，我们区分了两个主要的群组：第一个群组基于外向性和经验的开放性，第二个群组基于尽责性和情绪稳定性。

外向性和经验的开放性与高最佳刺激水平和高唤醒水平相关。有着这些性格因素的人具有更大的冒险性和野心，他们想要更多的外部和内部刺激，这导致了感觉寻求、冲动性、冒险，以及尝试新产品和服务，在金融领域也是如此，例如投资和赌博。不幸的是，这些人也更容易陷入财务问题中。

尽责性和情绪稳定性与低最佳刺激水平和低唤醒水平相关。有着这些性格因素的人更加小心谨慎，深思熟虑，并且聚焦在确定性上。他们坚持记录他们的开销，并且想要掌控他们的财务。他们更容易储蓄，为的是确保安全，以及未来的谋划，包括他们的退休。这些人在自我控制、自我效能和自我管理上的得分比较高。

第 11 章 个人差异与细分

将消费者细分到同质的细分群，对个人差异提供了更多深刻的见解，并且对特定细分市场进行目标化，提高了教育项目和市场政策的有效性。同生群是对不同经历的人的细分，这些不同的经历源于他们年轻时的教育和经济环境。

第 12 章
信心与信任

信心与信任是经济发挥作用的关键。消费、储蓄、借贷、投资都依赖于消费者对未来经济及个人财务状况的信心,以及他们对金融机构的信任,如银行、保险和信用卡公司以及投资和养老金机构。需要信任是因为许多金融服务的质量在购买时无法检测,也许要到多年之后才开始显现。没有了信任,交易伙伴乃至整个社会不得不诉诸合同的法律强制力,而这是次优的选择。

信心与信任

根据卡托纳的理论，消费者消费是一种经济和心理因素的功能。经济因素是指消费的能力和机会，即家庭的可自由支配收入。可支配收入或可自由支配收入是税后收入，并且是在支付生活必需开销（例如基本食品、衣物、房租、房贷和借贷还款、保险费，以及其他必要的支出）后的收入。消费者有消费或储蓄其可自由支配收入的自由（自由裁量权）。心理因素是指消费的意愿和动机。消费者在经济中变得越来越重要，正是因为他们有消费或储蓄其可自由支配收入的自由。表 12-1 显示了收入对消费的作用，包含了去年收入的发展变化，以及来年的预期收入。

如果消费者收入已增长或预期未来会增长，他们会对未来更有信心（更乐观），并且更愿意参与新的投资（房产、汽车和其他耐用消费品），以及花费他们的可自由支配收入。如果消费者收入已下降或预期未来会下降，他们对未来的信心会降低（更悲观），并且不太愿意花费其可自由支配收入。

表 12-1 收入变化（回顾性与前瞻性）对消费的影响

（通常低/高消费水平意味着高/低储蓄水平）

	未来收入将变得更低	未来收入不变	未来收入将变得更高
收入去年已下降	悲观预期，低消费水平	低消费水平	积极预期，不稳定消费
收入去年稳定	悲观预期，低消费水平	消费稳定	积极预期，高消费水平
收入去年已增加	悲观预期，不稳定消费	高消费水平	积极预期，高消费水平

消费者信心在政府经济政策以及消费者个人收入的发展和消费力上起着决定性作用。伴随着积极信心（乐观），消费者消费得更多，贷款更多，并且储蓄更少。而伴随着消极信心（悲观），消费者消费得更少，贷款更少，并且储蓄得更多。消费者需求的导向和规模是企业向消费者销售产品和服务的重要因素，政府部门制定经济政策和增值税税率也是如此。

在发展中（稀缺性）经济体中，消费者收入较低，几乎所有的支出都用在必需品上，例如食品、衣物和住房，留给奢侈品、在餐厅就餐和假期旅行的可自由支配收入很少，或者根本没有。同样，用于可预见支出和其他未来消费的金融缓冲储蓄也是微乎其微。这些国家的消费者有着较少或者没有任意消费的自由，并且他们的消费行为可以被精准地预测。

如果收入增加，消费者能够并且愿意消费得更多，那么花费在必需品上的收入比例就会更低。在收入更高的情况下，消费者得到更多的自由和可自由支配的权利，用于消费或者存储部分收入。如果消费者增加他们的消费，销售产品和服务的公司会创造更多的利润。如果消费者增加他们的储蓄，银行将拥有更多的资本投入到政府和企业的投资。消费者消费和储蓄的预测对政府和商业政策具有极其关键的影响。宾斯万格发现，收入提高，储蓄率和股票权益（投资）会大幅增长。

信心与对未来的乐观有关。乐观可能是一个性格特征，我们称之为乐观人格。普里和罗宾逊把人格乐观定义为，人们对未来时间和结果普遍积极的预期。人们倾向于高估有利事件发生的可能性，而低估不利事件发生的可能性。这是乐观偏见的例子。投资者倾向于低估在股市亏损的概率。

信心的衡量

消费者信心事关国民经济和家庭财务状况。某些信心研究领域的研究问题是回溯性的，也就是去年的，而有些是前瞻性的，比如是明年的。表12-2区分了四类问题，这四个问题以及第五个问题"现在是购买耐用品的好时机吗？"被用来衡量欧盟消费者的信心。对这五个问题的回答被分成积极、中立和消极的答案。消费者信心指数是积极和消极答案之差。如果积极回答占主导地位，那么消费者信息指数是积极的。如果消极回应占主导地位，那么消费者信心指数就是消极的。

表 12-2　在消费者信心调研中用到的四个调研问题的例子

	回溯性问题	前瞻性问题
经济环境（国家经济）	1. 以你的观点，国家经济在过去的 12 个月发展如何？变得更好 / 更差	2. 你如何预期国民经济在未来 12 个月的发展？将会变得 更好 / 更差
个人财务	3. 在过去的 12 个月中，你的个人财务状况如何？变得更好 / 更差	4. 你如何预期个人财务状况在未来 12 个月的发展？将会变得更好 / 更差

消费者信心由两部分组成：（1）经济环境，基于有关国家经济的问题1和问题2，以及（2）个人财务，基于个人财务的问题3和问题4。经济环境的得分通常比个人财务的得分更极端（从零开始差异较大）。人们通常对国民经济比对个人财务更加极端（更加消极或积极）。在经济危机时期，媒体充斥着政府财政赤字、银行破产和失业的消极信息。因此，大多数人对国民经济变得消极悲观。但如果他们能保住自己的工作和收入，他

们对自己的个人财务的消极程度则较低。个人财务部分是对消费者消费和储蓄最好的预测器。

在衡量消费者信心的时候，并没有假设消费者能够做出现在及未来国民经济状况和个人财务状况的有效计算。这项调研的目的是评估消费者的观念和态度。如果消费者认为经济状况是不利的，他们会采取相应的行动。这可能是一种自我应验预言。如果消费者认为经济状况是不利的，并且采取相应的措施（消费更少），经济（商业周期）将会下行。

信心的决定因素

信心来自大众媒体和社交媒体上的政治和经济新闻，以及个人经验。消费者暴露在媒体和互联网中，利用社交媒体（脸书、推特）了解经济的状况。根据这些消息是有利的还是不利的，消费者形成了关于经济是怎样发展的观点。当他们被要求回答有关经济发展的调研问题时，他们会利用大众媒体上的信息进行回应。媒体新闻对信心有着强烈的影响。每个月，大众媒体都会根据消费者信心指数，强化指数有利和不利的发展，进而强化消费者消费和储蓄。

当消费者与其他消费者交流他们关于经济和政府政策的观点时，社交媒体（微博、互联网时事简讯、脸书、推特、领英）起了一定作用。通过社交媒体，消费者能够轻易影响彼此，散布消息，提出评论和建议，开始炒作，组织抗议，甚至联合抵制。也许正像预期的那样，大众媒体和社交媒体对国民经济问题的回答有着最强烈的影响。

个人经验是不同的。消费者知道自己的收入、购买力和工作安全感的发展情况。个人经验同样也与亲友和邻居的财务状况和工作安全感相关。一般而言，个人经验比大众媒体信息对购买和储蓄产生的影响更深刻。许多人似乎认为自己的个人状况比他人好。因此，许多人认为自己的积极预期居于平均水平之上。这是一种偏见，就好比多数人（70%或者更多）认为自己较平均水平更幽默，或者驾驶技术好于平均水平。人们认为自己比别人好，除非遇到失业或其他不利的事故。

图 12-1 是消费者信心决定因素和结果的模型。政治和经济的事件和新闻影响着消费者对政治和经济问题的关注。对于某些人而言，个人经验是大众媒体信息的补充。购买/储蓄的意愿是心理的影响作用（图 12-1 中箭头 A）。与之类似的是收入变化，尤其是可自由支配收入的变化，影响着消费者信心和消费。购买/储蓄的能力是经济的影响作用（图 12-1 中箭头 B）。卡托纳对影响消费者信心的两个因素都做了阐述。当心理和经济影响为同一方向的时候，对消费者信心产生的影响是最强烈的。如果有利的政治和经济信息恰逢可自由支配收入增长，消费者信心增加最显著，尤其是当这些有利的发展发生在较长的一段时间内。如果不利的政治和经济信息恰逢可自由支配收入下降，消费者信心降低最明显，尤其是当这些发生在较长的一段时间内。

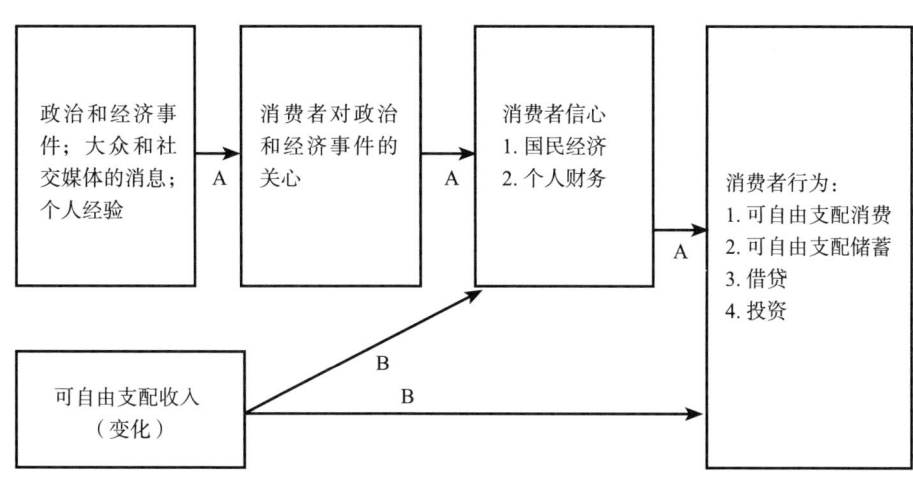

图 12-1　消费者信心决定因素和结果模型

表 12-3 列出了四种可能性。与大众媒体上不利的政治和经济信息（表 12-3 单元 2）相比，可自由支配收入的减少（表 12-3 单元 3）可能会对消费者信心产生更强烈的消极影响。

表 12-3　政治和经济信息和收入变化对消费者信心的影响

	有利的政治和经济信息	不利的政治和经济信息
可自由支配收入增加	1. 对消费者信心有较强的积极影响	2. 对消费者信心有适量消极的影响或没有影响
可自由支配收入减少	3. 对消费者信心有适量消极的影响或没有影响	4. 对消费者信心有较强的消极影响

信心的结果

信心可以分为两个部分：经济环境和家庭的个人财务。个人财务的评估是消费和储蓄最好的预测器。图 12-1 中的独立变量有：（1）可自由支配消费；（2）可自由支配储蓄；（3）信贷；（4）投资。可自由支配消费是产品和服务的总体消费，指的是产品的层面，而不是品牌的层面。如果消费者信心较高，他们更有可能购买奢侈品和更奢侈的品牌。如果消费者信心较低，他们购买的奢侈品牌则较少。

镰仓和杜研究了经济萧条对消费者支出的影响，发现在萧条时期，地位象征性产品和服务的支出下降。地位象征性产品是指可见的（显眼的）、不必要的商品，消费者从这些产品的消费和地位价值中获取效用。如果消费者比其他人使用更多地位象征性产品，他们将会获得社会地位。使用的差异性很重要。在萧条期，由于收入的限制或信心较低，大部分消费者使用这些产品较少，"高等的"消费者也可能减少使用，只要维持差异性就好。这与彰显或炫耀性消费有关。

第12章 信心与信任

经济萧条时期的节约策略和低消费者信心，通常是这样的顺序：（1）购买更少的产品；（2）购买更便宜的产品和品牌；（3）提升或降低产品质量（提升产品质量似乎是一个矛盾）；（4）改变生活方式。富有的家庭提升他们产品的质量，以便更长久地使用这些产品，他们通过对更高质量的投资实现节约的目的。贫穷的家庭不得不通过降低产品的质量来省钱，而这些更便宜的产品只能使用更短的时间。

当消费者信心较低的时候，可自由支配储蓄更高。如果可自由支配收入也很低，就不可同日而语了。显然，消费者需要可自由支配收入用于可自由支配储蓄。总体储蓄是独立变量，因为无法对储蓄合约的类型做出具体预测。

当消费者信心较低的时候，信贷将会变得更少。消费者对未来变得不确定，并且想要规避风险。这意味着他们想要清偿他们的贷款和房贷，并且不想签订新的贷款和房贷合同。清偿贷款减少了破产或陷入其他财务问题的风险。

当消费者信心较低且不确定性较高的时候，消费者购买股票并参与投资基金的意愿较低。在经济萧条、不确定及信心较低的时期，把钱置于风险之下不是一个具有吸引力的选择。在信心较高的条件下，人们更愿意接受风险并且购买股票。

亚瓦尔·阿里奥拉指出，较低的消费者信心将导致无为，也就是说，消费者会等待并观望，直到未来变得更加确定。许多消费者停止了他们可自由支配的支出，甚至契约性储蓄。他们推迟和拖延应对不可预见的消极事件的经济决策，因为这些经济决策可能会降低他们的流动性和灵活性。对经济不确定性的感觉似乎阻碍了消费者决策（无为）。亚瓦尔·阿里奥拉认为，在不确定的时期，社会联结的需求被激活。人们想要与他们的亲友联系，寻求社会或道德援助。有着社会内容（"我们"）的广告诉求要比个人内容（"我"）的诉求更受欢迎。

信任

信任和信心是不同的概念，尽管在许多语言中，对这两个术语用了同样的词，例如德文的"Vertrauen"。信任是一个现实的东西。我们信任或者不信任其他人、金融顾问、中介、银行，以及其他金融机构。同样，我们也信任或不信任消费者组织和政府机构，例如中央银行和政府政策。信任在经济中是十分关键的因素，社会需要信任才能发挥作用。卢曼认为，信心和信任，两者都是社会发挥作用的关键因素。信任是对个人和机构未来行为的"赌博"。刘易斯和温尼特指出，信任意味着把未来的不确定性当作确定性来行动。信任从来都不是绝对的，而是条件性和环境性的。如果没有不确定性、预期和风险，"信任"将没有任何意义。

约翰·斯图尔特·密尔阐述道："人类能够信任他人的优势，渗透到人类生活的每一个缝隙中，经济生活可能是最小的一部分，即使如此，这也是无法估量的。"信任不仅使交易便利化并且避免了控制，对更好的人类关系和福祉也是大有裨益的。根据福山的论述，信任是经济繁荣的重要的文化因素。社会的信任程度决定了经济往来和制度的性质。高信任度的国家以高度的自发性社交为特征，这些国家的个人能够在家庭/亲友结构之外建立强有力的联系。高信任度的国家能够在现代社会中形成大量的合作。信任度低的国家的人不愿意信任家庭或宗族之外的人，他们倾向于形成更小的家族企业。传统意义上，意大利南部等是低信任度的国家和地区，而日本、德国、斯堪的纳维亚国家和美国是高信任度的国家。

信任与宏观经济增长有关。在委托代理模型中，投资者可能是委托人，经纪人是代理人。委托人必须信任代理人为自己的利益工作：委托人向经纪人付费，经纪人必须为投资者的利益工作。代理人不应该在委托人和自己的利益之间存在冲突。如果代理人在特定的交易中挣得比其他交易多，他可能会给委托人提出有偏见的建议。如果投资者不信任经纪人，那么投资的水平，进而，经济的表现和增长将较低。表12-4列出了委托人—代理人关系的例子。在这些案例中，委托人支付代理人费用，代理人为委托人"工作"并且有可能欺骗委托人。委托人必须控制或者信任代理人的工作质量和职业道德。请注意，在某些案例中，委托人和代理人的角色是双向的：被保险人是委托人，向承保人付费，从而在发生事故时获得赔付。另一方面，承保人也是委托人，控制或者信任被保险人不会提出欺诈性索赔。

表12-4 委托—代理关系（涉及信任）的例子

委托人	代理人	章节
消费者	零售银行	2、3、4
贷款人	借款人	4
承保人	被保险人	5
养老金成员	养老金机构	6
投资者	经纪人、投资基金	7
税务当局	纳税人	8
雇主	雇员	
客户	顾问、中介、理财规划师	10、16

信任同样也与更好的微观经济表现有关。在缺乏信任的情况下，需要更多的控制。控制与不信任息息相关，并且人们通常用更低劣的表现对控制进行反应。纳税人认为控制是不信任的信号，对此的反应是更低的税收遵从度，而不是更高的税收遵从度。因此，不信任和控制的成本就是控制成本本身，以及更低劣的表现和遵从的"隐性"成本。

机构信任是对个人金融机构的信任（银行、保险公司、养老金机构、经纪人等，以个人作为顾客的机构）。机构信任与个人信任和系统信任呈现积极的关系。个人信任是指对他人的信任。在高信任的社会里，信任是约定俗成的，人们信任他人，包括陌生人，除非存在不信任的理由。在低信用度的社会，人们倾向于信任他们的亲戚，而不是约定俗成的，比如信任陌生人。个人信任通常比系统信任和机构信任更高。系统信任关注的是银行、保险公司、养老金机构、金融顾问、经纪人等"金融系统"的信任。相对于金融系统，人们倾向于信任他们自己的银行，机构信任通常比系统信任更高。这可以用认知不一致的削弱来解释。人们对银行的判断选择是基于他们的个人经验，这些经验来自个人渠道或银行网站。个人经验的知识通常比从大众媒体获得的关于银行的信息更加有利，因为大众媒体倾向于报道不利和负面的新闻。

参与股票市场也与信任相关。不相信股票价值信息和作为系统的股票市场，以及不信任股票经纪商的人，参与股市的可能性不高。他们害怕自己会被欺骗。像安然和帕玛拉特这样的公司的倒闭，以及其他公司的丑闻，降低了人们对商业和金融系统的信任（系统信任）。消费者需要信任金融机构，例如用于保证储蓄的银行和保险公司，以及长期的合约，如房贷、养老金计划和保险合同。机构之间需要彼此信任，并且信任政府。在不信任的情况下，交易发生得较少，或者不会发生，而且会导致更多的司法预防措施，这将增加交易的成本，降低交易的速度和效率。在高信任的条件下，错误会被原谅。而在低信任的情况下，机构的事故和错误不会被释怀，而是被当作机构不可信任的"证据"。

信任不同于满意。信任是将机构作为一个整体向前看，并且是对金融机构未来表现的特定水平和方向的预期。满意是对特定服务向后看，总结出这些服务比之前预期的要好，至少与预期一致，进而满意。如果比预期差,将会产生不满意。在有过许多满意经历之后,消费者会提升他们的预期,于是达到满意变得越来越难。如果一个行业的标准提升,预期也会提升,并且产品/服务质量也不得不提高,以达到消费者的预期和满意度。这是一种"享乐适应症"式的满足和预期提升。

信任的决定因素

信任可以被定义为一种信仰,相信银行、保险公司或其他机构会为客户谋利益,不会利用客户的信息匮乏(信息不对称、脆弱性)占便宜,也不会(仅)为自我利益驱使。在购买前,如果产品和服务的质量无法完全评估,尤其需要信任。信任品的质量无法在购买前确定,只有在使用的时候才能清楚,或者永远也弄不清楚。医疗服务、汽车维修、"绿色"能源,以及金融建议都是信任品的例子。信任品的提供商比他们的客户掌握的信息更多(信息不对称),消费者基于信任以及可信任"第三方"出具的证书或质量标记选择信任品。另一个因素是,房贷、养老金计划和人寿保险这样的金融产品是长达 20~30 年的合约。消费者想要尽可能地确定,这些金融机构在合约到期时依然存续,或者可以向保险公司或养老金机构进行索赔。

信任的决定或驱动因素可以分为六种[①]。

1. 资格、能力;
2. 稳定性、偿付能力、可预测性;
3. 诚信、公平;

---

① 在一项正在进行的关于金融机构(银行和保险公司)信任的研究项目中,评估了这六个信任的决定因素的影响(权重),同样也评估了信任对金融机构忠诚的影响。

4. 客户导向、仁义；

5. 透明度、开放性；

6. 价值一致性、价值相似性。

能力指的是对相关机构、金融产品、市场和顾客的了解。能力主要是一个不满意因素。消费者会假设企业或政府是有能力的。这是一种必要条件。因此，能力并不能导致更多的信任，但是无能却是不信任的主要原因。

稳定性与公司的大小、优势、偿付能力和历史有关，也与机构财务雄厚、不会破产的预期相关。更大、更强势、已经存续了很长时间的金融机构，比最近组建的小公司更容易获得信任。稳定性与可预测性有关。消费者有这样一个印象，与不稳定机构相比，稳定机构的行为能够更好地被预测。如果消费者对银行的偿付能力怀有疑虑，他们也许会将储蓄转移到其他的银行。如果许多消费者都这么做，就会出现 2015 年夏天希腊银行这样的例子，银行因为不能偿付所有的消费者而不得不关闭。这被称为银行挤兑。从个人的角度来说，从没有偿付能力的银行"拯救"自己的储蓄是明智的。但是一旦成为集体行为，这就变成了自我应验的预言，银行将变得没有偿付能力。

诚信是指金融机构以公平、非偏见以及无腐败的方式对待消费者。用同样的方式和公平的行为（程序公正、程序公平或程序效用）对待类似的消费者，并遵守承诺，这是诚信的组成部分。诚信是商业道德的主要关注点。监管机构，例如美国的证券交易委员会，对股票经纪人的程序诚信进行评估。

消费者导向或企业的仁义意味着企业为它们的客户谋利益，而不仅仅为自己的利益行动。企业能够开发消费者需要和渴望的商品吗？企业会承担自己的职责并纠正错误吗？消费者导向与金融机构的营销和客户政策有关。

透明度是指合约和过程的开放性，沟通的开放和清晰，从而没有"附属细则"和隐匿成本。企业是否告知消费者产品的成本，而不仅是产品的收益？更高的透明度可能在短期内导致更低的信任，因为企业的消极面会变得明显。

价值一致性是指企业与其客户的价值观是相似的。如果企业与消费者有着相同的价值观，消费者会更信任企业。不投资军工产业，仅投资可持续发展的企业，受到拥有同样价值的消费者信任。这些消费者对公司也更加忠诚。价值一致性是企业获得更多信任的因素，尽管这一因素经常被低估。

在这六个信任的决定或驱动因素中，前四个因素（能力、稳定性、诚信和客户导向）是受信任的金融机构的必要特征。这四个特征是非满意因素或抑制剂。如果金融机构的这些特征水平不足，消费者不会信任这样的机构。这些不足无法被其他的决定因素补偿。例如，银行不能通过透明化弥补其无能。后两个决定因素（透明度和价值一致性）是满意因素或强化剂。金融机构可以利用这些决定因素，把自己与竞争者区分开来，在同类金融机构中找准自己的定位。

正如之前提到的，信任是社会运行的基本条件，也是关系和交易的必要元素。对于消费者而言，对金融机构和金融顾问的信任，为交易提供了便利，促进了情绪的平和。它同样可以为消费者提供协助，帮助他们更有效率地处理他们的金融事务。然而，消费者应该保持批判性，不应盲目地信任金融机构。

小结

心理因素在经济中起了重要的作用，在解释和预测消费者消费、储蓄、借贷，以及国内和国际经济的方面也不容忽视。经济的有效运行需要消费者对经济有信心，以及对政府和金融机构的信任。

媒体的政治和经济新闻，以及消费者对政治经济问题的关注，例如失业、工作稳定性、通胀和利率、未来收入、可支付养老金和医疗成本，这些因素决定了信心。个人财务信息是消费者可自由支配消费、储蓄和借贷的决定因素。信心对保险、投资、养老储蓄和税收遵从也有影响。

信任是经济发挥作用的关键，是消费者与金融机构进行交易的需要。信任的驱动因素有：能力、稳定性、诚信、消费者导向、透明度和价值一致性。信任便利了消费者与金融机构的交易，帮助消费者"原谅"这些机构的失误，并且缓和情绪。

第 **13** 章
损失厌恶与参照点

对损益的比较和判断,来自个人或社会的参照点。收益和损失有着不同的情绪影响。与同等的收益带来的积极影响相比,损失带来的消极影响更为强烈。人们会为了规避损失而不是为了获得收益,承担更多的风险。前景理论的价值函数解释了这种差异,以及在金融行为中比较、收益和损失的激励作用。愉悦框架是策略性地聚合分割收益和损失,以改善结果。

损失与收益

许多消费者会定期检查他们理财的盈亏：我赚了或者赔了多少，以及我还能有多少消费？收益包括日常收入的增加；意外收益，比如彩票中奖或者继承了一笔财产；以及收到的利息、收回的贷款和股票的增值。亏损的例子有：花钱，支付保险或养老金费用，产品或金钱损失或被偷窃，赌博输钱，纳税支出以及股票价值的下跌。人们倾向于考虑自己的得失，而不是他们的财富地位或财务状况。

对收益和损失的判断，来源于参照点：个人早期的财务状况，或者预期未来的状况。奥运会的银牌获得者通常把获得金牌作为参照点。因此，银牌被视为一种损失，而不是收益。这导致了对银牌的满意度较低。奥运会的铜牌获得者通常把一无所获当作参照点。这样的话，铜牌就成为一种收益，并给予了较高的满意度。在财务收益或损失之后，个人财务状况会得到提升或恶化，并且成为收益、损失和未来比较的新参照点。这是一个对个人财富新水平和新参照点进行调整的持续性过程。

在这些比较中，损失比收益显得更加严重。与潜在或实际的收益相比，人们更容易被潜在或实际的损失影响。大脑对损失的反应，比对收益的反应更为强烈。因此，人们花费更多的精力，承担更多的风险，以求规避损失，而不是获得收益。在损失的情况下，总财富减少，这对于多数人而言是极为痛苦的。实际上，这种痛苦是收益快乐的 1.5~2 倍。因此，相较于获得收益的可能性，损失厌恶是一种更为主导性的行为动力。然而，损失并不总是显得比收益更严重。

调节匹配理论能够解释一些关于损益的个人差异。就损失或收益而言，其对防御聚焦和促进聚焦两种不同类型的人具有不同的影响。防御聚焦的人在追寻目标的时候，倾向于规避消极的结果，并且更容易受到损失机制的影响。防御性情境中，在有危险和威胁的情况下，人们试图规避或者最小化损失。促进聚焦的人们则倾向于迫切地追求积极的结果，并且更容易受到收益机制的影响。促进性情境中，比如，在机遇和渴望的情况下，人们试图获取或者最大化收益。

前景理论

卡尼曼和特沃斯基提出了前景理论，作为（主观）预期效用理论[①]的替代性选择。图 13-1 描绘出了前景理论的价值曲线。横轴上的坐标值是客观的收益或损失，纵轴上的坐标值是主观的：损益的积极或消极的效用、价值、评估、经验或情绪。在文献中，给出了关于纵轴的不同理解。"价值"是对损益的主观理解或评估。收益 40 个单位带来了 125 个单位的

---

① 在原有的提法里，"前景"意味着"不可预测的事"，同样也意味着"期望"。在市场营销学中，前景是潜在的消费者。丹尼尔·卡尼曼，出生于以色列的心理学家，居于法国，后移居到美国。他研究了在不确定条件下的决策以及对启发式的利用。与阿莫斯·特沃斯基一起提出了前景理论。由于他对行为经济学的贡献，他在 2002 年获得了诺贝尔经济学奖。他是《思考，快与慢》的作者。

价值增加,而这并不是收益 20 个单位带来的价值增加(价值增加 100)的两倍。这是收益增加的边际效用递减的例子,因此,在图 13-1 的第一象限中是一条凹曲线。损失也是一样的。损失 40 个单位减少了 200 个单位的价值,而这也不是损失 20 个单位带来的价值减少(价值减少 150)的两倍。在图 13-1 的第三象限中曲线是凸形的,表示损失增加的边际负效用递减。零点是判断收益和损失的参照点。

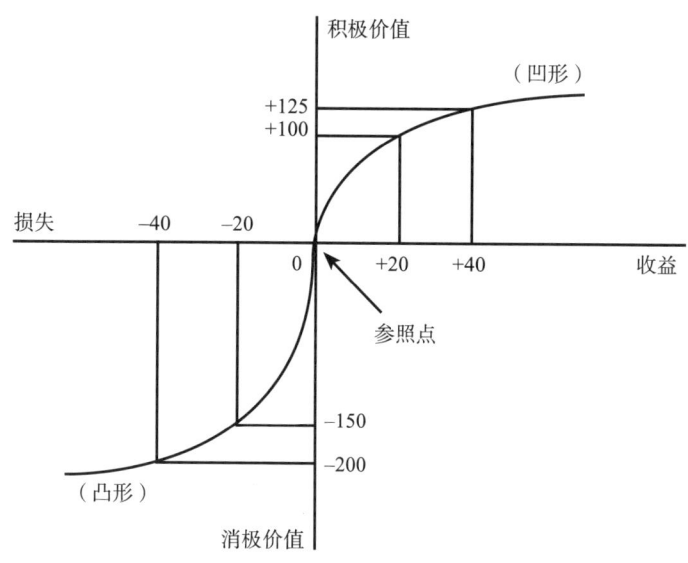

图 13-1 前景理论的价值曲线

在前景理论中,收益和损失不是对称的。与相应的收益带来的正面价值相比,损失具有更大的负面价值。相较于 40 个单位的收益所带来的快乐(+125),40 个单位的损失带来了更多的痛苦(−200)。正因为如此,在行为上,损失厌恶是比收益寻求更强烈的动机。收益和风险的不对称可以解释许多启发式和金融行为,例如投资者的处置效应、所有者的禀赋效应,以及普遍的信息提供的框架效应(就收益或损失而言)。

很多时候,我们也许会用积极的(收益)或消极的(损失)词语来构造信息。"奖金"就是一种收益（额外收入），"罚金"或"罚款"（收入减少）被认为是一种损失。例如，如果消费者按时支付账单，他们也许可以得到应付金额 2% 的折扣。如果他们延期支付，则必须多支付应付金额的 2%。根据前景理论，与获得 2% 折扣的激励相比，人们对避免额外 2% 的罚金的动机更加强烈。

请注意，获取奖金在第一年的时候被认为是一种收益。如果几年之内都发放了奖金，人们倾向于建立一个囊括原有奖金的新的参照点。如果在特定的年份没有发放奖金，例如，在经济危机时期，这会被当成一种损失。加班所得的收入也许会和日常收入融为一体，成为更高的参照点。由于调整的过程，参照点随着时间不断改变，并成为新的收益和损失的基准。

处置效应是投资者出售增值股票（获取收益），而不是抛售贬值股票（接受损失）的倾向。在贬值的情况下，投资者希望股票的价值增加，并且推迟抛售股票，避免损失。人们不会冒险出售他们赢利的股票，反而会为抛售亏损的股票承担风险。

沉没成本是指明知项目不会成功，仍然继续保持投资的倾向。人们想要使用他们已经购买的服务，比如季票。他们想使用医疗保险，并且比实际需要更频繁地看医生。不使用那些已经付费的服务被视为金钱的浪费（损失）。

禀赋效应是指，人们对已拥有的商品要求的价格（接受的意愿），比对未拥有的商品愿意支付（支付的意愿）的价格更高，尽管商品是一样的。卖方不愿意放弃已拥有的商品，对商品有情感依附，认为卖东西是一种损失。因此，损失厌恶在这里得到了应用。买方感觉不到这种损失，并且他们的支付意愿比卖方的接受意愿低。买方可能会认为购买商品是一种收益，但是不愿意支付卖方提出的高价格。情感依附解释了为什么卖方会对他们生活过的、充满了回忆的房子提出过高的售价。买方没有这种情感依附，不愿意支付高价。情感依附仅是一种禀赋效应的解释，针对有情感依附的特定商品。

参照点的使用导致了更多的普遍性结论，几乎所有的人都认为评估和判断是相对的，而不是绝对的。人们简单地比较选项，定性地认为哪一个比较好（序数比较），而不评估出到底好多少。序数判断，定性地评估特定选项有多好，比绝对判断和基数比较容易得多。

假定债务人有许多需要清偿的信用卡债务。如果这些债务是分开的，对其中的小额债务进行全额偿付，相比对大额债务进行部分偿付，可以消除更多的负面价值。这在图 13-1 中可以看到。清偿 20 个单位的债务（损失），可以消除 150 个单位的负面价值，而清偿 40 个单位债务（损失）中的 20 个单位时，仅消除 50 个单位的负面价值。

愉悦框架

在愉悦框架中，收益和损失被蓄意地组合（聚合）或分开（分割），通过这样的方式使得最终的结果具有最高的效用或价值。可以分为四种情况：（1）收益的分割；（2）损失的聚合；（3）小损失与大收益的聚合；（4）小收益与大损失的聚合。

收益的分割：第一次收益比增加的第二次收益具有更高的价值（效用）。因此，收益应该及时地被分割，以产生最高的效用。第一次增加 20 个单位的收益带来了 100 个单位效用的增加。在第一次收益的基础上增加的第二次收益，产生了 25 个单位效用的增加。总效用是 125 个单位。如果及时地分割第二次收益，它将同样产生 100 个单位效用的增加。那么总效用是 200 个单位（图 13-2）：200 > 125。分割收益比聚合收益产生了更多的效用。圣诞老人应该把所有的礼物分开包装，分别赠予这些礼物，而不是把所有的礼物放在一个盒子里。

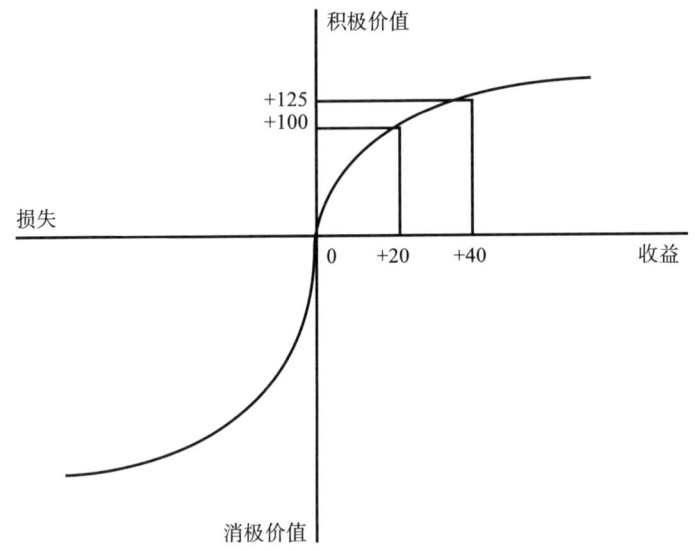

图 13-2　收益的分割

损失的聚合：第一次的损失比增加的第二次损失具有更高的负效用。因此，损失应该及时地被聚合，以产生最低的负效用。第一次损失 20 个单位减少了 150 个单位的效用。在第一次损失的基础上增加的第二次损失，减少了 50 个单位的效用。总效用是 –200。如果第二次损失及时地被分割，且人们已将损失调整至新的参照点，这将产生 150 个单位的负效用。那么总效用是 –300（图 13-3）。300 个单位的负效用大于 200 个负效用。损失的聚合比损失的分割产生的负效用更少。举个例子：信用卡把一个月内的小额支付（损失）聚合成一笔大额支付。这使得这些损失不那么痛苦，因为所有的账单只需在一个月内支付一次，而不是分别支付一大堆的账单。另一个例子就是应该用一条消息通知两个坏消息（"损失"），而不是分别通知两条坏消息。

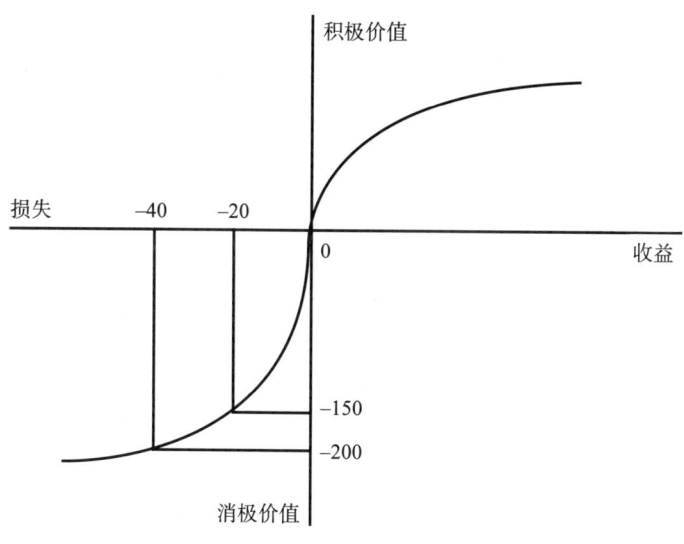

图 13-3　损失的聚合

小损失与大收益的聚合：一笔较小的损失，从较大的收益中分离出来，比从较大的收益中扣减，产生的负效用更大。增加 40 个单位的收益产生了 125 个单位的效用增加，20 个单位的损失产生了 150 个单位的效用减少。总效用是 +125-150= -25（图 13-4）。如果我们从 40 个单位的收益中减去 20 个单位的损失，总效用是 +125-25=+100。100 > -25。这与商业中的会计结算类似，收益和损失聚合成一个数字。而对于商业而言，总利润或损失才是重要的。

小收益与大损失的分割：一笔较小的收益，从较大的损失中分离出来，比从较大的损失中扣减，产生的效用更大。增加 20 个单位的收益产生了 100 个单位的效用增加。40 个单位的损失产生了 200 个单位的效用减少。总效用是 +100-200= -100。如果我们从 40 个单位的损失中扣减 20 个单位的收益，总效用是 -200+50= -150（图 13-5），100 个单位的负效用比 150 个单位的负效用要小。这就是不幸中的万幸效应，较小的收益分散了对损失的注意力，使其变得更容易接受。来自银行的信息，如银行账户费用上涨，通常包括较小的收益，比如，网站升级，更加快捷高效。这让整条信息变得更容易被消费者接受。

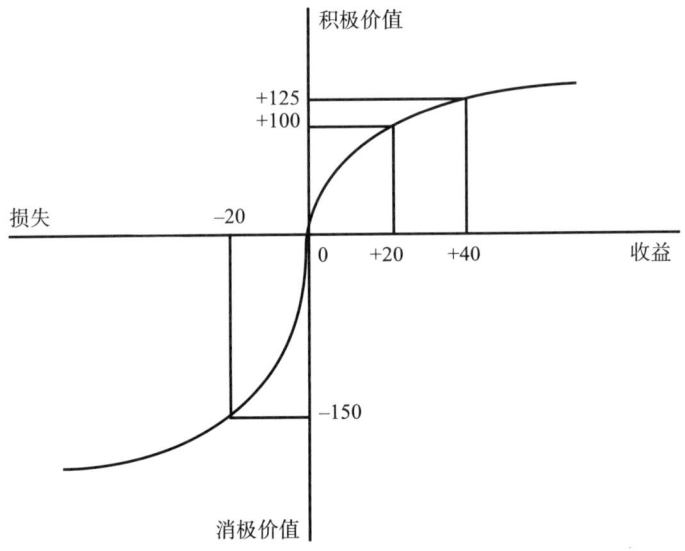

图 13-4　小损失与大收益的聚合

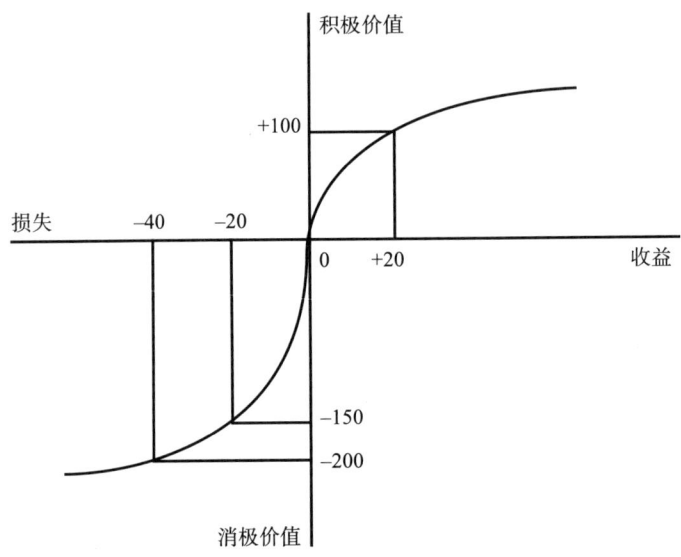

图 13-5　小收益与大损失的分割

在上述的例子中，假设损失和收益的组合是"同时"发生的，并且组合影响是能够被判断的。如果在损失和收益之间存在时间间隔，人们会在第一次收益或损失后进行调整，并形成新的参照点。这将改变第二次收益或损失的影响。变化之间的时间间隔长度尚未可知。至少，在愉悦框架的这些例子里，人们不应该在经历第二次损失/收益之前，调整首次的损失/收益。

现状偏见和默认选项

现状偏见是一种对当下状况或已有选择的偏好。哈特曼、多恩和吴发现加利福尼亚电力消费者宁愿选择已有的合同，而不选择新合同，即使新合同更好。约翰逊等人研究了美国相邻的两个州——新泽西州和宾夕法尼亚州的汽车保险。新泽西州给汽车司机提供了更便宜的保险政策，作为有机会获得无限制的高价诉权的默认选项。因为这个选择被人为地当作备选，83%的司机选择了默认选项。在宾夕法尼亚州则正好相反，默认选项是昂贵的选择，但保留了选择便宜保险政策的机会。在新泽西的保险计划中，只有23%的司机选择了更昂贵的计划。而在宾夕法尼亚州的保险计划中，53%的司机保留了昂贵的计划。这意味着大多数人倾向于接受被提供的保险计划，并且不会改变。一种解释是，改变保险计划使得自己需要对这种变化负责。你也许会后悔选择了更便宜的保险政策，因为你降低了保险的覆盖范围和质量。这是一种潜在的损失。你可能会为没有选择更昂贵的保险后悔，因为你不得不支付更高的价格。这是一种你必须现在接受的损失。

默认选项是一种提供给消费者的选择，消费者有机会在特定的时间间隔内改变或替换该选择。如果消费者在既定时间间隔内没有改变该选择，他们将接受默认选项。保险政策的延期或认购，通常以默认选项的方式提供，可以在特定的时间间隔内做出变更。许多消费者并不改变默认状况（现状偏见），因此接受了默认选项。

除了损失厌恶和预期后悔，另一个不改变默认选项的理由仅仅是懒惰。接受默认选项比改变要简单省时得多。无为（不做任何事情）比行动简单得多，这也是稳定的状态存续时间较长的原因。这可能是消费者保持默认选项不变的主要原因。这也是现状偏见的基础，不改变且坚持原有决定的偏好。

损益的概率

收益和损失可以以一定的概率进行预期。特沃斯基和卡尼曼开发了与高概率和低概率相对应的损益"四重模型"。案例 1 和案例 2 有着较高的概率，而案例 3 和案例 4 的概率较小。"收益"的案例是案例 1 和案例 3。"损失"的案例是案例 2 和案例 4。

在第一个案例里，选择 95% 的概率赢得 10 000 欧元，还是 100% 的概率获得 9 500 欧元。人们确信自己会赢得 10 000 欧元，但是他们不愿意与这次收益失之交臂，并且为之后悔，因此，为了避免较小的风险，转而接受 9 500 欧元的确定性收益。这是一种"稳操胜券"的方法。在这种情况下，人们甚至会接受更小的确定性收益。较大的收益损失导致了失望与后悔。人们想要避免这种失望、预期后悔，于是变得风险厌恶。

在第二个案例里，选择 95% 的概率损失 10 000 欧元，还是 100% 的概率损失 9 500 欧元。人们不愿意接受 9 500 欧元的确定性损失，他们更愿意冒险选择 95% 的概率损失 10 000 欧元，因为这包括了没有任何损失的 5% 的概率。在避免较大损失方面，人们是风险寻求者。这很令人惊

第 13 章 损失厌恶与参照点

讶，因为有风险的选择可能会导致更大的损失。但是他们更愿意为了避免更大的确定性损失而赌一把。

一个类似的例子是在赌场里已经输了很多钱的玩家。他不想接受这些损失，于是直到深夜，他都在为赢回他的钱而承担着较高的风险。在这个案例中，动机并不是害怕输钱，而是接受不了损失，以及想利用（较小的）机会挽回损失。同样的道理，商业人士可能对一项风险性项目进行投资，并期望挽回早期的损失，避免公司破产。新加坡巴林银行的尼克·李森在 1994~1995 年间，为了弥补损失，冒了极端风险。他打赌，认为日经指数在神户大地震之后会恢复。巴林银行亏损 8.27 亿英镑（14 亿美元或 12 亿欧元）而破产。法国兴业银行的热罗姆·盖维耶尔在 2008 年的交易中甚至造成了 49 亿欧元（70 亿美元）的损失。

在第三个案例里，选择 5% 的概率赢得 10 000 欧元，还是 100% 的概率收益 500 欧元。人们宁愿选择较小概率的 10 000 欧元高收益，也不愿意选择 500 欧元的低收益。他们愿意赌一把，并接受一无所有的风险。当巨额奖金出现的时候，赌博彩票很受欢迎。人们倾向于对赢得这些奖金的低概率置若罔闻。

在第四个案例里，选择 5% 的概率损失 10 000 欧元，还是 100% 的概率损失 500 欧元。人们不喜欢承担损失 10 000 欧元的风险，尽管概率很低。他们宁愿选择 500 欧元的确定性损失。在这种情况下，人们甚至会接受更大的确定性损失。为了避免较大的损失，人们是厌恶风险的。这类似于支付 500 欧元的保险费，以消除 10 000 欧元损失的概率。他们宁愿支付较小的金额，消除担忧，买的就是心安。

人们在确保获取较大收益或者避免较大损失的时候，是风险规避者（案例 1 和案例 4）；在期待获得较大收益或者避免较大损失的时候，是风险寻求者（案例 2 和案例 3）。

损益的情绪和激励作用

损失厌恶和获取收益都是人类基本的动机。根据前景理论，损失厌恶比收益寻求的动机更加强烈，因为损失的消极价值是同等收益的积极价值的两倍。按照进化论的原则，捕猎中的错误（损失）可能导致一命呜呼，错失的收益虽令人失望，但并不致命。

损失总是比收益显得更加严重吗？特沃斯基和卡尼曼描述了损失厌恶的边界。他们总结出，在购买中付出的钱并不属于损失厌恶，尽管支付行为对于人们而言是不讨喜的。目的是损失厌恶的缓和剂。预算性目的区分了预算之内和预算之外的支出。预算内有计划的支出不会被当作一种损失，因为目的就是花掉预算。预算外的支出，事先没有计划的购买，可能会被当作一种损失，进而激发损失厌恶。这些案例中的参照点是花费预算后期待的状态。焦点在于花费预算并且获得预期的收益。艾瑞里、胡贝尔和韦滕布罗赫定义了另外两个缓和剂：情感依附和买卖双方视角。情感依附是人们不想放弃一件商品，并认为放弃是一种损失的原因。人们可能对他们拥有的商品，或者认为他们拥有所有权的商品，依附了感情，比如，他们想要在拍卖的时候购买的商品。这是对禀赋效应的一种解释。在交易中，卖方必须放弃商品，而买方必须放弃金钱（买卖双方视角）。放弃商品比放弃金钱更加痛苦，尽管有经验的卖方（交易商）已经习以为常，风险厌恶感较少，或者没有。他们拥有的商品是用来交易的，而不是为了个人使用或消费。

只有收益和风险在同一个维度上（在一份调查问卷中），同时被比较和评估的时候，损失才显得比收益更加严重。如果分开评估损失和收益，可能不会发现损失厌恶。把特定的损失与其他损失比较，参照点就是损失的大小，可能是过去的损失或者中间状态，并且参照点不是收益。同样，比较收益，参照点是过去的收益或者中间状态，而不是损失。

小结

前景理论是一个成功的行为学理论，用来解释许多经济学和金融学中非常规的现象，例如处置效应和现状偏见。从一个参照点出发，可以认知和评估收益和损失，例如早期的状况。损失的痛苦比同等收益的愉悦更大。损失厌恶是比收益寻求更强烈的动机。愉悦框架的例子显示了损益的聚合和分割，可能会改善整个评估结果。

抱着花费预算的目的，不会产生任何损失厌恶。商品的情感依附会刺激损失厌恶。卖方商品的损失感比买方的金钱损失感更严重。进而，只有在收益和损失同时被评估的前提下，损失比收益显得更加严重。如果分开评估损失，损失厌恶不会产生。

四个高低概率下的损益的例子，显示了人们在确保获取较大的收益或者避免较大的损失时，是风险规避者。而在期待得到较大收益或避免较大损失的时候，是风险寻求者。

第 14 章
风险偏好

许多金融决策都与风险相关。风险偏好不仅是投资行为的重要概念,也是消费者信用、保险、养老金计划、税收行为,以及成为诈骗受害者的重要概念。风险之于大多数人,就是损失的可能性。在大多数情况下,风险并不能客观地确定,而是根据人们对风险的理解被感知。基于人们的个人特征和情境因素,人们的风险偏好和风险承担是不同的。

风险

尽管古希腊人具有必要的数学能力，但是他们没有机遇、概率和风险的概念。第一本关于游戏和机遇的数学书出现在 16 世纪，意大利帕维亚大学和博洛尼亚大学的教授吉罗拉莫·卡尔达诺（1501~1576）写作的《游戏机遇的学说》。哲学家和数学家，例如布莱士·帕斯卡、詹姆斯·伯努利和托马斯·贝叶斯，进一步开拓了风险和机遇的理念。皮埃尔－西蒙·拉普拉斯侯爵在法国大革命期间存活下来，并于 1812 年创作了其著作《概率分析理论》。之后，英国的生物统计学家，如高尔顿、埃奇沃思、皮尔森和费雪创建了以机遇、风险和概率为核心概念的现代统计科学。伯恩斯坦把风险的历史进行描述演化，发展出博弈论、投资组合的选择、前景理论以及行为金融学。

风险是金融行为学和行为金融学的核心概念。人们通过个人贷款、借贷、房贷、股票市场交易、购买商品、赌博、接受工作，以及与诈骗犯接触，承担金融风险。消费者和投资者的金融决策与风险相关，因为这些决策的结果通常是极不确定的。不确定性是指对决策可能导致的积极或消极的结果及结果的影响程度认识不足。风险属于对可能性结果及其可能性的认识。在流行的语言中，不确定性和风险经常被混淆。风险也与损益及损益的可能性有关。风险认知是人们对风险的可能性和影响程度的看法，而这种看法可能与客观的风险不同。风险认知是主观的，受到相关因素和信息的引导。

如果有过去的类似事件发生的数据，风险可以由成功或失败的概率定义。如果没有类似的事件存在，那么可能性的估测是不确定的。承担经济风险可能导致最好或最坏的结果，这与情境和可能性有关。风险可以估测概率，而不确定性没有概率估测。

在经济学中，风险被定义为结果的变化，不论是积极还是消极的结果。风险认知与投资组合回报的变化有关。费尔德-梅尔库诺娃发现，股票投资者使用不止一个风险衡量的方法，其中，收益半方差是最受欢迎的风险衡量方法。收益半方差仅包含差额或下降趋势，即均值或其他基准的负偏差。这与前景理论相符，即损失大于收益。债券投资者偏爱把损失的概率作为一种风险衡量。可能的基准及其使用率是：初始投资（59%）、无风险投资回报率（28%）、市场收益率（7%）和其他（6%）。初始投资或原始购买价格主要用作基准，投资者不想低于原始购买价格抛售。

从心理学角度来看，风险被认为是损失的可能性，因此只考虑负面的结果。问题在于人们是方差厌恶（经济学角度），还是风险厌恶（心理学角度）。达克斯伯里和萨默斯在实验设计中做了比较，并获得了对损失厌恶的支持，这正如前景理论所预测的那样。根据前景理论，损失对人们的消极影响程度是同等收益带来的积极影响程度的两倍。因此，风险认知更多的是被损失厌恶驱动的，而不是方差厌恶。众所周知，人们会为了避免损失而冒更大的风险。在对未来保持积极乐观的心态并怀有信心的时候，人们同样会承担更多的风险。

第 14 章 风险偏好

在经济学的风险概念中，实际的风险和认知的风险是没有区别的，因为经济学假设人们会对风险做出正确的评估。而在心理学中，风险被定义为主观的概念，是理解过程的结果。因此，在不同的情境下，对于不同的人而言，风险有着不同的意义，这使得风险不再客观，而是一个主观的概念：风险认知。人们对风险认知比客观风险更加敏感，并且客观评估概率仅对决策有着微弱的影响。在本章中，我们将关注金融风险，尽管存在着其他的风险，如健康和身体风险、社会风险和临时风险。

风险认知

风险认知是个人对选择的风险性的评价和理解。风险认知是对情境和控制的不确定程度的评估，以及对这些评估的自信。风险认知由不确定性、认识的匮乏，以及可能性结果的严重性组合构成。

后悔厌恶和损失厌恶有着异曲同工之妙。人们对错误决定的后果会感到预期后悔，并且想要规避。时间偏好也许在某种意义上起了一定的作用，即与现时偏向型偏好的人相比，未来损失对有着未来时间偏好的人具有更加重要的影响。基于人们过去的经验、已获得的信息、对信息的理解和意义建构、信息处理的缺点、偏见与启发式、情绪，甚至愿望和欲望，人们的风险认知迥异。例如，人们对他们想要赢得的彩票奖金给出过高的评估概率。

以积极或消极的方式建构问题对个人风险认知有一定的影响。如果问题是以消极的方式建构的，可能会包含损失厌恶。个人在有利的环境中（收益主导），存在更多风险规避的行为，因为他们感到自己有太多的东西可以失去。个人在不利的条件下（损失主导），也许会感到有弥补损失的机会，并且表现出更多的风险寻求。另一种理解就是在收益主导的条件下，人们满足于他们的收益，并不想为了获得更大的收益而承担风险。而在损失主导的条件下，人们不满意且不想接受确定性损失，为了避免损失，承担了更多的风险。因此，积极建构的消费者财务状况会导致选择风险规避，而消极建构的财务状况会导致选择风险寻求，以避免或弥补损失。建构对选择的影响可能是无意识的。人们可能不知道他们已被信息环境的建构或其他因素影响。

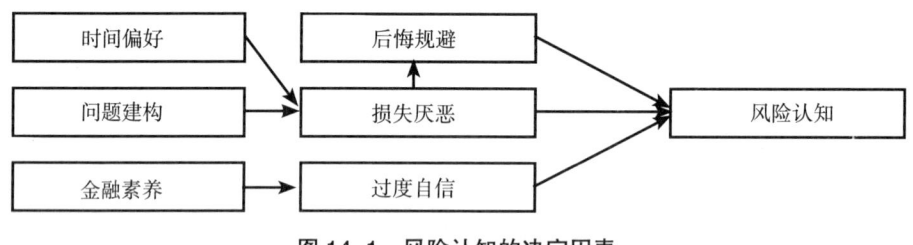

图 14-1 风险认知的决定因素

同样也存在风险认知和态度的无意识启动效应。吉拉德和克利格尔发现，初期的成功故事（相对于控制组不成功的故事），引发了专业投资者更冒险的态度。投资者也许没有意识到这些对他们态度和行为的无意识影响。通常，他们会在事后重归理性，基于对相关信息有意识和细心的分析做出决策。

风险偏好

在经济学中，风险倾向的概念是一个介于个人特征和（风险性）金融行为的中介变量。在心理学中，通常用风险偏好的概念取而代之。风险偏好是一种个人避免风险或寻求风险的倾向。风险规避的决策者更有可能关注消极结果，进而高估损失的可能性。风险规避的决策者需要更高的收益可能性，以容忍损失的可能性。风险寻求的决策者更有可能关注积极结果，并且高估收益的可能性。就结果而言，风险规避决策者比风险寻求决策者更加消极。

文化差异在风险偏好中也起了作用。韦伯和奚恺元发现了中国人与美国人、德国人和波兰人之间的风险认知差异。中国人比其他国家的人有着更高的风险偏好。这可以通过文化差异中的集体主义—个人主义维度解释。中国文化是集体主义的，中国人可能会预期，如果遇到不好的情况，其他人会帮助他们走出困境。这被称为"缓冲假说"。与此同时，中国人与其他国家的人对风险的理解是相似的。

有着高风险偏好的人更有可能购买风险性金融产品，例如股票。在经济上升和增长的期间，他们将从这些产品的积极效应中获益，而在经济萧条期间，他们可能会陷入问题中，并面临着这些金融产品的负面影响。

风险规避和风险寻求的区别，类似于调节聚焦理论中防御聚焦（规避消极结果）和促进聚焦（追寻积极结果）的区别。像股票和交易账户这样的产品，具有促进聚焦的倾向，因此是获取收益的，而像共同基金和养老基金这样的产品，具有防御聚焦的倾向，因而是规避损失的。积极或消极地构建产品可能会导致促进聚焦或防御聚焦。调节性匹配不仅仅依赖于个人或情境，同样也在于产品的关注点。产品显然是情境的一部分。投资者可能会为促进聚焦（获取收益）和防御聚焦（避免损失）持有不同的账户。这可以解释人们为什么反对在股票市场中（促进聚焦）允许养老基金和社保基金（防御聚焦）的投资。

对某些人而言，在某种程度上，风险偏好是一种稳定的个人特征，它长期存在，并且从社交或文化整合中习得。风险偏好同样可以用惯性解释，换句话说，就是用习惯性方式或惯例处理状况，包括风险性状况。这些习惯性模式长期存在，并形成了相对稳定的行为。过去是风险厌恶的决策者，将来也会继续做出审慎的决策，而风险寻求的决策者，则继续做出冒险的决策。

尽管如此，如果先前的风险寻求决策是成功的，决策者将在收益主导的情况下寻求风险。如果过去的风险厌恶决策是成功的，人们会继续做出审慎的决策。先前行为的实施对该行为的持续是一个很重要的诱因。与成功决策者的稳定性相反，失败的决策者会通过改变他们的策略寻求成功。不利的结果会导致策略的改变。一旦被证明是不成功的，惯常行为模式不会持续下去。对结果的反馈和认识，积极和消极行为的实施，导致人们对新情境和环境的适应。通过这种方式，风险偏好受到影响并发生变化。这解释了人们适应新情境，把过去的经验用于现在的决定，并且从经验中学习的能力。

然而，风险偏好也受成功和失败的影响，这种成败归因于决策者自身行动或者超出他们控制的情境因素。这可以用归因理论解释。人们倾向于将成功的投资结果归功于自己，而将投资失败归咎于他人或环境。这导致了人们对事件的认识不完整或有偏见，甚至导致了人们对个人投资能力的不合理的自负。

风险倾向是与行为相关的概念，通常通过对个人或群体的行为模式分析衡量。风险偏好是与态度相关的概念，通常通过调查问卷评估。科根和瓦拉赫设计了困境选择问卷，用来衡量风险偏好，这一问卷也同样被用来评估风险倾向。

中介机构和咨询顾问倾向于低估他们客户的风险偏好。他们判断为风险厌恶的人，比实际上的风险厌恶程度要小。而他们断定的风险寻求客户，并不如实际中风险寻求的程度高。由于这种对风险厌恶和风险寻求的低估，中介机构把带有偏见的建议提供给他们的客户。计算机模拟技术使得决策者可以在决定选择之前，"感受"投资的风险和波动。这可能会导致更优质和稳定的投资者"购买和持有"决策（较少的交易），进而导致更高的回报。

风险承担

涉及风险的场景有股票市场和赌场。许多消费者已经足够富有，足以参与基金投资或者自己进行投资。长期来看（10~15年），这比储蓄的回报更高。赌场是赌徒的故乡，冒险是一种娱乐。赌博是为了寻求冒险的刺激并赚大钱，通常将不幸和损失抛到九霄云外。风险承担者不仅在股票市场和赌场活跃，而且更有可能借贷，通常没有应对损失的保险，例如由事故和偷盗引起的损失。然而，风险承担者不仅是鲁莽的赌博者，他们通常拥有比风险厌恶者更高的投资回报率。

认知风险和其他因素决定着金融风险的承担，例如投资的客观性和目的，以及选择过多和信息过多。举个例子，仅投资某人一小部分的财富可能是风险性投资，但是与把所有的资产投资于由股票投资组成的养老金计划相比，这对个人幸福的影响就小多了。这意味着所有财富用于投资的比例决定着风险大小。

前景理论是指参照点对风险承担有强烈的影响。损失和收益由参照点决定。收益是财富参照点的积极偏差。一旦收益被并入新的参照点，就不再被认为是收益。同样，如果损失被并入新的参照点，也不再是损失。在收益主导的情况下，人们是风险厌恶的，而在损失主导的情况下则是风险寻求的。前景理论没有考虑个人成败的历史，只在发生金融收益或损失之后，对新的参照点进行调整。

影响风险承担的个人因素包括性别、教育水平和类别、收入、财务和年龄。从性别来说，男性比女性更加愿意冒险，与此一致的是，在做财务决策时，女性要比男性更加风险厌恶。相比单身汉或已婚夫妇，女性倾向于拥有更少的风险性资产。与单身汉和没有孩子的已婚夫妇相比，随着孩子的数量增加，她们倾向于减少她们的风险性资产。鲍威尔和安斯克进行了一项实证研究，目的是调查女性更加倾向于风险厌恶是一种性格特征，还是因为对任务的熟悉、模糊和建构。结果显示，不考虑熟悉度、模糊度和任务建构的情况下，男性和女性在金融决策上采取不同的策略。女性试图避免最坏的情形，以获得安全感，她们损失厌恶较高，并且承担较少的风险。男性试图获得最好的可能性收益，因此也更加冒险。女性比男性的自信更少，并将她们的表现归功于好运气，而不是技巧和内部控制。

研究显示，男性投资者比女性投资者拥有更高的主客观金融知识（素养）和更强的风险承担能力。主观知识调解了客观知识和风险承担之间的关系。主观知识反映了在信息处理和决策过程中的过度自信。

何、英曼和米塔尔研究了性别的影响和损益取向。主要由收益成就驱动的决策，例如投资决策，符合男性的冒险偏好、促进聚焦，以及自我成功的取向。相反，主要由风险规避驱动的决策，例如保险决策，则符合女性的防御聚焦和共享和谐的取向。因此，性别通过损益取向影响着风险承担。费尔顿等人发现，积极的男性比女性和消极者做出更多风险的选择。积极乐观的特征，即对未来事物持有积极预期的稳定倾向，在这种情况下起了作用。积极者承担更多的财务风险，并相信持续的努力是有效的，而消极者承担的风险较少，并且撤回的可能性更高。积极者主动地参与解决问题，并更有可能为了避免损失而冒险。

年龄也是影响风险行为的众所周知的因素：年长的人比年轻人冒的风险更少。另一个相关的个人因素是金融知识，或者说，对于多数消费者而言，是金融知识的匮乏。对于金融产品知识水平较低的人而言，他们更有可能购买金融产品，而这些金融产品的风险与他们的需求或者财务预算并不匹配，并且更容易陷入财务损失的风险。

一个基本的概念是最佳刺激水平。人们从他们的环境中，通过内在方法得到刺激。人们的最佳水平各有不同。一些人偏好较高的最佳刺激水平，而其他人偏好较低的最佳刺激水平。如果环境太复杂，刺激水平对于某些人来说可能变得太高，于是他们试图通过撤回或者简化环境，例如忽略细节，来降低刺激水平。另一方面，如果环境刺激不足，人们通过探究行为，例如多样性需求和冒险，来提高刺激水平。高最佳刺激水平的人比低最佳刺激水平的人接受更多的风险，也更加冲动。斯廷坎普和鲍姆加特纳发现高最佳刺激水平的人更加好奇，并且好奇刺激着他们的信息需求。高最佳刺激水平的人也寻求更多的多样性（不同的产品和品牌），赌博也更多，并且会下更高的赌注。他们通常缺乏自我控制，因此难以限制自我以及避免有问题的财务结果。

与高最佳刺激水平和冒险相关的性格变量有：外向性和冲动性。外向性与刺激和唤醒（中枢神经系统的激活）需求相关，因此与感觉寻求和冒险相关。外部刺激和内部唤醒相一致。冲动性是决策中的重要因素。做冲动决策的人更有可能忽视相关的信息和选择，进而容易犯错。

特质焦虑提供了最一致的风险承担预测。特质焦虑高的个人对威胁性信息具有偏见，这有可能导致带有偏见的风险认知并且冒险较少。这是一种普遍的倾向，而非受情境的限制。外向性得分低且神经质得分高的人具有风险规避倾向的特征，进而承担较少的或者更小的金融风险。小心谨慎的人更有可能仔细地处理所有相关的信息，并记录他们的收入和开支，避免不必要的风险。

杜克洛、万和蒋发现社会排斥增加了人们所承担的金融风险。社交孤立的人们可以通过承担金融风险在生活中获得好处，以弥补他们不讨人喜欢的缺憾。朱等人证实，参与网络社区增进了人们金融风险寻求的趋向。成员们认为，一旦遇到困难，社区里的其他成员会帮助他们，尤其是当他们与其他成员有较强的联结的时候。这些例子表明，社会孤立和社会融合都会引发金融风险承担。在独立、与他人联结较弱，以及较少相信别人会帮你脱困的情况下，金融风险承担能力较弱。网上的众筹借贷平台可能会引诱他人借贷，并且低估未能清偿贷款的风险。相比线下，网上经纪公司的成员可能会购买更具风险的股票。

小结

　　风险是金融行为的重要因素。许多决策都是在不知道确定性结果的情况下做出的。人们试图发现风险驱动的相关信息，以及这些风险驱动因素的影响。这些信息和理解可能不正确，导致在评估和决策时使用的是认知的风险，而不是客观的风险。损失的可能性和损失厌恶是认知风险的主要驱动因素。

　　基于个人特征，如性别、收入、年龄和性格，人们的风险偏好和风险承担能力各有不同。男性拥有更强烈的促进聚焦倾向，并且试图通过冒险获取收益。女性具有更强烈的防御聚焦倾向，承担更少的风险，试图避免损失，维持财富。与风险认知相关的情景因素有任务建构、投资目标、社会排斥及融入。

第15章
时间偏好

时间偏好是金融行为中的另一个基本概念,因为许多金融合约,例如房贷、人寿保险和养老金计划都长达 20~40 年之久。储蓄和投资是指向未来的金融行为。一些人偏向现时时间导向,而另一些人则偏向未来时间导向。时间偏好是指现在消费(现时偏见)或者为未来消费和退休储蓄的偏好。时间偏好同样也与购买保险以及购买和出售股票相关。未来时间偏好和拖延症(拖延工作任务,例如退休储蓄)与自我管控相关。

时间洞察力

1930年，费雪发表了他的著作《利息理论》。在这个标题中，对人群有很清晰的区分，即现在着急并冲动花钱的人，与有耐心且为未来储蓄/投资的人。这种区分在经济学上被称为时间偏好。积极的时间偏好与现在消费有关，而消极的时间偏好与未来消费有关。这种两极分化也可以表达为：短视（现时）相对于远见（未来）。请注意，只有现在和未来在时间偏好概念的考量范围之内，过去并不在其中。

勒温给出了时间洞察力的定义，时间洞察力是个体在特定时间内对自己过去和未来所持有的观点的总和。过去和预期未来的事件对当下的行为有一定的影响，因为它们在行为功能的认知水平上有所显现。在存在主义哲学中，时间在人们如何感知世界方面起了重要的作用。在班杜拉的自我效能理论中，时间对效能信念和自我管控具有三个方面的影响：过去的经验、当前的评估，以及未来选择的反应。时间洞察力通常是一个无意识的过程，在这个过程中，个人和社会经验被安置在时间框架内，给出了与这些经验和事件相对应的顺序、意义和连贯性。时间框架可能是循环性的

（周期性模式及"季节性的"，例如农业）或者线性的（持续性，过去的一去不返）。人们通过回忆和重建与过去相似的情境，并将他们学到的东西应用于现在的情形，把过去的经验（学习）用于当下的功能运作。有些人更多地被目标及对未来事件的预期和期望影响，他们构建并想象未来的事件，同时思考怎样研究这些事件。另一种群体则更倾向于现在时间导向，关注当下所做的事情，并尽情享受。

津巴多和博伊德设计了关于时间观的调查问卷，既作为人们如何将自己的经历放入时间框架的方法，又作为一种个人差异变量。他们划分出五种时间观：

1. 消极过去型——对过去持有厌恶的观点：哪儿出错了？表现为：错失的机会、后悔、抑郁和焦虑。他们选择性地记忆不利的事情。

2. 享受当下型——倾向于愉悦地享受当下，与感觉寻求和冲动性、不考虑未来后果，以及积极的时间偏好有关。

3. 未来型——强调计划、责任心、抵御诱惑、实现目标和准时。他们具有消极的时间偏好和较高的自我管控。

4. 积极过去型——对过去念念不忘：童年、传统和"美好的旧时光"。他们选择性地记忆过去有利的事情。"宁稳妥勿后悔"适用于他们。

5. 现时宿命论型——认为自己受外部控制、无助和无望，以及受外部力量和坏运气的影响。他们的压抑、焦躁和侵犯性程度较高，具有较低的自我管控水平。

跨期决策

人们倾向于对延迟收钱索要较高的额外费用（补偿金或折扣费），这通常比当前的利率高。一般的模式是对小额资金索要比大额资金更高的额外费用（按比例）。同样，短期索要的额外费用（按比例）也比长期索要的费用更高。对于较长时间和较大数额的资金，索要的额外费用接近于利息，因此更加合理。收益的折扣费率比损失的折扣费率更高。与愿意为延迟损失（例如保险、支付罚款）支付的金额相比，人们需要获得更多的补偿才能接受收益延迟（例如获得奖金）。人们在延迟损失或债务的时候，总是不那么着急。然而，有些人想要在债务到期之前尽快还债，仅仅是因为他们不喜欢"负债"的状态。

为什么人们对延迟小额资金比延迟大额资金索要更大的补偿（比例）呢？一年之内，100 欧元和 150 欧元之间的认知差异看上去比 10 欧元和 15 欧元之间的认知差异大。因此，人们更愿意为 50 欧元等待一年，而不是 5 欧元。另一种可能性解释就是，消费者在消费和支出方面，考虑的是小规模额外收益（现金收入账户），而在储蓄中，考虑的是大规模额外收益（现金储蓄账户）。因此，为小额资金等待的机会成本会被当作预知的消费，而为大额资金等待的机会成本则被当作预知的利息。预知的消费比预知的利息更加生动和诱人，这也许可以解释小额资金具有更高机会成本的原因。

解释和预测这些在偏好和价值上的跨期差异的模型和理论有：（1）双曲贴现模型；（2）前景理论和随时间变化的参照点；（3）解释水平理论。双曲贴现和前景理论关注的是近期未来或远期未来资金价值量。跨期的解释水平理论主要关注的是近期或远期未来时间点的心理表征（认知）。

双曲贴现

萨缪尔森提出了折扣效用模型，用恒定的折扣利率模拟跨期选择。在该模型中，未来收益和损失将会以恒定的折扣利率贴现，与附加通胀率的利率相似，但并不相同。根据折扣效用模型，为特定时期延迟消费接受的补偿，应该等同于相同时期为了加速消费提供的支付。折扣效用模型受欢迎，主要是因为它的简单，尽管发现了许多异常现象，逐渐侵蚀了模型预测的有效性。

人们认为，他们在未来收到的钱的价值，远比现在收到的钱的价值低。他们要求为延迟收到的钱获得补偿（额外费用），对于更长时间的延迟，要求相对较小的补偿（按比例）。塞勒询问了人们在之后某个时间点（一个月、一年或十年之后）收到 15 美元所要求的补偿金额，回复的中值分别是：20 美元、50 美元和 100 美元。这些额外费用的比例分别是 345%、120% 和 19%。当时间间隔变得更长的时候，所要求的补偿比例是下降的。双曲函数比指数函数更符合这些数据的特点。术语双曲贴现被用来描述这些以现在为参照点的补偿。双曲贴现意味着人们的时间偏好具有下降的趋势（图 15-1）。下降的趋势在近期未来比较陡峭，而在远期未来更加缓和。近期未来陡峭的下降趋势也是现时偏见的暗示，即偏好今天而不是未来收钱。

时间贴现包含了风险。延迟收款蕴含了到时无法付款的风险，比如系统的变化（养老金）或者银行或保险公司的破产。如果人们不信任金融系统或机构，他们偏向于即时付款。这是宁可现在付款也不愿以后付款的重要原因。人们想要从延迟付款产生的风险中获得补偿。在凸时间预算方法中包含了风险因素。安排在事后支付的资金，在支付时会遇到各种各样的可能性。因此时间贴现是基于时间（以后的时间收付）和风险（收款的可能性）的。

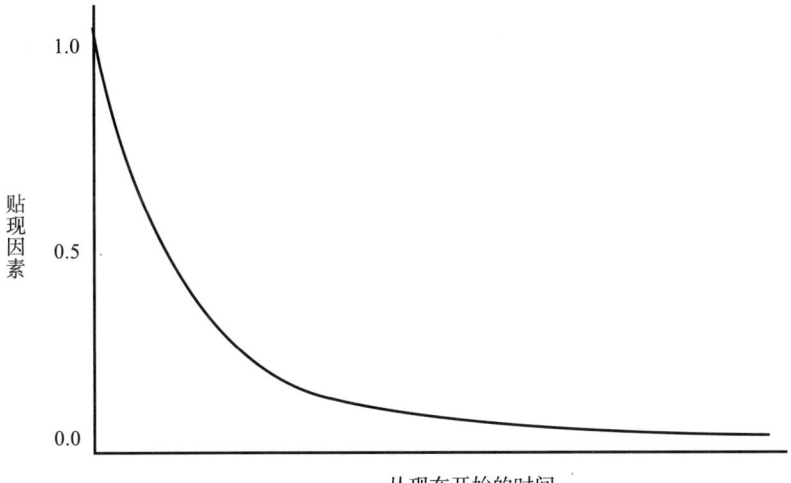

图 15–1 双曲贴现函数

随着时间移动的参照点

参照点是前景理论的重要部分。从参照点的角度来看，收钱和付钱被认为是收益和损失。这些可以通过一个例子阐明。勒文施泰因做了一个实验，实验中参与者能够延迟或加快收取价值 7 美元的礼品券。参与者可以在一周、四周或八周之内收到他们的礼品券。例如，一位拥有一张四周的礼品券的参与者，可以用此交换一张八周的礼品券并获得延迟的额外费用，也可以交换一周的礼品券并支付加快的额外费用。

对延迟付款（接受的意愿）索要的补偿显然比加速付款索要的补偿（支付的意愿）大得多。人们为延迟/推迟或加速收益而想要获得或支付的补偿是不对称的：接受意愿＞支付意愿。这种异常现象，是折扣效用模型的一种变形，被称为非对称贴现。显然，八周的延迟比四周的延迟索要的补偿更高。延迟收款的负效用比加速获得同等数额的钱款的效用大。这可以用损失厌恶来解释。以现在为参照点，延迟被认为是一种损失，而加速则被当作一种收益。延迟（"损失"）资金的负效用比加速（"收益"）同等数额资金的效用大。前景理论提供了对这种不对称的解释。与同等收益下积极的评估相比，损失被消极评估的程度更深。因此，人们想要为延迟（"损失"）获得更大的补偿，这种补偿比他们愿意为加速（"收益"）提供的支付更大。这可以用前景理论中的价值函数解释（图15-2）。

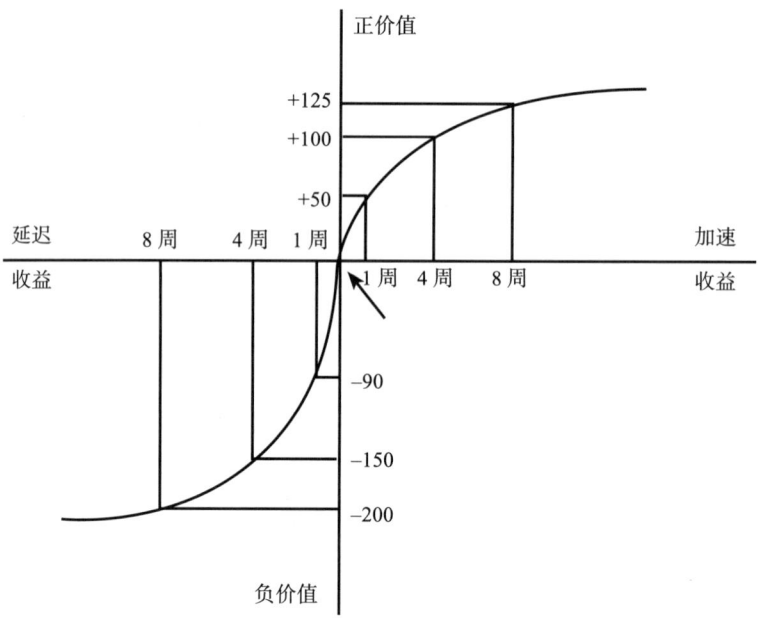

图 15-2 前景理论和非对称贴现

从一周到四周的延迟，比从四周到八周的延迟，索要的额外费用更高。这些案例的参照点是现在。从一周延迟到四周的价值是（-150）-（-90）= -60，从一周延迟到八周的价值是 -110，从四周延迟到八周的价值是 -50（图15-2）。-60 的价值比 -50 的价值索要的补偿更高。这与前景理论和双曲贴现函数相对应。

对于加速的推理过程也是一样的。从四周加速到一周的价值是 +50，从八周加速到一周的价值是 +75，从八周加速到四周的价值是 +25（图 15-2）。+50 的价值比 +25 的价值索要的付款更高。加速的支付意愿比相同时间间隔延迟的接受意愿小。这也与前景理论相对应。然而，双曲贴现函数并没有对延迟和加速的非对称性做出解释。

收钱是一种积极的体验。那么消极体验呢？人们想要为延迟消极体验，比如打扫房屋，支付一大笔钱吗？人们想要为加速积极体验，比如收到一束鲜花，支付一大笔钱吗？不，恰恰相反。人们喜欢延迟积极体验并保持对积极体验的有吸引力的预期（"品味"）。同样，人们喜欢加速消极体验，以避免对消极体验的预期（"恐惧"）。看上去人们似乎更偏爱效用逐渐增加的顺序：先是消极体验，然后是积极体验，或者换句话说，先苦后甜。人们想要尽快消除消极体验（不满因素），并保持以后的积极体验（满意因素）。人们同样也想让积极体验处于逐渐增加的顺序：一开始最少，接下来根据他们的预期，拥有更多的积极体验。

我们可以将这些异常现象（理性的偏差）进行以下的总结：

1. 收益比损失贴现得更多（符号效应）；

2. 较小的结果比较大的结果贴现得更多（数量效应）；

3. 延迟—加速非对称：相较于愿意为加速提供的支付，人们想要为延迟获得更多的赔偿；

4. 提升顺序的偏好：在晚餐的顺序选择上，把最好的晚餐留在时间序列的最后；

5. 延展和多样化的偏好：随着时间扩展不同的选择，并且避免一系列相似的选择。

在表 15-1 中，前三个异常现象以更加详尽的方式展现。

表 15-1 延迟或加速小额或大额（数量）收益或损失的 WTP 和 WTA 比较

	收益	损失
延迟大额	1a. WTA1 > WTP2（符号效应） 1b. WTA1 > WTP5（延迟/加速非对称）	2. WTP2
延迟小额	3a. WTA3 > WTP4（符号效应） 3b. WTA3 > WTA1（数量效应） 3c. WTA3 > WTP7（延迟/加速非对称）	4a. WTP4 4b. WTP4 > WTP2（数量效应）
加速大额	5. WTP5	6a. WTA6 > WTP5（符号效应） 6b. WTA6 > WTP2（延迟/加速非对称）
加速小额	7a. WTP7 7 7b. WTP7 > WTP5（数量效应）	8a. WTA8 > WTP7（符号效应） 8b. WTA8 > WTA6（数量效应） 8c. WTA8 > WTP4（延迟/加速非对称）

WTP：支付的意愿；WTA：接受付款/补偿的意愿。

符号效应：收益比损失贴现得更多。人们对延迟收益索要的补偿比他们愿意为同等损失延迟提供的支付更多（1a 和 3a 之间的比较）。那么加速收益的支付意愿与加速损失的接受意愿又是如何呢（6a 和 8a 之间的比较）？

数量效应：小额资金比大额资金贴现得更多。与较大收益的延迟相比，人们想要对延迟较小收益获得相对更多的补偿（3b 的比较）。人们同样也想从延迟较少损失中，获得比延迟较大损失更多的补偿吗（4b 的比较）？据我所知，对于 4b 的比较没有实证性研究。与之相似的是，与加速较大收益相比，人们想要为加速较小收益按比例提供更多的支付（7b 的比较）。与加速较大损失相比，人们想要为加速较小损失按比例获得更多的补偿（8b 的比较）。

延迟—加速非对称：人们想要从延迟收益中获得的补偿，比他们愿意为加速收益提供的支付多（1b 和 3c 之间的比较）。人们想要从加速损失中获得的补偿，比他们愿意为延迟损失提供的支付多（6b 和 8c 之间的比较）。

有一个例子也许可以阐明 4 和 5 的异常现象：如果五个周末有三个晚餐选项（在家吃、昂贵的法国餐厅和龙虾餐厅），每一家餐厅只能选择一次，最受偏爱的选择顺序如下：（1）在家吃；（2）在家吃；（3）昂贵的法国餐厅；（4）在家吃；（5）昂贵的龙虾餐厅。这个顺序是不断提升的，从在家吃开始，而在最后的周末选择下馆子。并且这里体现了延展（多样）性：两顿下馆子之间在家吃一次。如果之前在家吃，餐厅的晚餐似乎更加具有愉悦性。这是一种对比效应，增加了两种晚餐之间的差异。同样，在总工资不变的情况下，人们偏爱逐渐增加而不是平坦的或在一段时期内逐渐减少的工资曲线。需要指出的是，平坦的和下降的工资曲线具有更高的价值，因为对于提前到来的资金，人们可以对其中的一部分进行储蓄，并没有改变这种偏好。根据上升的工资曲线调整消费比根据下降的工资曲线调整消费更加容易。人们也会憧憬着工资的上涨。这同样也与货币的通货膨胀和价值相一致，并且这是一条"普通的"工资曲线。

韦伯等人将查询理论发展为一种心理机制，来解释贴现中的延迟—加速不对称现象，为纠正这种不对称提供了可能的解决方法。在查询理论中，列出了延迟—加速实验参与者的想法，这些想法要么"不耐烦"且偏爱现在，要么"耐心"且钟情未来。参与者利用这些想法建构了他们对现在或以后收取礼物的偏好。参与者在延迟的情况下，首先查询了支持即时消费的理由（想法），并且这抑制了支持延迟消费的查询理由。因此，偏好即时消费的论点比偏好延迟消费的论点更加可行。论点的可行性是延迟结果贴现得更多的原因。在加速的情况下，参与者首先查询支持延迟消费的原因，而这会抑制支持即时消费的查询理由。因此，偏爱延迟消费的论点比偏爱即时消费的论点更加可行。该论点的可行性是延迟结果贴现得较少的原因。每一种观点进入脑海的顺序似乎决定了即时还是延迟消费的偏好。

解释水平理论

解释水平理论认为,时间距离同样也是一种心理距离。在解释水平理论中,时间距离、空间距离和社会距离被当作心理距离。社会距离是指社会中社会群体和等级之间的距离。解释水平理论阐述了在所有的三种心理距离中显示的解释过程,这些解释过程是类似的。

时间改变了人们的心理表征(解释)和对事件的回应。过去和未来的事件都牵扯其中。人们通常以抽象的名词评价远期未来的事件(高水平解释),而用具体的名称评价近期未来的事件(低水平解释)。对于近期过去和遥远过去的事件也是一样,分别对应着低水平解释和高水平解释。一个高水平解释的例子是"简单概览一下个人财务",而低水平解释的例子是"把你的开销输入预算系统中"。表 15-2 列出了高水平解释和低水平解释的一些差别。

表 15-2 高水平解释和低水平解释的比较

高水平解释	低水平解释
远期未来	近期未来
抽象	具体
上级的	次级的
广泛相关	操作相关
促进聚焦	防御与促进聚焦
"为什么?"	"怎样?"

人们通常认为远期未来的事件具有促进聚焦效应,其中积极和激励的方面占主导。这些事件与目标相关,并且是抽象的,是一个人渴望并且想要实现的事情和状况。主要的关注点在于"为什么"人们想要实现这些事情和状态。人们可能对于他们的成功太过积极和自负,而在行动的时候,

悲观主义可能会占上风，担心工作能否成功完成。近期未来的时间通常是可操作的，并且与"怎样"执行或组织活动相关。这通常是一种防御（规避）和促进（方法）聚焦关注的权衡与平衡。因此，主要的关注点是人们"怎样"才能意识到这些活动和状态。这与瓦拉赫尔和韦格纳的行动识别水平理论极其相似。抽象的行为可能被定义为合成整体的一类行动，因为这些行动指向同样的目标，例如获得更高的退休收入。具体的行为由促成这个目标的行动构成，例如，在网络上搜寻退休保险。

人们渴望或开始参与具有高水平解释（心理表征）的活动，这些活动体现了行动目标或收益，例如假期旅行（可能性活动和远行的促进聚焦）。当他们真的开始行动的时候，这项活动变得越来越具体和难以处理，例如，收拾行李和去机场（不要遗漏事情的防御聚焦）。当开始一个项目的时候，人们可能对完成并达到项目目标过于乐观和自负，而当行动的时候，他们变得更加现实。在行为成本/收益法中，在考量项目的时候，认知收益（有利）在项目开始的时候和长期内占主导地位，而认知成本和实际成本（不利）在执行项目的过程中占主导地位。

解释水平理论对过去也做了类似的高水平和低水平解释的区分。我们通常以更加广泛和抽象的方式记忆遥远的过去的事情，而以更加具体的方式记忆过去不久的事情。然而，通常我们也会记住遥远的过去的具体事件，如果这些事件对我们而言意义重大，例如亲友的逝去或车祸。过去的意义可能与发生的具体的行为（低水平解释），以及广泛的和选择性的记忆（高水平解释）有关。

解释水平理论只区分了两种水平的解释：远期和近期事件的高水平和低水平解释。对于中间的时间间隔，可以区分出中间水平解释，可能是一种抽象和具体的高水平和低水平解释的混合。

意义结构分析

意义结构分析阐述了产品和事件至少有三个层面的意义。在基本属性层面，产品具有现实技术的特征。在利益层面，产品对于使用者而言具有利益（和成本）。在价值层面，产品与价值和生活方式相联系。同样，行为也有三个层面：（1）要做的具体现实行为（次级的）；（2）拥有共同目标的相互联系的行动/行为；（3）与价值相关的高级行为，例如可持续性。

在意义结构分析中使用的技术方法是阶梯法。通过阶梯法，"为什么"的问题，从具体的属性走向了价值。"怎样"的问题，从价值走向了具体属性。这在图 15-3 中有所显示。"为什么"的问题有：为什么这个属性是重要的？为什么这种利益是重要的？以固定利率的房贷为例，"为什么"的问题例子包括以下两个。问题 1：为什么固定利率是重要的？回答 1：因为在固定利率的情况下，我每年支付固定的金额。问题 2：为什么每年支付固定的金额是重要的？回答 2：在固定金额的情况下，我对未来更加确定和有信心。"怎样"的问题有：怎样才能实现价值？怎样才能实现这种收益？以确定性和信心作为核心价值的房贷案例中，"怎样"的问题例子

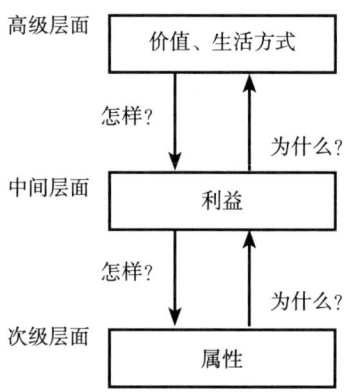

图 15-3　意义结构分析的层级水平

包括以下两个。问题 1：怎样才能获得确定性和信心？回答 1：每年支付固定的金额。问题 2：怎样才能实现每年固定的支付？回答 2：固定利率。

远期和近期未来视角

在表 15-3 中，基于前景理论、双曲贴现、解释水平理论、行为成本/收益法、行动识别水平和意义结构分析，比较了远期和近期未来视角。远期未来视角占据高级的角度，而近期未来视角占据次级角度。

表 15-3 多种模型和理论中远期未来和近期未来视角的比较

远期未来视角	近期未来视角	模型/理论
较大的损失	较小的损失	前景理论
更低的效用/价值	更高的效用/价值	双曲贴现
高水平解释	低水平解释	解释水平理论
抽象的	具体的	解释水平理论
收益	损失	行为成本/收益法
相互关联的行为	分别的行动、操作	行动识别水平
价值、生活方式	属性	意义结构分析
上级的	次级的	解释水平理论、意义结构分析
为什么？	怎样？	意义结构分析

时间管理与拖延症

根据时间安排和管理工作任务，是金融计划及实现目标的重要部分。某些任务有截止日期，而临近截止日期的时候，任务的完成变得更加急迫，例如纳税申报。截止日期具有日历效应。假设现在是 3 月 10 日，工作的截止日期也许是 3 月 31 日或 4 月 2 日。3 月 31 日（本月）被认为比 4 月 2 日（下个月）更近，并且"本月"截止日期促使人们尽快开展相关的工作。本月被当作"现在的时间"，而下个月则被认为是"未来的时间"。据推测，人们通过这种方法，把"现在的时间"从"未来的时间"中区分出来，正如他们从"未来收入"中区分"当前收入"一样。在小微储蓄的计划中，印度农民获得了一个储蓄账户，该储蓄账户激励他们在 6 个月内达到 5 000 卢比（71.2 欧元或 78 美元）的储蓄目标。对于 6 月份着手计划的农民而言，截止日期在 12 月，而对 7 月着手计划的农民来说，截止日期在 1 月。以 12 月作为截止日期的农民比以 1 月作为截止日期的农民开户和开始储蓄更早，尽管两组农民都有 6 个月的有效期。尽快启动一项任务提高了按时完成的概率。正如亚里士多德和《欢乐满人间》中的玛丽·波平斯所说的，"好的开始是成功的一半"。同样，截止日期正在临近也给出了"温馨提示"，提醒人们启动任务。

其他的任务，例如退休储蓄，没有最后期限，可能会被推迟得太久，而不能为更高的储蓄收入做出持续性贡献。通常，人们过于乐观并低估了完成任务所需要的时间，例如纳税申报。他们预期能够在截止日期之前完成任务，并且忽略了过去的经验教训（规划谬误）。尽管规划谬误是自负的例子，但是并不一定是一件坏事。如果我们对完成一项任务不积极，我们可能不会开始。当最后期限临近的时候，我们也许会后悔曾经对自己或他人做出完成任务的承诺。但是，在截止日期前及时地完成有压力的任务之后，我们会为自己倍感骄傲。

拖延症的症状是启动一项工作太迟，或者工作得太慢以致无法及时完成任务。词语"拖延症"由拉丁文"pro"（偏爱）和"crastinus"（明天）组成。拖延症与执行并完成任务的时间管理有关，因此与自我效能有关。从这种意义上看，拖延症与性格特征中的尽责性有关。拖延症是一种令人困扰的现象,大多数人认为拖延症是不利的、糟糕的和有害的。在复杂的社会中,人们必须赶在最后期限之前及时组织并完成许多任务,以避免罚金、多付税款以及放弃收入。请注意,拖延症并不一定是不利的。伯恩斯坦解释道:"一旦我们行动,我们将丧失等待的权利,直到新的信息出现。结果不行动(无为)反而具有价值。结果的不确定性越强,拖延症的价值就越大。"因此,在某些情况下,拖延症是无为的明智之举。由于工业化进程和活动需要谨慎的组织、协调和计划,拖延症在工业革命中被认为是消极的。

拖延症的原因或起因是什么?

1. 任务厌恶:没有吸引力且令人厌烦的任务比有吸引力的任务更容易被拖延。

2. 任务难度:艰巨的任务和预计艰巨的任务比简单的任务更容易被拖延。

3. 任务重要性:重要的任务通常需要大量的时间和精力,人们推迟这些任务,直到"他们有足够的时间"或者认知能力,以执行这些任务。

4. 任务大小:小任务要求更低,能够更容易、更快地完成,通常最先执行。某些人会查看他们必须完成的任务的数量,完成一些简单的任务是令人满意的,因为这减少了他们需要完成任务的数量。这是重大任务通常被拖延的原因。一种补救方法就是,将重大的任务分割成几个较小的且能够尽快完成的子任务(分割)。

5. 任务的不确定性:如果不确定完成任务需要多少时间,那么很难安排任务。这是拖延的原因之一。一项任务可能包含不确定性,例如对信息是否及时有效,或者对双方是否及时达成一致的依赖。

6. 低水平的自我控制和自我效能与拖延症有关。自我控制和自我效能水平较低的人是无秩序且不自律的人，容易拖延任务。

7. 低水平的尽责性与拖延症相关。没有责任心的人是没有组织性的，倾向于拖延任务。

拖延症的不利和有利结果是什么？

1. 因为临近最后期限的时间压力，拖延症通常导致糟糕的表现（犯错并且忘记列入的东西）。不能应对这种压力的人将会在临近最后期限的时候，表现得糟糕拙劣。

2. 拖延症也可能会导致更优良的表现，因为在临近最后期限的情况下，唤醒（中枢神经系统的激活）水平较高且大多数认知和情感资源都专注于任务。如果人们能够应对压力，通常人们的表现将更加出色。一些人宁愿在临近最后期限的时候开展任务，因为他们那时会更加有效率和有效果。如果早在截止日期之前开展任务，他们会把大量的时间花费在任务的细节上，而这是较为低效的。请注意，这是拖延症有利的一方面。

3. 拖延症可能在一开始的时候会改善情绪，因为繁重的任务已暂时从有意识的思考中移除。随后，随着最后期限的临近及执行任务的时间压力的增加，情绪会由于压力和不确定性而恶化。

4. 推迟有吸引力的任务可能是有利的，因为它展现了延迟即时满足的能力。有延迟满足能力的人拥有更强的自我控制能力，并且是更优秀的计划者和执行者。

怎样才能克服对厌恶的、艰巨的、重要的、重大的和不确定的任务的拖延呢？把繁重的任务分割成较小的子任务可能是一种解决之道，例如崔、莱布森和马德里安推荐的"快速注册"。通过分割的办法，把参与养老金计划分成两个复杂度较小的步骤。第一步，决定是否参与。几个月之内，人们会习惯他们的参与并相应地改变他们的态度。第二步，决定储蓄多少及其他具体计划，这会变得更加容易。这种两步走或踏脚入门的办法比一步到位，也就是必须一次决定所有事情的办法，更加成功。第二种克服拖延症的方法是在执行任务的时候接受（快速）满足，而不是采用（耗时的）最大化满足策略。第三种方法是通过提供一个有吸引力的替代选项，给消费者强加一个最后期限，消费者只有在特定日期前才能得到这个有吸引力的选项（稀缺性）。

在 SMarT 项目中，未来薪水的增加被看作一个事件记入养老金项目中。于是增加的薪水一部分将被储蓄在养老金项目中，一部分则用来消费。未来的时间点是重要的，因为人们更愿意接受未来开始储蓄而不是现在。与当下的储蓄相比，未来储蓄的金额被认为是一种更小的"损失"。双曲贴现解释了未来储蓄的意愿。现在就做出未来开始储蓄的承诺是重要的。

除了有意识地推迟任务，人们可能会压制和遗忘执行任务。没有吸引力的任务比有吸引力的任务更加压抑，更加容易被遗忘。压抑是一种从有意识的记忆中移除信息或未完成任务的无意识过程，以"解决"思考任务和不想执行任务之间的冲突或不一致。压抑是对拖延症的一种弗洛伊德式的解释。

小结

未来时间偏好对于一些消费者金融行为而言是比较重要的，例如：储蓄、退休储蓄、投资、保险、消费额外收益、纳税申报，以及养老金计划年金期间的选择。许多人宁愿现在花钱（现时偏见、积极时间偏好），而不是为以后储蓄（消极时间偏好）。

　　一些理论可以解释人们是如何在内心中描绘和评价现在、近期未来和远期未来的资金或工作。双曲贴现描述了收钱或付钱的未来贴现的差别。解释水平理论解释了近期未来和远期未来的工作任务的心理表征，以及该心理表征对活动计划和拖延症产生的作用。一些新古典经济学的"异象"有：符号效应（收益比损失贴现得更多）、数量效应（小额资金比大额资金贴现得更多）、延迟—加速非对称（人们想要从延迟收益中获得的补偿比他们愿意为加速收益提供的支付更多）。人们同样也想要从加速损失中得到更多的补偿（额外费用），多于他们愿意为延迟损失提供的支付额。

　　拖延症是对厌恶的、重大的、艰巨的、不确定的或重要的任务的拖延。令人烦恼的是，人们推迟完成重要的和重大的任务，例如养老金的储蓄。有一些方式可以减轻拖延症，例如 SMarT 方法和把较大任务分割成一些较小的任务。自我管控和尽责性得分较高的人更有可能不会推迟这些工作和任务。

第 16 章
决策制定、决策架构与默认选项

本章描述了针对消费者的信息展示,以及这种信息展示是如何影响消费者决策和选择的。信息展示对决策和选择有多种影响。在决策制定中,重要的因素有:问题、个人、信息供给、决策过程及社会环境。默认选项和助推是信息展示的设计,用来影响金融和其他行为,使其向相关个人和社会满意的方向发展。

信息环境

关于复杂金融产品的决策不是一件容易的事情。通常，大量的信息已是触手可及或者可以在网上找到。但是这些信息有多可靠？这些信息来源的可信度如何？需要处理过多的信息吗（信息超载）？哪些信息是相关的，哪些不是？信息的难度有多大？我们能够理解决策的信息和结果吗？决策过程结果的精准度应该是多少，我们应该花费多大的精力以达到该水平的精准度？人们必须找到处理信息的策略并选择决策过程。可以采用最大化策略，即从一组可能的选项中找到最好的选择。这是需要努力的，因为必须处理全部或者绝大多数的信息。也可以采用优化或满意化策略，花费较少的精力，找到可接受的选项。这是付出精力和结果质量之间的权衡。

在金融决策中发挥作用的五组主要因素有：问题、个人、信息供给、决策过程和社会环境。表16–1列出了主要的因素。人们通常会机动灵活地把这些因素应用于信息处理和决策中。

表 16-1 决策中的因素

问题	决策的目标 任务变量：信息负荷、重要性、复杂性和困难性 情境变量：紧迫性、时间压力、分心
个人	能力、金融素养 先前的知识、经验 动机、认知需求
信息供给	信息来源，可靠性，可信度 信息的可得性 信息展示：序列，设计建构，文字与图表
决策过程	决策架构 联结过程，方面排除法 分离过程 字典式过程 线性—补偿过程 最大化或满意化
社会环境	对合作伙伴、群体成员的责任

问题因素

我们需要通过决策来解决问题，选择或变更金融产品或服务。目标或目的是找到符合特定标准的产品或服务，这种标准可以是"最好"的产品或服务，也可以是对紧急问题的快速解决方案。有些问题可以毫无风险地界定，例如选择一份汽车保险。这些保险的价格或其他特征可以在网站上进行比较。有些时候，问题比较难界定，例如为退休储蓄或投资找到最好的方式。选择比较困难，并且涉及风险和时间偏好。对后者而言，对于未来经济发展情境的描述是不同的，通常会选择最有可能的情境。因此必须选择符合情境的产品。大多数消费者需要一位专家在该问题上给他们提出建议。

任务变量有：信息负荷、重要性、复杂性和困难性。信息负荷是指可

第 16 章 决策制定、决策架构与默认选项

选选项的数量,以及这些选项属性或特征的数量。如果呈现的特征太多,选择是复杂的。如果可选选项过多,人们会承受更高的信息负荷。人们在三到七个选项中进行选择的时候,感觉最为舒适。对于简单的选择,从一组七个选项中选择是可以完成的。对于复杂的选择,从三个选项中选择是易于操控的。如果人们面临过多的选择(信息超载),他们就会倾向于拖延、推迟,甚至取消决策。超载的环境提供了过多的刺激,并要求过高水平的唤醒(中枢神经系统的激活)。人们想通过降低刺激水平减少他们的唤醒,并离开超载的环境。提供过多选项并不能提高决策的质量,因为人们不能仔细地比较所有的选项,并且可能忽略相关的信息。施瓦茨称之为"选择的专制"。矛盾的是人们在调研中表示他们想从大量各种各样的选项中进行选择,因为这给予他们自主和"自由"。他们对多样性的需求可以用其他方式得到满足。实际上,消费者从大量选项中选择是有问题的。

如何解决信息超载的问题?首先,某些大类可以分成一些子分类,例如,菜单可以分成肉类、鱼类和蔬菜类的菜式。消费者首先选择一个子分类,然后选择具体的菜品。在许多分类中,这种逐步的选择是可取的。在某些分类中,"优胜者"可以清晰地展现出来,在大多数或者其他所有的选项中占据主导地位。于是,选择变得轻松。还可以提供决策帮助,询问消费者关于各项属性的重要性比重,然后计算每一种选择的总效用。

情境变量指的是紧迫性和时间限制。在时间压力下,人们倾向于寻找选项的消极方面,进而拒绝这些选项。莱特发现,在时间压力较大的情况下,人们利用消极的证据,并选择首个没有消极方面的选项。在适度分散注意力的情况下,消极的证据也是拒绝选项并保留可接受选项的一种方式。前景理论认为,消极证据(拒绝选项)比积极证据(接受选项)具有更强烈的影响。分心使用了认知资源,因此比较选项和选择所需的资源较少。

在信息超载的情况下，人们不仅感受到任务的艰巨性，对自己的选择的满意度也较低。他们一直认为，其他选项可能比已选择的选项更好，并感到后悔。他们可能还会承受机会成本的压力。选择情境的问题影响着对已选选项的感受效用。预期后悔和机会成本可能会导致人们对复杂决策的回避。因此，决策过程影响着（"塑造"或"导致"）选项及已选选项的满意度。

信息供给

信息可以通过网络或平面媒体、电视和广播的广告大量获得。平面媒体、电视和广播的广告可能会激发一个需求，或者解决问题的可能性方案。网上的搜寻可以提供关于备选选项特征、价格及可购买商品的大量信息。除了制造商和零售商的生产信息，通常情况下，查阅其他顾客的评论，可以了解他人对供应商的产品和服务的满意程度如何。这些评论可能包括质量的评分以及体验的口头描述。例如，以友好、客户导向和竞争力对金融顾问进行评价。评论系统的可靠度和可信度千差万别。在良好的评论系统中，"所有"的顾客都应给出评论，而不仅仅是给出极端积极或消极评论的顾客。评价和评论应该是近期顾客的"移动窗口"，比如过去三个月的顾客。

消费者组织和独立网站提供了产品和服务的比较测试信息。多数消费者知道，生产商和零售商可能会对他们的信息展示存有偏见，他们会以最有利的方式描述产品，强调利益并弱化薄弱的方面。其他的消费者可能也会有偏见，一旦不满意，他们也许会撰写评论，发泄他们的愤怒，损害供应商或者警示其他的消费者。比较测试的结果是"无偏见的"，并且通常基于可靠的研究。然而，其他消费者的消极评论，哪怕基于数量较少的案例，通常也会引发人们对该选项的抵制。消极的证据比积极的证据在购买

第 16 章 决策制定、决策架构与默认选项

决策方面具有更强烈的作用。

在许多市场中,"所有的"选项是同时有效的。在某些时期,一些选项正在"促销"并且更加便宜,或者有新的选项进入市场。这意味着价格和有效性的变化,而消费者必须决定现在还是以后购买。在"非即时"选择且不断变化的市场中,消费者不知道市场将如何变化,只能基于有效的选项,最大化或最优化他们的选择。

信息通常以表格或排名的形式被提供。一些消费者组织,例如消费者联盟,公布以品牌或产品变量为行、以属性/特征为列的比较表格。消费者可能从最重要的特征开始阅读表格,选择该特征下得分最高的品牌。进而比较第二个特征,并保留在两种特征中都具有最高得分的品牌。他们使用了联结或方面排除法的决策过程。在特征和价格之间的权衡中,他们找到质量和价格最优权衡的选项。其他的消费者组织,如德国商品检测基金会,公布了不同种类的品牌和产品变量的结果。消费者不得不对每一个选项形成整体的印象,并比较这些整体印象,以找到最优选项。信息通过表格的形式促进了具体的比较,而分开的形式为独立的"整体"印象提供了便利,使其作为选择的基准。

比较网站通常列出产品价格的排名,以及其他额外的特征得分。通过这种形式,排名中的位置以及价格对消费者选择的影响变得显著,具有更为主导的作用。希内、马丁内斯·库拉尔和马泽研究了墨西哥城低收入人群的决策制定和选择过程。人们被邀请从随机的清单中选择最优的 1 万比索(526 欧元或 579 美元)一年期的贷款产品,随机清单与当地有效的贷款信息类似。另一组使用了人性化贷款信息归纳清单,这个归纳清单由墨西哥城消费者金融信用局设计。第一组只有 39% 的人能够鉴别出最好的贷款产品,而第二组的数据是 68%。这表明信息展示的形式对发现最优选项具有重要的影响。

金融产品的大多数信息可以在平面媒体和网上的"广告"中获得。信息来源是产品的生产商或零售商，目的是告之并说服潜在顾客（预期）购买。信息可能是单方面的，缺少与竞争厂商产品的比较，因此消费者很难发现该产品是不是好的选择。信息的可靠度和可信度也许会受到质疑。网上理财信息通常通过搜索引擎进行搜寻，因此，首页的"热"搜主导了消费者的选择。

金融中介

经历过知识匮乏或信息超载的消费者可能会雇用金融中介或顾问。中介帮助寻找并结构化与决策制定相关的信息，给出解释和建议，并为客户订购特定的金融产品（"执行"）。客户必须信任中介为自己的利益行事。这个过程中可能存在着利益冲突，中介有可能不会建议适合客户的最好的金融产品，而推荐使自己利益最大化的产品。清除或"解决"这种利益冲突的一种方法是向客户披露中介的个人利益。通过披露，客户得到警示，中介的建议可能带有偏见，他们可能在做决定之前对给出的建议"打折扣"。事实上，这对客户的要求太高。客户倾向于相信中介提供的信息，即使知道这个信息可能是具有偏见性的。如果消费者对信息"持有怀疑"，他们会尽可能地调整信息并对信息打折，却不知道应该怀疑哪方面的信息。披露之后，中介获得道德许可，因此对提供的信息责任感降低，甚至可能夸大偏见，以修正披露的影响。披露也减少了法律责任。凯恩、勒文施泰因和摩尔总结了披露存在的反常和不利的影响。他们认为披露无法解决利益冲突的问题，并可能使问题变得更糟。

利益冲突的另一种解决方法是将建议和购买的角色分离。消费者为中介提供建议所花的时间付费。中介可以订购商品，但不允许从交易中获利。与低机会成本和高金融素养的消费者相比，高机会成本（高收入）和低金融素养的消费者更愿意为理财建议付费。购买建议节约了信息搜寻的成本，并且通常有助于做出更好的决策，因此是具有高回报的明智投资。许多消费者不愿意为理财建议付费，因为他们不了解理财建议的价值。对于年轻人而言，理财建议的价值也许是对其金融事务更佳的组织和管理，对于年长的人而言，理财规划的价值在于更好的退休理财规划。

不仅是中介，一些建议工具也能提供个性化信息和建议。了解客户的一些特征，例如年龄、收入、家庭构成以及偏好，建议工具或"天使"就可以预选最适合客户的选择。然后，客户可以从这些预选的选项中选择。这节省了时间和精力，并导致了更好的选择。几步之后，"天使"变成了虚拟的咨询师，基于客户提供的信息以及先前的数据，为每一位客户选择"最好"的选项。"天使"取代客户变成了为客户着想的决策者。这需要高度的信任，相信建议工具准确地了解客户的偏好，并为客户的利益决策。波茨和范·拉伊称之为虚拟守护天使。

个人因素

个人或个人差异在决策中起了一定作用。与能力差和金融素养低的人相比，能力强且金融素养较高的人能够处理更多、更难的信息。以前的知识和经验起了相似的作用。专家更容易理解金融信息，区分重要和非重要的信息，并且知道在哪里寻找信息。然而，专家也许会对他们的经验感到自负，不仔细阅读和处理信息，从而犯错。

西蒙[①]引入了"有限理性"的概念。人类的理性是有限的，因为我们

[①] 赫伯特·亚历山大·西蒙（1916~2001），生于密尔沃基，研究决策、组织行为、人工智能以及其他跨学科课题。他主要在匹兹堡卡内基梅隆大学工作，于1978年获得诺贝尔经济学奖。

的认知能力、有效的信息和时间是有限的。结果就是，在复杂或者超载的信息环境中，我们不能选择最佳的选项或者做出最优的决策。解决之道就是接受满意（足够好）的选项，而不是最大化（最优）选项。有限理性是行为经济学的早期核心概念。

有些人动力十足地从一组选项中选取"最佳"选项。施瓦茨称他们为"极大化者"。其他人满足于符合他们的需求和标准的"优良"选项。这些人被称为"满足者"，与西蒙"满意化"概念相对应。极大化者花费大量的时间决定"最佳"选项，并害怕因不完整的信息而错失"最佳"选项。满足者只要找到"优良"选项就会停止搜索。他们也许会意识到更好选项的存在，但是不喜欢在寻找这些选项上花费过多的时间。与极大化者相比，满足者对他们的选择感觉更快乐。"对最优的追寻"显然不是能让你开心的事情。

有动力的人在试图理解和处理金融信息时更加执着。有高认知需求的人更有动力理解和处理信息，并达到可接受的结果。

决策过程

在经济学中，传统的决策过程是对预期（风险）选择/选项价值的计算，因此会选择预期价值最高的选项。尽管决策者很少这样做，但这对比较实际决策结果而言是一个有价值的基准。选择"最佳"方案也是决策支持系统的决策法则。

面对大量的选项，可能会使用联结过程。在联结过程中，不符合标准的选项被清除。其他的选项被保留，进行更深层次的分析，例如，对其他更严格标准的联结过程的分析。联结过程是一种选项的筛选，目的是为了保留可接受的选项。莱特发现，在时间压力下，人们使用联结过程，抵制

第 16 章 决策制定、决策架构与默认选项

具有消极特征的选项。在这种筛选后，他们选择没有消极特征的选项。

满意化作为搜寻和选择的策略，与联结过程相关。满意化是一个两步走的过程。第一步，必须制定选择的标准，例如，最大化价格或最小化质量。这与激励水平相关。第二步，找到并选择符合这些标准或该激励水平的首个选项。奥兰德发现，对于非即时性的选择，满意化策略通常会被采用。

方面排除法是联结过程的一种，其中选项的各方面（属性）被同时评估。不符合标准的选项被淘汰，直到剩下一个选项。在联结过程中"存活"的选项将会被更仔细地处理，其中之一将会被选择。字典式过程是一个有顺序的联结过程，就像有字母排序的字典：词语首先按照第一个字母的顺序排列，接着按照第二个字母排列……一个例子可以阐明这些。首先，所有选项都是按照价格比较的，太昂贵的选项被排除。有时，太便宜的选项也会被排除，因为消费者不信任这些选项。接下来，可能会判断质量方面，不符合质量标准的选项将会被淘汰。这个过程将会持续，直到剩下唯一的选项，并且该选项会被选取。

与之相反，在分离的过程中，一个选项被选取的原因是"鹤立鸡群"的特征。在第一回合，通过联结过程排除不可接受的选项。对于剩下的选项，分离过程将得到应用，具有一个或多个显著特征的选项将会被选取。显著的特征包括知名的品牌、有吸引力的价格/价值权衡、临时价格折扣，或者其他选项没有的唯一产品特征。分离过程可以基于情感，以及对特殊选项或知名品牌的喜好。

在最大化过程中，所有的选项都会被比较，例如，通过线性补偿过程。通过该过程，评价全部选项的所有属性，评估每个属性的重要性，并且综合权重属性的分数。具有最高加权总数的选项将会被选取。对于不同人来说属性的重要程度是不同的。有些人对持续性给出了比其他人更高的

权重。最大化通常是充满努力的执行过程，并且不需要计算支持。这个过程是补偿性的，因为一个属性较低的得分可能由另一个属性较高的得分加以补偿。高价格可能由高质量补偿。在联结过程中，高价格的选项在不考虑高质量的情况下，可能在第一个回合就被排除。在决策支持系统中，通常使用线性补偿过程做出"最好的"选择。

金融决策不仅是个人过程，也是社会过程。人们将因自己的决策而向其配偶负责，向他们的配偶或朋友或一起做金融决策的人询问"二次意见"。许多家庭划分了任务，一个人可能扮演"财务主管"的角色，做出金融决策，并决定购买复杂的金融产品，例如房贷、人寿保险或养老金计划。

决策架构

从广义上说，决策架构是工具或信息系统的设计，目的是把使用者犯错的数量最小化。举个例子：自动取款机的使用者容易在取钱后忘了取回他们的银行卡，所以现在自动取款机要求消费者在取钱之前首先取回他们的银行卡。通过这种方式，消除了将银行卡遗忘在机器里的错误。

信息系统的设计者，例如网站，应该牢记，人们寻找的东西是什么，人们找到这些信息的难易程度如何，以及人们是如何处理选择信息并做决策的。对于消费者而言，"看不懂的"网站是令人崩溃的，因为他们找不到想找的东西，而对网站的拥有者而言，他们可能会错失一笔交易。优质的网站，其网页是有逻辑顺序和主题的，如有意外，搜索引擎会找到相关的信息。在某些情况下，信息可能是不完整的，例如，信用卡公司并不总是提供与使用信用卡相关的所有关于利息和管理费的信息。

塞勒和桑斯坦介绍了助推的概念，助推是信息系统或环境的因素，帮助或推动消费者选取"称心如意"的选项。"称心如意"是从消费者的期望的角度来说的。在这样的信息系统或环境中,"称心如意"的选项占据了更加显著的地位,或者是首要展现的(首因效应),因此被选取的可能性会增加。这被批评是家长式作风,因为设计者或销售商决定了什么应该被选择。塞勒和桑斯坦称之为自由主义的家长制,因为消费者仍然保留了选择的自由。GPS 作为导航系统,并没有限制自由,因为你仍然可以选择其他路径,但是它会帮助你更加容易地到达目的地。桑斯坦提供了十种针对公共政策项目的助推类型的清单,能够帮助人们更好地选择,在经济方面以更加负责任的方式行事。在这个清单上助推的概念十分广泛,简化、警示、披露、提醒和过去行为的反馈都在助推类型的范围之内。

助推是影响行为的一种"软性"方法,它在合适的时间和地点,以合适的复杂程度提供信息,从而在决策架构中使"称心如意"的选项更加突出。助推不应该采用操纵或欺骗的方式,不能利用强制手段并改变选项的承诺或价格。影响行为的传统方式是授权或禁止,不包括法律禁止的选择或行为,例如偷盗或诈骗。经济激励是对合意行为的补贴,使得这些行为更加经济。经济障碍是对不良行为的征税,使得这些行为更加昂贵。相比之下,助推不那么昂贵,通常容易运用,并且具有提升和促进负责任金融行为因素的潜力。

默认选项

许多消费者在选择复杂金融产品的时候有困难,例如人寿保险,或者如何投资养老金。许多医疗保险公司提供了默认选项。对于新客户,这是一个可接受的标准选项,但并非对所有的消费者都是理想的。现有的客户通常延用之前的选择。如果消费者在最后期限之前没有改变选择,他们将接受默认选项。许多消费者计划将默认选项与其他选项进行比较，但是没有时间或者没有足够的动力这么做，于是接受默认选项。

在瑞典，人们必须选择自己的投资组合，这个投资组合最多有五种基金，用于投资他们的养老金。起初有456只可供选择的基金。一只基金被作为默认选项，但这个默认选项被建议更改。关于基金的信息是有效的，包括过去的表现、风险和费用。但是实际上，在2000~2003年期间，默认投资组合的损失（−29.9%）被证明比人们自己选择的投资组合的平均损失（−39.6%）小。默认投资组合在2000~2007年的投资回报是+21.5%，而自由选择的投资组合的回报是+5.1%。瑞典人的错误之一是过多地投资瑞典的公司（本土偏见）。投资者犯的另一个错误是过多地关注基金过去的表现（近期的回报）。过去的表现不是未来表现的保证。广泛的国际投资组合比仅限于瑞典公司股票的投资组合表现更好。与标准的投资组合相比，自己选择投资组合的瑞典人，选取股票的比例更高，承担了更多的风险，是更加积极主动的交易者，产生了更多的交易费用，并且购买了过多的瑞典公司股票。自己动手并不一定比专业的交易商操刀更好。需要学习的教训是，被提供的信息架构对消费者如何做决策是至关重要的，在瑞典人的案例里就是对基金过去表现的关注。宣传过去表现的基金，建议人们基于过去的表现购买基金。本土偏见是另一个问题。许多投资者偏爱本土的公司，因为相对于外国的公司，他们对本土公司了解得更多。他们更愿意"支持"本土公司。最后，同样重要的是，一旦投资者偏离了默认选项，交易费用会更高。

事实上，存在四种可能的默认选项：

1. 延续性默认选项或"重复"，对于下一个时间段做同样的选择，例如与去年一样的保险单。该选项可能由于新的管理制度、税收和通货膨胀指数，有一些微调。

2. 针对新客户的标准化默认选项，通常是销量最大且最受欢迎的选项。

3. 细分化默认选项：基于消费者特征形成同质细分群，对不同的细分群提供不同的默认选项。

4. 个人推算的默认选项：基于消费者特征和偏好，单独提供给每一位消费者的默认选项。虚拟守护天使是为每一位消费者估算"最佳"选项的案例。消费者会认为这是针对个人推荐的选项，并很可能接受这个选项。在大量异质的偏好的情况下，这种个人推算的默认选项是唯一的可能。

展示排版效应

通过设计网站，能够帮助消费者发现相关的信息。展示的顺序和排版影响着信息的处理。有几种影响选项的展示结构：首因和近因效应，以及中间选项的偏见。有些人选择较长清单或下拉菜单中的首个选项（首因效应），而有些人直到看到最后一个选项，才从最后看到的几个选项中选取一个（近因效应）。通常，首因效应主导着选择。如果品牌按照字母排序，以字母"a"或"b"开头的品牌名称具有首因效应的优势。请注意，在这些清单或下拉菜单中，选项并不是按照价格或质量排序的。

如果提供三个价格选项，例如，便宜的、中间的和昂贵的选项，许多消费者会选择中间的选项（中间选项偏见）。他们用价格作为质量的指示器，认为便宜的选项必然质量较低。昂贵的选项也许质量较高，但是太过昂贵。中间的选项也许在质量和价格之间具有恰好的平衡，因此是一个较好的选择。医疗保险通常提供三个选项：（1）预算政策，提供有限制的医生和医院的选项;(2)标准政策,提供大量的医生和医院的选项;以及(3)返还政策,提供自由的医生和医院的选项。许多消费者会在这样的选择情境中,选择中间的选项,同样也是因为"标准"被当作默认的选项。在超市的产品组合中,通常会增添便宜或昂贵的选项,以售卖中间的选项。昂贵的选项作为"损失领导物"会提升价格参照点,使得中间选项的价格更容易被接受。"损失领导物"在分类中是一种造成损失的选项,这种选项保留在产品组合中,主要是为了销售其他产品。

威尔逊和尼斯贝特发现,人们在五个水平显示的间隔90厘米且不以价格或质量排序的选项中,选择最右边的选项(尼龙长筒袜)。他们将其解释为近因效应,因为消费者倾向于从左到右考虑问题,与阅读如出一辙。然而,如果五个选项相互之间仅间隔几厘米,水平地展现,人们倾向于选择中间的三个选项,尤其是中间的选项。如果这五个选项垂直地展现,情况也是一样。人们对中间的位置情有独钟,不仅在群体肖像中是这样,对商店里的商品展示(产品促销,中央舞台效应)也是如此。中央舞台或许无意识地向消费者提供选择什么的信息。人们也许会推断中央舞台的选择更受欢迎,因此是一个良好的选择。消费者也许同样相信,营销者组织产品的陈列设计,代表了消费者的偏好,把消费者最喜爱的选择放置在中间。这是跟随他人的偏好及行为的共识启发式或羊群效应。共识启发式是跟随他人假定的观念。请注意,在这里,中间的选项并不一定具有更好的价格/质量的权衡,只是处在陈列中间位置的选项而已。中央舞台效应与中间选项有所不同。中间选项是位于价格—质量权衡维度的中间选项,并且被认为是质量和价格的良好平衡。

艾瑞里给出了另一个关于选项展示影响的例子。假设一家周刊提供三种年度订阅选择:

第 16 章 决策制定、决策架构与默认选项

A. 订阅网上版本：59 美元；

B. 订阅印刷版本：125 美元；

C. 订阅印刷及网上版本：125 美元。

你更喜欢哪一种订阅方式？在一份样本中，16% 的人选择了 A 而 84% 的人选择了 C。没有人选择 B。选项 B 完全被选项 C 主导，因为选项 C 以同样的价格提供了更多的服务。如果提供 A、B 和 C，人们更偏爱 C。我们可以忽略选项 B，因为没有人选。如果选项减少为 A 和 C，68% 的人选择选项 A，而 32% 的人选择选项 C。这是一个明显的偏好逆转的例子。在删除 B 之后，对选项 C 的偏好下降，选项 A 的偏好增加。选项 B 也许被视为增加选择选项 C 的诱饵。当 A、B 和 C 被提供时，人们聚焦于选项 C 对选项 B 的主导优势，并且选择 C。如果删除 B，人们比较 A 和 C，大多数人认为网上版本是一个不错的选择，于是选择了 A。

以上的例子是非对称主导选择的案例。假设市场上存在两份伤害保险单，选项 A 和 B（表 16–2）。这似乎是一个"理性的"市场，A 保险范围较高且昂贵，B 保险范围较低且便宜。如果我们增加选项 C，使得选项 A 更加具有吸引力（表 16–3），选项 A 将会更频繁地被选择。如果我们增加选项 D，使得选项 B 更加具有吸引力（表 16–4），选项 B 将会更频繁地被选择。增加的选项 C 和 D 是诱饵，加入的目的不是为了销售，而是使得其他选项更诱人。

根据古典经济学理论，新选项的增加不应该改变对选项 A 或 B 的偏好。偏好应该是稳定的且不受非相关选项的影响。选项 C 和 D 是"损失领导物"，不是为了售卖，而是为了增加其他选项的吸引力[①]。因此，这种

[①] 损失领导物同样也可以是价格非常低廉的商品，以吸引消费者进入商店。在商店中，这些消费者可能也会购买其他产品，对于零售商而言，这些产品具有更高的利润。

作用也被称为吸引效应。

表 16-2 两个选项：A 和 B

	A	B
价格	40 欧元	30 欧元
保险范围	高	低

表 16-3 三个选项：A、B 和 C

	A	B	C
价格	40 欧元	30 欧元	40 欧元
保险范围	高	低	中等

表 16-4 三个选项：A、B 和 D

	A	B	D
价格	40 欧元	30 欧元	30 欧元
保险范围	高	低	极低

无意识影响

在前面的论述中，制定决策和选择主要是意志控制的过程。在某些情况下，例如积极／消极建构设计和吸引效应，人们也许并不知道他们是怎样处理信息的，也不知道他们为什么会选择一个特定的选项。人们也不知道启动的影响。启动是有意识或无意识地感知到的对判断和／或行为的刺激作用。例如，如果人们接触到（感知到）大小不同的数字，他们或多或少愿意为产品支付较高的价格，而不知道启动效应。这是自动处理过程的例子。如果大大小小的数字是相关的，比如，产品价格，那么利用这些数字作为价格评估的标准是有意义的。如果这些数字是不相关的，例如，社保账号的最后两位，那么利用这些数字作为价格评估的标

第 16 章 决策制定、决策架构与默认选项

准是没有意义的。即使是不相关的素数,也可能会影响支付特定价格的意愿。

通常,无意识的因素,单独或与有意识的因素一起,对评估和选择产生影响。我们可能信任一家公司或一个品牌,喜欢一则广告或一位金融咨询师,这会影响我们的决策。但是事后,我们会基于对相关产品特征的考虑及对质量和价格的权衡,使我们的决策理性化。吉拉德和克利格尔事先为具有风险偏好的专业投资者提供消息,并且发现,事先被告知消息的团队比事先没有被告知消息的控制组,做出的金融决策风险更大。同样,专业人士比学生做出的决策风险更大。甚至连房屋的温度或天气也会无意识地影响金融决策。

小结

决策环境和架构影响着(复杂)金融产品的决策制定。信息超载、时间压力和分心可能对决策的质量有着消极的作用。信息越多并不一定越好。伴随着时间压力和分心,人们寻求拒绝选项的负面证据。信息以不同的结构和形式被提供,找到"最好"或可接受的选项并非轻而易举。金融中介可以提供帮助,但是应该为客户的利益提供建议,而不是为自己谋利益。

"极大化者"是那些想要选择"最好的"选项的人,他们在选择上花费了大量的时间和精力。"满足者"寻求满足他们标准的足够好的选项。根据不同的目标及其实现过程中的不同阶段,可以采取几种不同的决策过程。

决策架构可能包含助推和默认选项。助推在情境中使"称心如意"的选项更加显著,是"正确"方向的推手。默认选项是提供给消费者的"标

准"选项。如果消费者愿意,他们可以自由地更改默认选项。如果他们不愿意,他们将接受默认选项。一些众所周知的展示效应有:首因和近因效应,中间选项偏见和吸引效应。通常,人们被这些效应和偏见无意识地影响,尽管事后他们会为自己的选择做出合理的解释。

第 **17** 章
自我管控

与第 10 章一样,本章是另一个关键的章节。自我管控是金融行为的一个基本概念。持续性自我管控过程的执行,需要自我控制和自我效能。自我控制是对执行财务计划、意图和承诺的坚持。自我效能是执行既定行动的能力,而这种行动是处理预期情况的需要。人们能够控制并管束自己不冲动,不过度消费,存足够多的钱,避免问题性债务,给自己的财产和风险投保,准时缴纳税款,并且不会成为金融诈骗的受害者吗?满足感的延迟,意志力的匮乏,以及自我控制的缺失,是成功的自我控制中主要的心理障碍。用积极的语言表述就是:人们会选择正确的财务目标和生活目标吗?在实现目标的过程中,能够始终如一且坚持不懈并抵制诱惑吗?

为什么自我管控是重要的？

　　自我管控可能是负责任金融行为中最重要的心理因素。人们需要对自己的财务状况进行掌控，以便做出正确的决策，采取有效的措施，并坚持为提高或维持自己的财务状况而努力。拥有可实现的财务目标和生活目标，以及相应的理财规划，并按照这个计划持续作为，是掌控个人财务状况的一种方法，也是一种负责任的经济行为。自我管控有两个聚焦点。促进聚焦关注的是积极、有利、渴望和理想状态的实现，例如掌控、快乐和幸福。防御聚焦关注的是消极、不利和不受欢迎状态的规避和远离，例如问题性债务和沦为诈骗的牺牲者。防御聚焦还具有责任、义务和需要的一面。请注意，促进聚焦具有"收益"的因素，而防御聚焦具有"损失"的因素。自我控制在预防消极状态方面可能发挥作用的方式有：（1）避免诱惑，继而避免欲望；（2）控制冲动消费；（3）增强意志力；（4）如有需要，运用预先承诺。自我管控也包括不推迟重要的财务事项和决策，并且为优化工作、休闲、社会关系和家庭财务管理进行时间管理。掌控也暗示着对个人的决定和行为负责。谢林使用了"自制"这个术语，并声明这有可能成为一门新的学科。

本章以因果归因过程开始，回答了为什么事情会发生，成功和失败怎样解释，以及我们从自己的经验中总结和学到了什么。接下来将会探讨两个有目的性和计划性的行为模型——理性行为模型和计划行为模型。随后是冲动与冲动控制。满足感的延迟是控制冲动的另一种方式，与预先承诺的方法如出一辙。自我控制、自我效能和自我管理是本章的主要概念。

埃尔斯特引用了尤利西斯和塞壬的故事，这是通过抗拒诱惑进行自我管控的例子。尤利西斯制造了听海妖塞壬唱歌的机会，但是并没有成为海妖的牺牲品。为了达到安全回家的长远目标，他不得不暂时限制自己的自由和同伴们的听觉。希腊女神赛丝给尤利西斯的建议是：

> 首先，你会来到海妖塞壬面前，海妖会迷惑所有靠近她们的人。任何不加防范，离海妖太近，或听到海妖歌声的人，他的妻子和孩子将再也无法迎接他回家，因为海妖们坐栖绿野，用她们甜美的歌声，在悦耳的颤音中将他引入死亡。那儿到处都是成堆的死人头盖骨，上面的血肉仍在腐烂脱落。因此，经过这些海妖时，用蜡封上你同伴的耳朵，让他们没人能够听见。但是如果你自己想听的话，你需要垂直贴站在桅杆半高的横梁上，并让同伴们将你捆绑，并且他们必须将绳子的末端捆扎在桅杆上，这样你可以享受海妖的歌声。如果你乞求同伴们为你松绑，他们必须以更快的速度将你捆绑。

归因过程

从历史上来看，自我管控的概念从早期的概念，如控制点，发展而来。罗特区分了强化控制点的两种来源或"轨迹"：内部和外部控制点。

第 17 章 自我管控

拥有内部控制点的人相信未来在他们的掌控之中，他们是积极的决策制定者，为实现他们的梦想和计划而殚精竭虑，全力以赴创造他们的未来。他们掌控自己的财务状况，并且如有需要，他们会采取措施巩固或提升他们的财务状况。相反，拥有外部控制点的人是宿命主义论者，他们相信未来并不在他们手中，而是被他人掌握或依情况而定。他们认为，自己是他人或环境的牺牲品。他们是消极的决策制定者，通常不会采取适宜的措施，而是抱怨他们的状况，可能会购买彩票，以提升他们的财务状况，而不是通过自己的努力影响自己的未来。但是，请注意，拥有内部控制的人通常有较高的学历和收入，有创造性与管理性工作，这也解释了他们采取行动和控制个人财务状况的能力。佩里和莫里斯发现，"外控者"在金融知识和负责任金融行为上得分较低。"内控者"更加积极，并且在自己的金融行为中运用了金融知识，从而得到更好的结果。与"外控者"相比，"内控者"掌控得更多，更努力，并且更不可能放弃。

第三个控制点是对其他强大者的信任，例如政治党派、劳动工会，或者消费者协会。对其他强大者的信任，意味着内部控制被认为是无效的，因为个人力量是缺失的。因此，与他人合力是一种解决之道，例如成为工会或消费者联盟中的一员，组织抗议集会和消费者抵制活动。通过这种方式得到他人支持的人们，可能会感受到对自己的环境和未来的掌控。

在罗特/利文森的方法中，根据情况和个人能力与经验，人们可能拥有一个主要的控制点，或内部/外部/其他控制方的概况。自我控制的概念与罗特的内部控制点十分相似，但是操作性和实际性更强。

管理开销，并对个人财务状况有一个概览，是自我管控的必要的先决条件。事实上，自我管控需要的先决条件，对于理财规划也是同样必要的。

内部和外部的控制点与因果归因相关，即从一个事件的起因进行推断的倾向。为什么事情或结果会发生？在内部归因的情况下，结果可归因于行动者的能力、技巧或动机。

根据因果归因理论，人们行事如同伪科学家，成功和失败都归因/归咎于最有可能的原因。在这样的归因下，人们是带有偏见并自私自利的。他们倾向于把成功归功于自己，而把失败归咎于他人或环境。表 17-1 列出了一般的因果归因。成功通常被内部归因为能力、智力、技能、努力或行为成本。失败通常被外部归因为任务艰巨、（不佳的）运气和机遇。对成功和失败原因的感知有三个共同点：点、稳定性和可控性，作为相关的因果结构具有目的性和整体性。请注意，罗特的"控制点"概念在本段内容中变得令人疑惑。这不是"控制点"，而是点和控制（和稳定）。

表 17-1　内部/外部因果归因与稳定/非稳定起因

	稳定原因	非稳定原因
内部归因	能力、智力、知识、技能	精力、疲劳、行为成本
外部归因	任务艰巨性	运气、机会

稳定性：与非稳定原因的归因相比，稳定原因的归因对未来更具有预测性。稳定原因是行为者的特征（能力、智力、技巧）或任务。不稳定的原因根据不同的情况而有差异，比如精力、疲倦和行动者的行为成本。在一项特定的事件中耗费了大量精力的行动者，可能不会再在另一件事情上花费大量精力。某件事中的坏运气，对于另一件事中的运气是没有预测性的。稳定性随着时间的变化恒定不变。如果行动者认为他/她不能胜任纳税申报表的填写，这是稳定的内部归因，并且对未来纳税申报表的填写是有预测性的。整体性是各种情况下的一种稳定性。行动者可能认为他/她在填表格方面有心无力，不仅仅是纳税申报表。

有些原因是特定的情况，而有些原因可以推广至其他及多数情况。行动者可能将纳税申报表填写的失败归咎于税收知识水平低下，或者不够聪明，这都是稳定的内部归因。税收知识水平较低是任务的具体性，而不聪明是整体性原因，并且可以推广至大多数不同的任务。如果人们将自己的失败归咎于不聪明，他们将形成习得性无助，进一步缺乏自信与自尊。许多低教育水平的人认为金融产品和理财事务理解起来"太困难"。与承认他们在理解这些产品和任务上"太愚蠢"相比，"太困难"不具有普遍性，进而对他们自尊的打击更小。

可控性：如果行动者掌控了原因，他/她也要对结果负责。如果代理人因为不能影响结果或没有相关的信息而不可控，那么他/她就不能因结果而受到嘉奖或谴责。如果行动者是可控的，并且通过他/她的行为帮助或损害他人，就涉及目的性。如果行动者故意损害他人，他们将会受到谴责。如果行动者有意帮助他人，他们将会因此受到嘉奖。

在这些归因条件中，可以区分出情感。如果把失败归咎于可控的行动者，尤其在被认为是故意的情况下，将会引发愤怒。可控的个人失败导致惭愧和愧疚，骄傲和自尊则是可控的个人成功的结果。

因果归因是研究事件发生过程的自然起点。因此，它也是更好地理解行动者及其环境和管理新情况的开始。投资者常常自傲于他们的成功（内部归因），而因失败谴责他人或环境（外部归因）。他们也倾向于高估自己的控制能力。由于这些归因偏见，投资者和普通大众在一定程度上自欺欺人，没有从自己的成败中吸取足够的经验教训，并且可能变得自负。

理性行动和计划性行为理论

自我管控建立在深思熟虑和具有高度合理性的决策的基础上。尽管有些情况下"系统1"的决策直觉上是正确的，但在大多数情况下，"系统

2"的决策是成功的自我管控所必需的。菲什拜因和阿杰恩提出了理性行为理论。理性行为基于信息的获取和处理、深思熟虑及明智的决策。在理性行为理论模型中,衡量了人们对事物和行为的态度。对待事物的态度,如股票或股票市场;对待行为的态度,例如购买或抛售股票。对待行为的态度比对待事物的态度相关度和预测性更高。本章我们将关注对待行为的态度。

行为态度是一种以信念为基准,对行为进行好感度的评估,例如,当前情况下对储蓄好感度的评估。相关的信念和观点可能与利率、通货膨胀率、信心和形成金融缓冲的愿望有关。这些观点以好感度的形式被评估。对于储蓄而言,利率的好感度有多少?或者,积极信心(乐观)的好感度是多少? 所有观点乘以评估值相加的总和构成了对待行为的态度。如果 b_i 是行为结果的观点,e_i 是对该观点的评估,A 则是该行为的态度。$\sum$ 是 n (观点 × 评估)产品的总和。

$$A = \sum b_i e_i, 其中 i = 1 \cdots\cdots n$$

主观规范是个人对于参照人员社会压力的理解,并且参照人员对于个人而言是较为重要的人,执行特定的行为,例如个人是否应该储蓄。参照人员可以是配偶、亲戚、朋友、咨询师或权威者。如果 b_i 是关于社会压力的名义上的观点,m_i 是遵从参照 i 的动机,SN 是该行为的主观规范。$\sum$ 是 n(观点 × 遵从的动机)产品的总和。

$$SN = \sum b_i m_i, 其中 i = 1 \cdots\cdots n$$

行为意向是执行某特定行为的动机和计划,例如储蓄。在理性行为理论模型中,意向是态度和主观规范权重的总和。w_1 和 w_2 分别是态度和主观规范的权重,暗示着(个人)态度和(社会)主观规范的相对重要性。

如果 $w_1 + w_2 = 1$，意向是态度和主观规范的加权平均数。如果 $w_1 > w_2$，那么在意向方面，个人态度比主观规范更加重要，更具影响力。

$$I = w_1 A + w_2 SN$$

行动的意向是实际行为的预测器。在下列情况下，意向是行为的一个较好的预测器：

- 意向和行为在相距很短的时间内被测量（短时间间隔）；
- 以将要采取的具体行为描述意向；
- 没有出现对采取预期行为有碍的事情，例如金钱和时间的匮乏。

阿杰恩的计划行为理论是菲什拜因和阿杰恩的理性行为理论的延伸。计划行为理论主要增加了知觉行为控制的概念。情境的知觉行为控制是一个增加意向和行为之间对应关系的因素。在情境的知觉行为控制的情况下，人们更能够依照其意向行事。意向进而成为实际行为的预测。因此，知觉行为控制是一种能力。在没有情境的知觉行为控制的情况下，其他人、限制、资源的缺乏、时间的匮乏和其他因素可能会阻碍或阻止行动者按照其意向行事。行为意向（动机）与知觉行为控制（能力）之间可能存在互动。在许多其他的行为模型中，动机（意愿）和能力都起了作用。

冲动与延迟满足

限制和控制冲动性决策，例如冲动性消费，是自我管控的重要部分。高冲动性可能导致决策的不谨慎以及过度消费。冲动性高的个人承担的风险更多，因为他们不考虑所有选项，或这些选项的所有属性。人们在做决策之前没有充分分析选项的原因有很多：

1. 他们想要尽快决策，享受所选选项的利益；

2. 他们想要避免因比较和权衡选项而产生的不愉悦的情绪和影响；

3. 他们想要避免处理信息的机会成本和时间。

冲动性是两个高阶性格特征——尽责性和经验的开放性——的指示器。冲动性较高的个人对新的经验更加开放，尽责性较低。经验的开放性与唤醒需求相关，因此导致了风险寻求。高尽责性与处理更多的选项信息相关，聚焦最确定的选项，因此是一种财务风险规避倾向。

对于某些人而言，冲动性甚至会演变成强迫性消费，这是一种几乎无法控制的购物瘾，购买衣服、鞋子或其他商品。女性可能会成为时装购物狂的牺牲者，而男性可能是其他商品（例如科技产品）的购物狂。强迫性消费通常会导致财务问题、家庭矛盾，甚至破产。

延迟有吸引力的消费或推迟未来收入（含利息），是自我控制和自我管理的一个重要方面。米歇尔在延迟满足（消费享受）方面做了许多实验。在这些实验中，孩子们有两个选择：即刻提供的一个奖励，或者等待15分钟后的两个奖励，其间测试者离开房间，随后返回。奖励是一个棉花糖、一片曲奇或一个椒盐卷饼。在这15分钟内，奖励展现在孩子们面前。在接下来的研究中发现，正如测试分数、受教育程度、身体健康指数和收入所显示的，能够等待优越（双份）奖励的孩子，更可能拥有较好的生活质量。在9岁和10岁的时候，孩子们的等待能力有所发展，他们将自己的注意力由即时的奖励转移到以后和更大的奖励。请注意，这些实验的对象是孩子们，并且奖励是在实验中展现出来的。这个实验很难形成对大人的结论，因为大人通常比小孩拥有更强的自我控制能力。总的来说，大人的奖励是抽象的，通常不会在延迟满足的过程中显现。

预先承诺

根据施特罗茨的论述，通过预先承诺，缔结合约或创造一种环境，强迫人们采取合意的行为，例如与银行签署储蓄合同，"自动"纳税或延迟退休储蓄，就可以加强和巩固自我控制。请注意，预先承诺是十分矛盾的。由于意志力不够强大，人们对自己的自由进行一种临时的限制，以实现长期的目标，例如退休收入。自我强制限制意味着在特定期限内更低水平的自由。这种限制是实现目标或提升未来财务状况的一种方式。预先承诺可能会被告知朋友和亲戚，例如为了阻止过度消费。打破承诺会损害他人对自己的积极的印象，人们会为了避免名誉损失而遵守他们的承诺。

假设人们想要提高他们的财务状况，加强自我控制，行事更加审慎，消费冲动更少，预先承诺的方法能够帮助他们实现这些目标。预先承诺的方法有：

1. 节俭地生活，从第一个月的薪水开始，尽快清偿助学贷款。

2. 每月自动存款，不要每次都做存款的决策，因为意志力的缺乏为特定月份的例外创造了机会。另一个预先承诺的方法是设置一个储蓄账户，在6个月或12个月内，或者没有达到具体目标前，不能支取。

3. 信用卡账单、保险费和房贷利息的自动还款，以免忘记或推迟这些付款。

4. 利用贷款为产品或服务的购买筹钱，而不是储蓄，以保证储蓄的完整。这种预先承诺具有资金成本，因为信用卡所付的利息比储蓄收到的利息高。请注意，自动储蓄能够以更低的成本补充储蓄，而借贷不行。

5. 为未来储蓄的预先承诺，例如退休储蓄的 SMarT 计划。

6. 限制消费。例如通过自我扫描购物车里所有产品的价格，计算在超市里花费的总额。现金支付比信用卡支付更加令人反感和痛苦。因此，现金支付比信用卡支付更具有限制性。

7. 另一方面，信用卡消费的总额是对一些小额消费的加总，与分散的交易相比，在每个月的总消费方面，提供了更清晰的印象。

8. 保证较低的可自由支配收入（"刚刚够"），为特定目的标注其他收入，例如储蓄或清偿债务。这种标注的资金是另一个心理账户，不是可自由支配收入中的一部分，不应/不会用于日常消费。

9. 每个月支付过高的收入所得税，并在财务年度末得到退税（额外收益）。这是一种"自我赠予的礼物"，并且可以用于储蓄或特殊目的。这也是一种昂贵的预先承诺，因为通常这笔钱不会带来任何利息。如果税务当局会支付比银行利率更高的利率，这就是一种经济有利的预先承诺。

请注意，第 4、8 和 9 的预先承诺的方法基于心理账户，使资金在不同的账户中，避免将其作为可自由支配收入用于消费。

持久一致的理财计划并不是一个简单的预先承诺的方法，它涉及最优计划的选择，以及按照该计划行事，而这种计划是个人能够坚持的，例如，一项预算或储蓄计划。尽责性和意志力是一致性计划和行为所需要的。

与一致性计划相关的，是拥有促进负责任理财计划及金融行为的价值观和规范。这可能是一种宗教式或人本主义的规范，如不要在奢侈品上花费太多，甚至是节俭的生活。根据这些规范和价值观，部分过剩的收入应该捐给教堂或慈善机构，帮助有需要的人们。

自我控制

自我控制的概念在前面被提到过很多次。自我控制或"掌控之中"的定义是：坚持执行财务计划、坚持达到目的和坚守承诺，在"适当的"消费、储蓄和债务的范围内，坚持负责任的金融行为的标准和价值观。因此，自我控制是指能够保持在可接受的范围内，不偏离计划太多。拥有理财计划、目的和承诺，掌控个人财务状况，了解自己的收支概况，这一切是自我控制的先决条件。

自我控制的特征有以下几个方面：

1. 相信你的行为很大一部分掌握在自己手中（内部控制点）；
2. 自律地采取所需的行动，例如按时储蓄和清偿债务，尤其是在没有最后期限的情况下；
3. 避免危险的情境，尤其是在网络上，避免成为金融诈骗的受害者；
4. 避免和抵制诱惑及即刻消费，如果需要，可以利用预先承诺的帮助；
5. 抵制超出合适行为边界的冲动行为；
6. 只承担可计算的风险，不用钱来赌博。

阿默里克斯等人提出了 EI（预期—理想）差距，作为自我控制的衡量方法。"预期"是预期做的事情，"理想"是根据理想的情况应该做的事情。较小的 EI 差距对应着较高的自我控制，与尽责性相关。他们还发现，年长者的自我控制问题较小。

自我控制与自我调节和自律监管相关。自我控制是财务计划的合理执行，以及对偏离这些计划的抵制。自我效能是在特定情形下采取行动的能力。自我管理是对个人行为的监控,利用参照点对个人行为和结果进行比较,如有需要,采取正确的行动。实施自我管控的持续性过程,需要自我控制和自我效能。人们的自我管控水平各有不同,完美对于大部分人而言是遥不可及的。拥有完美的自我管控能力的新型"心理人"尚未诞生。

自我效能

自我效能是行动过程中的执行能力,而该行动过程是处理预期情况的需要。例如,怎样从保险公司索赔,或者何时及怎样在网上购买和出售股票。人们的信念及对个人效能的评估,影响着其产生的因果归因、愿望、耗费的精力、在困难面前坚持的时间、应对要求时感受到的压力,以及对压抑的脆弱程度。认为自己高效的人,把自己的失败归咎于努力不足(并且更努力),而认为自己效率不高的人,觉得自己的失败源于能力的低下(并且放弃)。认为自己能力较强的人,为自己设定的目标就越高,实现这些目标的毅力也就越强。

对于不满意因素,人们的行为如同一个负反馈控制系统。不满意因素是表现和标准之间的负差异。消除这种不满意因素,可以恢复表现和标准之间的平衡。负反馈也许有助于保持过程的进行。对于满意因素,人们设定目标和标准,然后接收关于他们离目标有多远的反馈。通过设定目标,人们增加了正差异,进而试图通过减少差异来实现这些目标。

对成就的情感自我反应产生了积极或消极的动机。对成就的满意是一种积极的动力,而对表现欠佳的不满是消极的动力。简单的任务,通过不断努力就能完成,这是一个不稳定的归因。相比之下,对于一个有着强烈认知需求的艰巨的任务而言,对过程的满意会导致稳定的内在归因,例如能力、较高的工作技能、高度的自尊以及自信。然而,对过程的不满可能会导致稳定的外部归因，例如任务艰巨，或者导致稳定的内部归因，例如能力低下、缺少自尊和自信。在后一种情况下，人们更容易放弃。

诸如养老金计划或房贷这样的财务任务，通常被认为艰巨的、没有吸引力的。对于这些任务而言，个人自我效能可能被认为不足的。这些金融产品的概念和评论的信息可能很难理解。对于过程的不满可能会导致个人胜任能力较低的归因。于是人们更有可能回避，并且放弃理解这些信息，放弃深思熟虑的决策。

过去的成功会唤起自我尊重和自我效能。目睹他人的成功，也会对自我效能产生积极的影响（社会榜样与学习），尤其是在认为他人与自己差不多的情况下。

自我管控的阶段

自我管控的主要阶段和机制有：（1）对个人行为的自我监控；（2）与个人及社会的参照点、标准和环境相比，比较和评价个人的行为；（3）采取有效的自我校正的措施（图 17–1）。

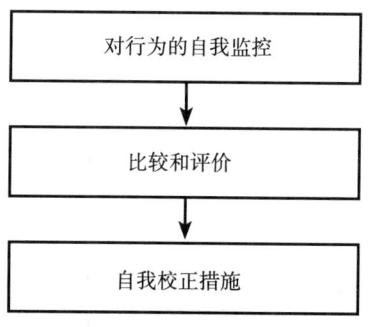

图 17–1　自我管控的阶段和机制

在第一阶段，自我监控是对个人自我行为的观察和理解。不仅是对自我表现的简单"检查"，而且通常是带有偏见的过程，因为情绪、情感和先前的认知结构发挥了作用。因果归因和自私自利的偏见会出现，并扭曲对个人金融行为监控的正确理解。通过自我监控，可能会发现自我行为中重复出现的模式，例如消费模式可能会被察觉，因此自我认知及自我洞察会增加。自我监控可能包含了构建，即以积极／有利或消极／不利的角度进行自我观察。这与积极过去型或消极过去型的时间观相似。在积极过去型的观点下，过去的事件和行为被认为是为了未来行为而学习（内部控制）的建设性行为。而在消极过去型的观点下，对过去的事件和行为的认知，因惭愧和压抑而感到愤怒与后悔，对未来事件和行为充满宿命论（外部控制）。宿命论和压抑的人通常不为自己设定目标，积极过去型和当下的观点是自我管控的起点。

当人们了解并评估自己的（财务）表现的时候，可能会不满，并倾向于设定提升性目标。这些目标是自我激励的。如果这种提升能够在短期内被察觉，就会是一种奖励，并形成自我尊重。目标可能是节约能源，或者为未来交易储蓄。人们一旦得知自己正在朝着实现这些财务目标的正确道路上前行，那么这些反馈就为人们未来的行动提供了动力。例如，在起居室恒温器和智能手机应用程序上设定10%的节能目标后，就能迅速获得关于目标实现程度的反馈。这是继续节约能源以及金钱的动力。类似的APP已经开发出来，通过提供实现储蓄和债务清偿目标的反馈，监控消费者的财务状况。班杜拉和塞尔沃纳概括指出，那些不为自己设定目标的人，其收获一成不变，被那些设定了低级、简单可实现的目标的人们超越。依此类推，低目标的人也被那些拥有远大抱负和目标的人超越。拥有高目标的人比低目标的人表现得更好，哪怕这些高目标不能实现。

对于表现的即时反馈，比延迟的反馈效果更好。消费、储蓄和清偿债务，为银行账目的平衡提供了即时的反馈。第 4 章"债务清偿"一节中的应急收款人就是一个例子，人们设定较高的债务清偿目标，并在短期成功地实现了自己的目标。信息反馈的作用有：（1）对特定行为的学习作用，例如外出就餐或能源消耗的经济成本；（2）习惯养成，确立习惯并强制实施，例如，按照特定的顺序逛超市；（3）坚守标准和规范，例如限制消费；（4）通过行为和相应的态度将行为内化；（5）奖励作用，因为目标的实现是令人满意和值得嘉奖的。反馈是强化"可取的"行为的一种方式，这种方式尚未被充分利用但效果较好。

特定行为的重要性和效价会影响目标的设定和实现。在重要的领域中，人们更容易为实现他们的目标所激励。致力于个人成就是令人鼓舞的，然而，失败是令人气馁的，并且会逐渐削弱个人的效用感和自尊心。成功和失败的因果归因，对继续努力还是放弃目标，起了一定的作用。在重要的领域中，没有实现目标会激励人们更加努力，以实现目标。而在重要性较低的领域中，没有实现目标是令人沮丧的，导致人们不再那么努力。

自我监控的概念也适用于社交情境中的行为。在社交环境中，高自我监控的人调整自己的行为以适应所处的社交环境。他们按照情境的要求行事。因此，他们适应起来如同环境中的变色龙。他们的行为很大程度上并不是基于他们的态度和目的，而是他们的环境。高自我监控的人通常显示出较低的目的—行为一致性。相反，低自我监控的人根据自己的态度、规范和目的行事，而不管环境如何。他们通常显示出更高的目的—行为一致性。

比较：人们利用自己的标准和参照点，比较自己的行为和目标实现的结果。这些参照点同样也基于重要人物的反应、他人的教诲，以及他们设立的榜样（社会榜样）。通常情况下，表现只有与他人成就相比才能得以评估。社会比较包括与特定的他人或集体的表现相比较。大多数人对于他人在相似的环境中是如何表现的颇有兴趣。其他有着类似家庭结构和收入的家庭是如何花钱的？在相似的家庭中，他人的能源消耗是多少？如有需要，这些比较应该在正确的方向上导向正确的行为。

自我校正行动：许多人在实现目标后都会奖励自己。完成了一项艰巨或无吸引力的任务，你觉得自己应该得到犒赏。如果不存在监督者或最后期限，则需要自控和自律，以成功地执行任务。自我控制和自我管理，与规划以及坚持按时完成任务的时间管理相关。与物质奖励和礼物相比，大多数人从出色地完成工作任务中获得的满足感和快乐感更多。

自我管控也与时间偏好、现时偏见及拖延症相关。低水平的自我管控意味着强烈的现时偏向型偏好，而不是未来消费。因此，人们将消费从现在延迟到未来，需要较高的补偿。自我管控和自我控制水平较低的人宁愿现在消费，而不是把消费推迟到以后。与自我管控水平较高的人相比，自我管控水平较低的人通常储蓄得更少，借贷得更多。掌控自己财务的人们，通常比控制力较低的人储蓄得更多。

自我管控也许会导致新的习惯：几近自动的和毫不费力的（系统1）行为，例如定期地检查个人的银行账户。然而，在某些情况下，自我管控需要行为成本。抑制即刻消费或其他冲动与欲望是需要努力的。抵御诱惑和处理压力都要耗费精力，例如，当试图摆脱问题性债务的时候。这需要人们大量的认知资源，拒绝购买有吸引力的产品，以及消费过多。如果这些认知资源由于其他任务和担忧而变得无效，自我管控可能会失效。如果人们必须在某项任务中进行自我控制，他们在下一个任务中用于自我控制的认知资源和能量可能会更少。人们可能会放弃，并采取短期回报和短期满意这样的简单方式，而不是历经沧桑进行收益评估。反馈也许不及时，难以刺激长远及困难目标的实现。

自我管控与贫困

年龄、教育水平和收入，与自我管控以及推迟消费的能力有关。年长、高收入及高教育水平的人更有能力推迟消费。古林对这种联系，以及对低收入和低教育水平者的隐性指责，提出了批评。人们倾向于即时消费可能是由于缺乏机会。在某些情况下，未来回报对于某些人可能非常不可靠。对机构和回报系统缺乏信任，可能引导人们即刻消费，而不是延迟消费。低收入的消费者必须花费更多的时间和精力，用于储蓄或借贷所需要的资金。只要获得了这笔预算，他们在购买前可能会更加冲动，在比较备选产品和品牌上花费的时间更少。

穆来纳森和沙菲尔研究了稀缺效应和认知功能的缺乏，认为贫困会耗竭认知资源，人们要为花钱购买必需品和服务而操心。在发展中国家，穷人也会为日常的食品、清洁的水源，以及烹煮的燃料担忧。因此，这些认知资源对于其他目的而言（例如思考购买哪一种产品或品牌，对未来的储蓄做出决策）不再有效。这解释了穷人的现时偏见和自我管控的缺乏。事实上，穷人和在贫困线边缘挣扎的人，需要比富人做出更好的金融决策，因为他们缺少对错误和失败的缓冲余地。

小结

第一，自我管控这一持续性过程的实施需要自我控制和自我效能。自我控制是对财务计划、目的及承诺的坚持，自我效能是为处理预期状况采取既定行动的能力。对于自我管控而言，人们必须制定可实现的生活目标，以及相应的经济目标。

第二，人们必须了解金融产品的相关信息，监控自己的金融行为，对其做出没有偏见的因果归因和结论。将个人财务状况与基准比较，有助于人们了解个人的缺点和成就。

第三，人们必须为满意的金融行为做出决策。他们可能会运用反馈的信息，评估实际情况和目标之间的差异是否在逐渐缩小。

第四，如果意志力不足，预先承诺和暂时性自由限制可以帮助人们处于正确的轨道上。最终，实现个人生活目标和财务目标是值得的，这会提升自尊，增强满意度、快乐感和幸福感。

————● 致　谢 ●————

在过去的 17 年里,我对了解消费者的金融行为产生了浓厚的兴趣,起因是 2001 年 9 个欧盟成员国开始采用欧元,研究的问题包括人们对货币变换和国家象征符号丧失的反应、货币幻觉、新货币的损益。感谢国际经济心理学研究协会欧元研究小组组织会议展开讨论,是这些会议和讨论触发了我研究消费者金融行为的热情,尤其是资金管理、退休金计划和保险。

2006 年,财智平台(Moneywise)上线,这是由荷兰财政部和其他政府部门、金融机构以及消费者联盟共同打造的平台。财智平台带动了消费者金融行为研究,组织了两项核心活动,其一是对小学生的资金管理和教育,其二是养老金意识和行为。感谢财智平台成员对他们观点的分享,也感谢他们对提升消费者金融教育和素养所做的努力。

自 2012 年起,波林·范·埃斯泰里克和我对金融机构信任进行研究,参与研究的还有市场研究机构 GFK 的彼得·米尔德。由于 2008 年的金融危机,消费者对银行、保险公司、养老金机构和其他金融机构失去信任。

关于信任决定因素及结果的年度调查使人们深入了解到，人们对金融机构通常是怎样想的，对他们自己的银行、保险公司和养老金机构又有何特别的认知。感谢波林和彼得对信任、满意度、忠诚度及与金融机构和消费者交互相关的话题的激烈讨论。

最后，同样重要的是，我要感谢我的妻子杰莉，感谢她对我完成本书的支持，感谢当我不在屏幕前奋笔疾书时，我们一起共度的美好时光。现在本书已经完成，我们将会有更多快乐的时光。